中国优秀博士论文
DOCTOR
法学

2010年度全国知识产权类优秀博士论文

本书系国家社科基金项目“基于药品可及性的专利法制机制创新研究”（项目编号：11CFX025）的阶段性研究成果

药品专利保护优化研究

姚颉靖 著

知识产权出版社
全国百佳图书出版单位

责任编辑：刘　睿　唐学贵　　　　**责任校对**：董志英
文字编辑：刘　江　　　　　　　**责任出版**：卢运霞

图书在版编目（CIP）数据

药品专利保护优化研究 / 姚颉靖著．—北京：知识产权出版社，2012.9

ISBN 978-7-5130-1491-5

Ⅰ．①药…　Ⅱ．①姚…　Ⅲ．①药品-知识产权保护-研究-中国　Ⅳ．①D923.404

中国版本图书馆 CIP 数据核字（2012）第 209050 号

药品专利保护优化研究

姚颉靖　著

出版发行：知识产权出版社

社　　址：北京市海淀区马甸南村 1 号	**邮　　编**：100088
网　　址：http：//www.cnipr.com	**邮　　箱**：bjb@cnipr.com
发行电话：010-82000860 转 8101/8102	**传　　真**：010-82005070/82000893
责编电话：010-82000860 转 8113	**责编邮箱**：liurui@cnipr.com
印　　刷：北京富生印刷厂	**经　　销**：新华书店及相关销售网点
开　　本：880mm×1230mm　1/32	**印　　张**：11.125
版　　次：2012 年 9 月第一版	**印　　次**：2012 年 9 月第一次印刷
字　　数：274 千字	**定　　价**：32.00 元

ISBN 978-7-5130-1491-5/D·1553（4350）

总　　序

改革开放以来，我国经济社会发展的水平日益提高，科学技术和文化创作日益进步，知识经济的特征日益凸显，知识产权制度对科技和经济发展的支撑作用日益加强。

经过多年发展，我国知识产权事业取得了巨大成就，符合社会主义市场经济发展要求的知识产权制度基本建立。以 2008 年《国家知识产权战略纲要》的颁布为标志，我国知识产权制度从“调整性适用”阶段进入“主动性安排”阶段，知识产权制度的发展进入了一个新的历史时期，知识产权事业正在揭开一个新的篇章。

中国知识产权制度的建构、知识产权事业的发展与进步，离不开知识产权人才的培养，知识产权教育水平的提高和知识产权学术研究的进步。中国知识产权事业的发展需要全社会的共同努力。为提高我国知识产权学术研究水平，培育优秀青年知识产权研究人才，中国法学会知识产权法研究会与知识产权出版社自 2008 年始联合组织开展知识产权类优秀博士学位论文评选以及资助出版工作。该项工作具有丰富的内涵：

第一，以高层次、高质量的人才培养为目标。通过设立优秀博士论文奖项，鼓励更多优秀人才参与知识产权学术研究，不断增强我国知识产权制度的理论储备。

第二，以提高知识产权学术水平为导向。评选优秀博士论文，促使更多青年学人创作高质量学术著作，不断提高我国知识产权学术研究水平。

第三，以我国知识产权事业的发展为宗旨。通过优秀博士论文的评选以及资助出版工作，鼓励青年学人关注现实，关注新兴发展需要，以优秀思想成果推动我国知识产权事业向着更快更好的方向发展。

第四，以科学公正、注重创新、严格筛选、宁缺毋滥为原则。在知识产权优秀博士论文的评选过程中，知识产权法研究会组织评审专家，本着公开、公平、公正的原则，严格按照评审标准，对申报人员的博士论文进行遴选。

第五，以选题新颖、研究创新、逻辑严密、表达规范为标准。优秀博士论文的选题应当具有理论意义和现实意义，在研究内容上应当有所创新，材料应当翔实，推理应当严密，表达应当准确。

中国法学会知识产权法研究会与知识产权出版社开展的这一活动在总结和传播知识产权教育与学术成果、鼓励青年学人学习和研究的进步、推动知识产权事业发展等方面具有重要意义。在双方的共同组织与安排之下，论文评选甫经两届，新著即将面世。该项工作还将继续进行下去，每年评选出一批优秀博士论文，并且由知识产权出版社资助出版，以期作为知识产权思想传播的媒介、学术交流的窗口、对话互动的平台。新书迭见，英才辈出，学术之树长青。

是为序。

2010 年 5 月

序

随着经济全球化和知识经济发展进程的加快，以药品专利为表现形式和重要手段的知识和智力资源的创造、占有、运用和保护已经成为企业和国家取得竞争优势的重要因素之一。为此，《中共中央、国务院关于深化医药卫生体制改革的意见》提出，药品专利保护要“推动医药企业提高自主创新能力”，“医药卫生科技创新是国家科技发展的重点”。在这一背景下，如何加强药品专利保护，充分有效地利用药品专利资源，已成为国内外学界和产业界关注的一个重要焦点。但由于药品专利保护在中国被认知和接受的时间并不很长，许多问题都还处于探索之中，药品专利制度在提升社会福利上扮演着怎样的角色就是亟待研究的重要课题之一。

本书的独特之处在于通过药品专利保护的优化模型，揭示了药品专利制度作用于社会福利的内在机制，创新性地构建了药品专利保护强度指标体系。通过定量评价药品专利保护对社会福利的影响，阐释了药品专利保护重要性、有限性与多维性原则，并在此基础之上，提出了完善我国药品专利制度的政策建议。

本书具有以下几个亮点：

（1）选题具有重大的现实意义。药品专利保护领域，集中展现了产业发展、创新研发和公共健康三者之间错综复杂的关系，对此，姚颉靖博士敢于挑战这样一个各方利益相互纠结博弈的研究领域，勇气可嘉。更为重要的是，该选题对于我国实现医药技术创新，促进医药产业成长，建设创新型国家具有重要的理论意义和实践价值。

（2）研究思路清晰缜密。由于药品专利对技术创新具有显著影响的表象，故首先有必要对药品专利保护重要性原理进行阐释。同时相比与其他产品，药品肩负着更为艰巨的社会责任，由此引发的药品可及性问题同样令人无法回避，为此有必要对药品专利保护有限性这一基础性命题予以深入研究。基于此，如何协调好重要性与有限性命题，使得药品专利保护的社会福利效应最大化则是药品专利保护多维性所要研究的应有之义。本书紧紧围绕上述“三性”展开，环环相扣，逻辑缜密，条理清晰。

（3）研究方法独具匠心。由于受学科背景所限，目前我国关注和研究药品专利的研究学者多局限于从理论定性的视角提出问题、分析问题和解决问题，缺乏从法律、管理和经济等多学科交叉融合的视角展开探索，这种单一视角的研究方法很大程度上遮蔽了事物的本来面目，无法真正实现科学研究的系统深入。基于此，本书试图摆脱单一学科的纯粹性，理论定性和实证定量相结合，探讨药品专利制度创新的可行之道，这一努力值得称赞。

作为姚颉靖在同济大学法学院（知识产权学院）攻读博士学位期间的导师，看到她的博士论文得以顺利付梓出版，我由衷感到欣慰。姚颉靖在攻读博士的四年期间，善于提出问题、分析问题和解决问题，表现出了较为突出的学术能力和学术素质。2008年1月~2010年1月，她受国家建设高水平大学公派研究生项目资助在久负盛名的德国马克斯－普朗克知识产权法、竞争法和税法研究所进行联合培养博士学习，这一宝贵的学术经历，极大地提高了她的学术交流能力，拓展了她的国际视野。还值得一提的是，她为了更为深入地开展对德国专利法的研习，又自学了德语，通过了德语四级、六级考试和黑森州的DSH考试，还在慕尼黑大学法学院进行了为期一年的学习，获得硕士学历。本书的出版集中展现了她在德期间的研究成果，并被中国法学会知识产权法研究会和知识产权出版社评为2010年度全国知识产权类优秀博士论文第三名，获得全额资助出版。可以说，本书的获奖与出版与她特有的求学毅力、研究态度及个人素质密不可分。

姚颉靖博士现就职于上海政法学院法律学院从事知识产权教学与科研工作，并在复旦大学公共卫生学院进行博士后研究（在站）。2011年她主持的课题“基于药品可及性的专利法律机制创新研究”获得了国家社科基金项目和教育部人文社会科学研究青年基金项目资助，可谓又上一层楼。衷心祝愿姚颉靖博士的学术之路越走越宽阔、越走越扎实。

是为序。

同济大学法学院院长　单晓光

2012年4月12日

中文摘要

在医药技术、医药经济和公共健康问题备受关注的今天，如何对药品发明进行专利保护，已成为国内外学界和产业界关注的焦点。一方面，将药品排除在专利保护客体之外或保护不足将可能面临“公地悲剧”；另一方面，各国对药品实施强有力的专利保护将可能导致“专利丛林”，“反公地悲剧”无法避免。如何避免这两种悲剧发生，既使得药品专利资源得到充分有效的利用，又促进医药技术创新和医药产业发展，实现社会福利最大化？这是一个亟待破解的两难命题。

本书量化分析了药品专利保护对社会福利的影响，通过提出药品专利保护优化总模型，揭示药品专利制度作用于社会福利的内在机制，创新地构建了药品专利保护强度指标体系。通过药品专利保护对社会福利影响的定量评价，阐释药品专利保护的重要性、有限性与多维性原则，并在此基础之上，提出完善我国药品专利制度的政策建议。

其内容主要包括：第一部分（第二章），药品专利保护优化总模型与医药行业社会福利函数。在“公地悲剧”和“反公地悲剧”理论研究背景下，以“动态效率”和“静态无效率”双重维度平衡为目标，通过药品专利保护优化总模型推导出层层递进的三大基本假设（药品专利保护的重要性、有限性和多维性），厘清药品专利制度影响社会福利的内在机制。第二部分（第三章），药品专利保护指标体系构建及强度测算。运用专利法学研究方法，创新地构建了内含立法强度与执法强度的药品专利保护强度测算新指标体系，并测算1986～2009年中国、2007年中国31个省份以及27个样本国家和地区的药品专利保护强度，此部分计算结果作为以下各章的统计变量。第三部分（第四章），药品专利保护重要性理论和实证分析。提出药品专利保护重要性子模型，并在此基础上，进行药品专利保护对社会福利经济和技术子系统影响的定量评价。第四部分（第五章），药品专利保护有限性理论和实证分析。提出药品专利保护有限性子模型，进行药品专利保护对社会福利经济、技术和卫生子系统影响的定量评价。第五部分（第六章），药品专利保护多维性理论和实证分析。提出药品专利保护长度和宽度优化组合子模型，并在此基础上，进行药品专利保护长度与宽度对社会福利经济、技术和卫生子系统影响的定量评价。第六部分（第七章），在上述理论和实证研究基础上，提出完善我国药品专利制度和促进医药产业健康发展的政策建议。

Abstract

Nowadays, medical technology, medicine economy and public health issue arowse more and more public attention. How to protect drug innovation has become the focus of scholars at home and abroad. With inadequate protection of drug innovation through patent people will be faced with *tragedy of the commons*. On the other side, patent thickets will rise up with the stronger patent protection of drug, and at last leads to *tragedy of the anti-commons*. How to avoid these two tragedies and make efficient use of the drug patent resource, meanwhile promoting the technological innovation and economic development of pharmaceutical industry is a dilemma, which should be tackled.

This paper analyzed the inherent relationship between patent protection for pharmaceutical products and social welfare. Furthermore, the model of optimal patent protection for pharmaceutical products and the index system to measure the strength of patent protection for pharmaceutical products are developed. The significance, limitation and multi-dimensions of patent protection for pharmaceutical products are verified by the analysis of the effect of the strength of patent protection for pharmaceutical products on social welfare. On the basic of analysis, policy advices are put forward.

The main contents are as follows: The first part (Chapter II), the model of optimal patent protection for pharmaceutical products and the fraction of social welfare in the pharmaceutical industry. On the basic of the balance of dynamic efficiency and static inefficiency is established a model of optimal pharmaceutical patent with the social welfare as reference with the background of *tragedy of the commons* and *tragedy of anti-commons*. Three hypothesis are achieved, that is the significance, limitation and multi-dimensions of patent protection for pharmaceutical products. The second part (Chapter III), index system of the strength of patent protection for pharmaceutical products. The index system to measure the strength of patent protection for pharmaceutical products is developed, which includes legislative indicators and executive indicators. With that index, the patent protection for pharmaceutical products of China from 1986 to 2009, 31 Chinese provinces and 27 countries and regions in 2007 are obtained. The data will be the statistics factor of following chapters. The third part (Chapter IV), the significance of patent protection for pharmaceutical products is verified from the aspects of the effects of the strength of patent protection for pharmaceutical products on the economic and technology subsystems of social welfare. The forth part (Chapter V), the limitation of patent protection for pharmaceutical products is verified from the aspects of the strength of patent protection for pharmaceutical products on the economic, technology and hygiene subsystems of social welfare. The fifth part (Chapter VI), more detailed model of optimal patent length and width of drug involving social welfare are established. The positive correlation between patent length and social welfare as well as the negative correlation of patent width are proved on the basis of effects of the strength of patent protection for pharmaceutical products on the economic, technology and hygiene subsystems of social welfare. The sixth part (Chaper VII) on the basis of empirical results, relative policy advices about the Chinese public health system reform are achieved.

缩略语简表

Bolar 条款——宝拉条款

D. W. 检验——杜宾—瓦森检验

FDA——美国食品和药品监督管理局

GDP——国民生产总值

GNI——国民总收入

G-P 指标——Ginarte & Park 知识产权指标

G-R 指标——Gadbaw & Richards 知识产权指标

Hatch-Waxman 法案——药品价格竞争与专利期限恢复法案

OECD——世界经济和合作组织

PCT——专利合作条约

PTO——美国专利与商标局

R&D——研发

R-R 指标——Rapp & Rozek 知识产权指标

TRIPs 协议——与贸易有关的知识产权协议

UNSD——联合国统计署

White 检验——怀特检验

WHO——世界卫生组织

WTO——世界贸易组织

WIPO——世界知识产权组织

目 录

第一章

导　　论

第一节 引 言

一、医药产业“公地悲剧”及其规避

1968 年，英国学者哈丁（Hardin）[1] 首先提出了“公地悲剧”理论，认为如果一种资源不具有排他性的所有权，就会导致对该资源的过度使用。虽然每个人都知道资源将由于过度使用而枯竭，但每个人对阻止事态的恶化无能为力，而且都抱着“及时捞一把”的心态，从而导致事态进一步恶化。

医药产业也存在“公地悲剧”。20 世纪 60 年代之前，虽然对创新技术进行专利保护已有几百年历史，但药品技术独有的公共品性质使得其不能够成为专利保护客体。一旦新的药品或生产技术被研发出来，就会被其他医药企业轻而易举地仿制，由此带来两方面的负效应：（1）过度仿制和重复生产造成药品同质化现象严重，导致同类药品供大于求，医药企业只能靠打价格战或非法营销等手段求得暂时的生存，形成医药市场的恶性竞争；（2）药品 R&D 过程具有难度高、投资多、风险大、时间长等特点，假如新技术像“公用草场”一样能够被同行免费使用，那么医药研发企业高额的研发投入恐怕永远也无法收回，继而进行药品研发的人将越来越少，阻碍医药技术的改良创新。

对此，国内外理论界和实务界对医药产业“公地悲剧”及其严重性已达成共识，肯认通过授予药品发明专利权的方式，能够

---

[1] Garrett Hardin. The Tragedy of the Commons［J］. Science，1968，Vol. 168：1244.

有效地避免“公地悲剧”，其制度设计的内在逻辑是：专利制度能够赋予专利权人对药品发明的垄断权，使得权利主体地位得以明晰，专利权人不仅能收回药品研发的巨额投资，还能得到丰厚的回报，从而维护药物研发创新的积极性。

基于此，各国纷纷将药品纳入专利保护范围之内，明确药品发明的权利归属。主要国家的立法时间如下：法国 1960 年、德国 1968 年、日本 1976 年、瑞士 1977 年、意大利 1978 年、荷兰 1978 年、瑞典 1978 年、加拿大 1983 年、丹麦 1983 年、澳大利亚 1987 年、西班牙 1992 年、葡萄牙 1992 年、希腊 1992 年、挪威 1992 年、中国 1993 年、巴西 1996 年、阿根廷 2000 年、乌拉圭 2001 年。

二、医药产业“反公地悲剧”命题的缘起及其传统解决措施

在“公地悲剧”理论提出 30 年后，美国学者赫勒（Heller）[1] 于 1998 年提出了“反公地悲剧”理论，认为对药品发明进行专利保护后，医药企业纷纷加入专利申请的潮流中以赢得竞争力，然而，现实中存在的“专利碎片”、策略性行为以及堆栈许可[2]等因素导致药品研发出现断层，激增的研发费用并未产生预期效果。其主要技术原因是专利分布结构发生了从离散型向累积型的转变，即当今医药产业的技术创新越来越多地依赖于对以往技术创新或者其他技术的改进、移植和整合。

---

[1] Michael A. Heller，Rebecca S. Eisenberg. Can Patent Deter Innovation? The Anticommons in Biomedicsal Research［J］. Science，1998，Vol. 280（5364）：698～701.

[2] 堆栈是一个在计算机科学中经常使用的抽象数据类型，是一种数据项按序排列的数据结构和保存数据的连续内存。在药品研发领域的堆栈许可（Stacking Licenese）是指药品专利分布结构由离散型结构转变为以改进专利为主的犬牙交错的累积型结构后，倘若上游专利持有人太多，对潜在下游产品提出不一致的要求，那么上游专利对在下游专利就形成了难以逾越的“技术壁垒”，药品研发领域就有可能造成反公地悲剧。

在离散型专利分布结构中，一个专利对应一个商业化医药产品，因此药品专利权人能够在无需获得他人专利许可、不侵犯他人专利情况下，通过自己实施或许可他人实施而把自有专利加以商业化。但是，当药品专利分布结构转变为以改进专利为主的犬牙交错的累积型结构后，极易形成“专利丛林”，其结果是只有需要对多个在先专利的集合加以实施的情况下，才能生产制造出终端医药产品，在先专利对在后发明就形成了难以逾越的“技术壁垒”。若没有获得在先药品专利权人授权许可，在后发明人将无法对该改良药品或新药进行生产和销售；即使能得到许可，也需要花费巨额信息成本和协调成本，这将使交易费用明显增加。此外，如果在先权利人与在后发明人是竞争对手，其整合的交易成本将会更高。

目前，日益激化的“反公地悲剧”已经严重影响了医药产业的快速发展和技术水平的进一步提高。因此，通过适当途径解决药品专利“反公地悲剧”迫在眉睫。传统上，学界为此主要从两个方面展开探讨：一是实施药品强制许可。它是指专利行政机构根据法律规定的特定理由，不经药品专利权人同意，依法直接强制性地授权许可已经具备实施条件者实施药品专利，同时由该强制许可授权的被许可方向药品专利权人支付合理许可使用费的制度。应当指出的是，由于强制许可对申请人的资格要求过高、发布强制许可的事由过于狭窄以及适用程序复杂等原因，尽管TRIPs协议和各国专利法中都有药品强制许可的规定，但在实践中批准强制许可和采取这种措施的情况较为少见，而我国也尚未启动强制许可制度。二是建立药品专利联盟。它是指两个或两个以上的专利权人，为了能够彼此之间分享专利技术或者统一对外进行药品专利许可而形成的安排。由于纳入联盟专利标准难以统一、联盟许可协议难以达成以及联盟垄断性等因素，药品专利联盟的形成面临较大的困难。因此，通过建立药品专利联盟来解决药品专利“反公地悲剧”也存在其固有的缺陷。

三、克服“两种悲剧”新探索：药品专利保护重要性、有限性与多维性之提倡

知识经济时代的到来比以往任何一个时代都更加强调对药品专利的保护，作为知识产权体系中最重要的制度之一，专利保护所涉及的利益冲突会变得更加尖锐和复杂。药品专利领域曾经存在的不保护或保护不足以及日益加强的药品专利保护，则进一步说明药品专利保护的两难抉择，即过强或过弱保护都不利于社会福利的提升和社会资源的优化配置。对药品专利保护“公地悲剧”和“反公地悲剧”学术研究成果的探究和挖掘，可以隐约触摸到药品专利保护制度变迁的内核，即对专利权垄断利益与公共利益的求取与平衡。也正因如此，正义这一法律所追求的终极价值目标才有可能得以实现。

就药品专利法律保护价值的最终目标而言，专利权是一个在较低的经济水平上对消费性行为的具体限制，以便在一个更高的水平使生产或竞争被激励直至在实质上被实现。从这个角度而言，只有确定药品专利保护重要性原则，才能够明确医药科技成果的权利归属，保护发明者的利益，形成伙伴之间合理的利益分配及稳定的合作关系，促进医药产业的良性发展，避免药品发明人积极性的丧失，规避“公地悲剧”；只有肯认药品专利保护有限性原则，才能维护药品创新者、使用者和社会公众诸多博弈中的“纳什均衡”，实现“帕累托改进”，从而促进医药产业的快速发展和技术水平的进一步提高，规避“反公地悲剧”；只有依凭药品专利保护多维性原则，才能使得药品专利保护有限性原则的具体模式构建具有明确

方向、具体目标和行动方案。本书将围绕药品专利保护重要性、有限性与多维性等三个方面展开深入而系统的探究。

第二节 国内外文献综述

一、国外文献综述

（一）专利保护优化模型理论研究

西方学界对于专利制度始终是充满矛盾和争论的。专利制度一经产生，相关的争论就开始了，并形成三种基本观点：(1) 专利有益论。该观点由本瑟姆（Bentham）提出，赛伊（Say）、米尔（Mill）和克拉克（Clark）加以附和，认为专利是鼓励发明所必需的，提升了社会福利。(2) 专利有害论。该观点由普兰特（Plant）提倡，伯纳尔（Bernal）[1] 加以附和，认为专利法是一个严重干扰科学成果应用过程的因素，减损了社会福利，应该被废除。(3) 专利折中论。该观点由陶西格（Taussig）提出，皮古（Pigou）和阿罗（Arrow）[2] 加以附和，认为专利制度虽然能促进社会福利进步，但基本上是多余的。直至诺德豪斯（Nordhaus）探讨了技术经济学，表明强专利保护会导致更多的 R&D 投入，同时基于社会福利最大化提出了优化保护期限的概念，才奠定了

---

[1] ［英］J. D. 贝尔纳著. 科学的社会功能［M］. 陈体芳，译. 北京：商务印书馆，1982.

[2] Kenneth J. Arrow. Economic Welfare and the Allocation of Resources for Invention. (in) ed.

R. R. Nelson. The rate and direction of inventive activity［M］. Prinston: Prinston university press for the NBER, 1962.

运用经济学理论和工具来分析专利制度的基础。

诺德豪斯之后，对于专利制度的研究逐渐兴起，学者们主要倾向于研究如何通过变量调节来发挥专利制度的作用，而不是继续纠缠于专利制度是否应当存在。谢勒（Scherer）、凯密恩（Kamien）、施瓦茨（Schwartz）、伊尔贝特（Gilbert）、夏皮罗（Shapiro）、克伦佩雷尔（Klemperer）、戴仑卡罗（Denicolo）、塔卡罗（Takalo）、斯科奇姆（Scotchmer）、格伦（Green）、奥多诺休（O'Donoghue）和蒂斯（Thisse）等人纷纷在诺德豪斯理论的基础之上，提出了有关解决专利内在矛盾的制度设计方案。制度变量的选择主要集中在专利保护期限（专利保护长度）和保护范围（专利保护宽度），认为通过这些变量调整可以减少专利制度所引起的福利损失，充分地发挥专利制度的激励功能。

（二）药品专利保护强度测算体系

1. 立法指标评分法

G-R 指标[1]首次运用评分法量化计算知识产权强度，从立法、执法、国家政策等方面调查了 1984～1998 年 7 个发展中国家和地区的知识产权保护强度。而对知识产权保护强度展开系统而深入研究的无疑归属于 R-R 指标体系[2]，其以 157 个国家的专利法为测评对象进行测度。在此基础上产生的 G-P 指标体系[3]是目前使用最为广

---

[1] R. W. Gadbaw，T. Richards. Intellectual Property Rights：Global Consensus，Global Conflict?［M］Bouldwe：Westview Press. 1988.

[2] Richard T. Rapp，Richard P. Rozek. Benefits and Costs of Intellectual Property Protection in Developing Countries［R］. National Economic Research Association. Working Paper No. 3. 1990.

[3] Juan C. Ginarte，Walter G. Park. Determinats of patent right：A cross – national study［J］. Research Policy，1997，Vol. 26：283～301. Walter G. Park. International patent protection：1960－2005［J］. Research Policy，2008，Vol. 37：761～766.

泛、最容易被接受的跨国知识产权强度评价体系。该指标体系增加了专利实施方面的评价指标，涵盖5个二级指标和20个三级指标。布如奇（Pugatch）[1] 借鉴G-P指标评分法，并在考虑药品专利保护特殊性的基础上，首次建立了包含5个二级指标和22个三级指标的药品专利指标体系，并以此对英国、美国、新加坡和以色列的药品专利保护强度进行了测算。具体指标体系见表1.1。

2. 问卷调查法

兰卓（Lanjouw）和科克布恩（Cockburn）[2] 运用问卷调查法，考察印度医药企业专利保护和R&D投入状况，并预计了印度未来应采取何种适当的药品专利保护政策。运用同样方法，兰卓和麦克劳德（Macleod）[3]、萨姆帕斯（Sampath）[4] 分别对印度制药公司进行药品专利保护状况与热带疾病治疗药物R&D、药品可及性现状的调查。

3. 综合指标评分法

孔多（Kondo）[5] 用主成分分析法衡量33个国家专利保护程

[1] M. P. Pugatch. Measuring the Strength of National Pharmaceutical Intellectual Property Regimes：Creating a New Pharmaceutical IP Index ［J］. Journal of World Intellectual Property，2006，Vol. 9（4）：373～391.

[2] Jean O. Lanjouw，Cockburn，IM. New Pills for Poor People? Empirical Evidence After GATT ［J］. World Development，2001，Vol. 29（2）：265～289.

[3] Jean O. Lanjouw，M. Macleod. Statistical Trends in Pharmaceutical Research for Poor Countries ［R］. Working Paper. UC Barkeley. 2005

[4] Gehl Sampath，P. Economic Aspects of Access to Medicines after 2005. Product Patent Protection and Emerging Firm' Strategies in the Indian Pharmaceutical Industry ［R］. Institute for New Technologies，United Nations University. Working Paper. 2005.

[5] Kondo，E. K. The effect of Patent Protection on Foreign Direct Investment ［J］. Journal of World Trade，1995，Vol. 29：97～122.

度的强弱。莱塞（Lesser）[1] 编制的指数成分构成包括保护客体、条约成员资格、基本保护成本、管理和执行5部分，分别通过是否达到TRIPs协议规定的专利保护客体最小范围、是否为《国际植物新品种保护公约》（UPOV）和PCT成员国、专利局是否有相关的网页、专利保护支出费用和“腐败感觉指数”（CPI）作为衡量标准。符合要求得1分，否则得0分。并采用因子分析法确定每个指数成分的权重，加权后得到的总和就是知识产权保护指数。

（三）药品专利保护与社会福利关系实证研究

1. 药品专利制度保护与产业发展

运用事件检验方法，奥斯丁（Austin）[2] 统计公开上市的生物技术公司数据后发现，生物技术专利保护会对公司股价产生显著影响，即专利权对于公司而言是有价值的。布卢姆（Bloom）等[3]认为药品专利对于公司的生产力和股价都有正面影响，该正面效应能立即反映在股价上。对于医药公司而言，公司拥有专利的数目越多，越有利于公司新产品的发展。麦克米伦（Mcmillan）等[4]人揭

---

[1] Lesser, W. The Effect of TRIPs – Mandated Intellectual Property Rights on Economic Activities in Development Countries [R]. Prepared under WIPO Special Service Agreement. WIPO. 2003.

[2] David H. Austin. An Event – Study Approach to Measuring Innovative Output: The Case of Biotechnology [J]. The American Economic Review, 1993, Vol. 83 (2): 253 ~258.

[3] Bloom, Nicholas, Van Reenen, John Michael. Patents, Real Options and Firm Performance [J]. Economic Journal, 2000, Vol. 112: 97 ~116.

[4] G. Steven Mcmillan, Alfredo Mauri, Robert D. Halmilton, III. The Impact of Publishing and Patenting Activities on New Product Development and Firm Performance: The Case of The U. S. Pharmaceutical Industry [J]. International Journal of Innovation Management, 2003, Vol. 7 (2): 119 ~135.

表 1.1 Pugatch 指标体系评分法

二级指标	三级指标	分值	权重（%）
专利排他期限	基本专利保护期	实际期限/20	40
	专利延展期	实际期限/5	20
	新药数据排他期	实际期限/10	20
	新指征排他期	实际期限/3	10
	罕用药排他期	实际期限/10	5
	儿童用药排他期	实际期限/0.5	5
执行机制	反盗版和假冒的政治政策	0 或 1	20
	刑事司法程序	0 或 1	40
	民事救济	0 或 1	40
专利排他强度	专利保护期内禁止商业性实验（Bolar 条款）	0 或 1	20
	适用强制许可的限制	0 或 1	40

二级指标	三级指标	分值	权重（%）
知识产权实施的阻碍因素	无价格协商要求作为产品许可的前提条件	0 或 1	30
	无参考价格体系	0 或 1	20
	无利润控制规定	0 或 1	10
	事后异议（专利授权后）	0 或 1	20
	处方药广告指令	0 或 1	10
	无包装上商品名限制	0 或 1	10
专利排他范围	药品专利的保护范围（产品专利和方法专利）	0 或 1	40
	生物技术专利保护范围	0 或 1	20
	实验数据保密范围	0 或 1	20
	非依赖于实验数据	0 或 1	20
专利排他强度	禁止平行进口	0 或 1	40

示了药品专利作用于R&D投入，从而使得新分子实体激增，对公司业绩起到了促进作用。瑞克尼（Rickne）和雅各布松（Jacobsson）❶ 的研究表明，自从1975年瑞典制定药品专利制度以来，知识密集型公司的绩效得到显著提升，提高了医药R&D的投入，实现了医药工业快速发展的目标。

2. 药品专利保护与国际贸易

马斯库斯（Maskus）和潘努帕蒂（Penubarti）❷ 采用Helpman－Krugman垄断竞争模型的扩张形式，考察了22个OECD国家与71个不同发展水平的样本国家进行医药贸易的数据后，认为加强专利制度对发展中国家和发达国家的双边医药产业贸易具有积极影响。芬克（Fink）和布拉加（Braga）❸ 将G-P指数加入一个标准引力模型，该模型包括贸易双方的GDP、人口、语言、地理位置和特惠安排等变量，解释了药品专利制度对1989年若干国家医药行业贸易总额的影响。斯米特（Smith）❹ 在一个类似引力模型检验中，分析了知识产权制度对美国50个州和哥伦比亚特区向96个国家出口的影响，结果显示，知识产权制度与对

---

❶ Annika Rickne, Staffan Jacobsson. New Technology – Based Firms In Sweden – A Study Of Their Direct Impact On Industrial Renewal [J]. Economics of Innovation and New Technology, 1999, Vol. 8 (3): 197～223.

❷ K. E. Maskus, M. Penubarti. How Trade-Related are Intellectual Property Rights? [J]. Journal of International Economics, 1995, Vol. 39: 227～248.

❸ C. Fink, C. A. Primo Braga. How Stronger Protection of Intellectual Property Rights Affects International Trade Flows, in C. Fink, K. E. Maskus (eds.). Intellectual Property and Development: Lessons form Recent Economic Research [M]. Washington, DC: The World Bank/Oxford University Press. 2005.

❹ Smith, P. J. Are Weak Patent Rights a Barrier to U. S. Export? [J]. Journal of International Economics, 1999, Vol. 48: 151～177.

美国模仿威胁最小的国家的出口之间具有负相关关系，而对于那些模仿威胁较大的国家则存在正相关关系。

3. 药品专利保护与技术发展

药品专利保护对医药领域的产业技术发展至关重要，为避免“公地悲剧”发生，学界研究日趋活跃。药品专利保护与技术发展的研究现状见表 1.2。

表 1.2 药品专利保护与技术发展关系研究一览表

影响	研究者	研究方式	研究结论
积极影响	Mansfield, Schwarz, Wagner①	48 种产品专利保护调查	90% 的药品只有在专利保护的情况下才会被研发
	Mansfield②	1981 ~ 1983 年美国 12 个行业 100 家公司的 R&D 活动	如果没有专利保护，60% 的药品发明难以问世，65% 不会被利用
	Cohen, Nelson, Walsh③	1994 年美国医药产业、化学、半导体、通信设备领域 1 478 个研发实验室专利申请情况与技术秘密情况	大型企业更依赖于专利保护，主要原因在于可以通过技术许可获得经济利益，将专利作为提高企业市场竞争力的筹码，而非单纯地防止他人假冒和仿造
	Levin et al. ④	医药产业等 18 个行业 650 个企业的 R&D 投入金额、R&D 投入密度、销售金额情况	仿制主要产品专利比非方法专利及主要非产品专利花费更多时间，仿制典型产品专利比仿制典型非产品专利同样花费更多时间，因此专利保护是技术发明避免竞争对手仿制的较好方法
	Taylor, Silberston⑤	1950 ~ 1968 年美国、日本和德国在医药、基础化学和电子技术领域近 100 家公司的 R&D 投入和产出	随着科学技术的发展，技术领域将越来越依赖于专利的保护，其中又以医药技术的专利依赖性最强

续表

影响	研究者	研究方式	研究结论
积极影响	Schankerman[⑥]	1969～1982年法国医药产业、化工业、机械制造业和电子产品制造业的专利申请量和专利更新速度	各领域的R&D投入量不仅取决于专利法律保护，很大程度上还依赖于企业所处国家或地区的制度性限制因素（政策性因素），而医药产业则是上述技术领域对专利法律和制度性限制因素依赖型较强的行业
	Taggart[⑦]，Harvey，Bale[⑧]，Weisburst[⑨]，Pazderka[⑩]	以地区层面（欧盟、北美）和国家层面（美国、意大利、加拿大、印度、英国）为研究对象，以药品R&D投入和药品专利申请量为测量指标，对药品专利保护对创新活动影响进行研究	加强药品专利保护有助于制药公司将更多的资金投入药品创新研究，药品专利申请量和授予量也会随之增多
	Walsh，Arora，Cohen[⑪]	2002年美国生物医药产业70名专利律师、科学家和公司管理人员的问卷调查	药品专利制度并未如预期对药品研发产生不可克服的阻碍作用；药品专利制度激励作用远大于其产生的“反公地悲剧”效应；专利泛化能够为随后的技术改良提供可靠的技术支持，甚至可能降低药品价格
	Buckley[⑫]	美国1994～2005年药物研发活动情况	加强药品专利保护能够激励生物技术领域的药品研发活动，使得越来越多的新药品面世
消极影响	Heller，Eisenberg[⑬]	1996年美国医药制造业	由于较高的研发交易成本、专利持有人间利益异质性及科研人员间的认知偏见，专利权人并不愿意参加专利共享的“专利池”，致使并存的“专利碎片”和堆栈许可现象日趋严重，限制了药品研发技术的累积创新。
	Scherer[⑭]	日本、加拿大、法国、英国、德国和丹麦的人类基因序列专利量、实际用途、申请人分类及研发投入量	人类基因专利分布呈现“重合”或拥挤状况，这直接降低了“下游”科研人员的研发积极性，并最终导致制药公司的研发成本逐渐增高、利润逐渐下降

续表

影响	研究者	研究方式	研究结论
消极影响	Yuan⑮	1980～2002 年美国医药制造业的制药公司员工量、研发投入强度、对技术创新产生影响的相关专利和专利分散性指标	随着时滞的延长，生物医药领域"敲竹杠效应"的效应呈抛物线趋势，并与研发活动和专利授予之间的时滞关系呈正相关关系

注：①E. Mansfield, M. Schwarz. S. Wagner. Imitation Costs and Patents. An Empirical Study [J]. Economic Journal, 1981, Vol. 91: 907～918.

②E. Mansfield. Patent and Innovation: An Empirical Study [J]. Management Science, 1986, Vol. 32: 173～181.

③Wesley M. Cohen, Richard R. Nelson, John P. Walsh. Protecting Their Intellctual Assets: Appropriability Condition and Why U. S. Manufacturing Firms Patent (or not) [C]. Conference on New Science and Technology Indicators for the Knowledge – Bases Economy. OECD. 1996.

④Richard C. Levin, Alvin K. Klevorick et al. Aprropriate the Returns from Industrial Research and Development [J]. Brookings Papers on Economic Activity. Special Issue on Microeconomics, 1987, Vol. 3: 783～831.

⑤Talyor, C. T. Silberston, Z. A. The Economics Impact of the Patent System: A Study of the British Experience [M]. British: Cambridge University Press. 1973.

⑥M. Schankerman. How Valuable Patent Protection? Estimated by Technology Field [J]. RAND Journal of Economics, 1998, Vol. 29 (1): 77～107.

⑦J. H. Taggart. Determinants of The Foreign R&D Locational Decision in The Pharmaceutical Industry [J]. R&D Management, 2007, Vol. 21 (3): 229～240.

⑧Harvey E. Bale Jr. Patent Protection and Pharmaceutical Innovation [J]. Now York University Journal of International Law and Politics, 1996, Vol. 29: 95～102.

⑨F. M. Scherer, S. Weisburst. Economic Effects of Strengthening Pharmaceutical Patent Protection in Italy [M]. Patents: Economics, Policy and Measurement. MA: Edward Elgar Pubishing. 2005.

⑩B. Pazderka. Patent Protection and Pharmaceutical R&D Spending in Canada [J]. Canadian Public Policy / Analyse de Politiques, 1999, Vol. 25 (1): 29 ~ 46.

⑪John P. Walsh, Ashish Arora, Wesley M. Cohen. Research Tool Patenting and Licensing and Biomedical Innovation. in W. M. Choen, S. MERRILL eds. Patents in the Knowledge – Bases Economy [M]. Washington DC: National Academies Press. 2003.

⑫Ted Buckley. The Myth of the Anticommons [EB/OL]. http: //www. bio. org/ip/domestic/TheMythoftheAnticommons. pdf. 2010 – 08 – 19.

⑬Michael A. Heller, Rebecca S. Eisenberg. Can Patent Deter Innovation? The Anticommons in Biomedicsal Research [J]. Science, 1998, Vol. 280 (5364): 698 ~ 701.

⑭Frederic M. Scherer. The Economics of Human Gene Patents [J]. Academic Medicinne, 2002, Vol. 77 (12): 1348 ~ 1367.

⑮Yiyong Yuan. Tragedy of Anti – Commons, Emipiral Evidence from the Pharmaceutical Industry [EB/OL]. http: //extranet. isnie. org/uploads/isnie2009/yuan. pdf. 2010 – 08 – 27.

4. 药品专利保护与药品费用负担

学界对药品专利保护大幅度提高药品价格，从而引发公共健康危机的现状达成了普遍共识。如当宗（Danzon）、富鲁卡瓦（Furukawa）❶ 和加拉蒂尼（Garattini）、莫特里尼（Motterlini）、科尔纳戈（Cornago）❷ 分别对 9 个和 7 个国家专利药品价格进行比较，认为药品专利保护导致药品价格的普遍提高，但同时也认为这两者的关系是一个多变量函数，购买力、政府调控、需求弹性、竞争环境和社会体制等都会影响到专利保护对药品价格的提高程度。为此，学界分别从发达国家、发展中国家和不发达国家

---

❶ M. Patricia Danzon, Michael F. Furukawa. Prices and Availability of Pharmaceuticals: Evidence From Nine Countries [R]. Project HOPE – The People – to – People Health Foundation, Inc. 2004.

❷ L. Garattini, N. Motterlini, D. Cornago. Prices and Distribution Margins of In – patent Drugs Inpharmacy: A comparison in Seven European Countries [J]. Health Policy, 2008, Vol. 85 (3): 305 ~ 313.

三个不同层面加以剖析。

对于发达国家，专利保护对药品价格产生的影响最小。如英国知识产权委员会（CIPR）❶ 认为，发达国家具有很强的竞争环境，这可以起到抑制药品价格上涨的功能。竞争通常有两种：一是可替代专利药品之间的竞争；二是仿制药品与专利药品的竞争。澳大利亚生产力委员会（PCA）❷ 2000 年对 7 个国家 150 种药品价格进行比较，认为仿制药品的介入能够有效地抑制过高的专利药品价格。

对于发展中国家，专利保护对药品价格产生较大的影响。如知识产权、创新和公众健康委员会（CIPIH）❸ 认为，将专利保护引入发展中国家会造成药品价格上扬，上扬的程度 12% ~200% 不等，最终结果需要由市场结构以及需求量，特别是竞争程度来决定。无国界医生组织（MSF）❹ 也指出，发达国家签订自由贸易协定时过分强调专利保护，使与之签约的发展中国家药价上涨，威胁到艾滋病医疗项目。

对于不发达国家，专利保护对药品价格产生直接的影响。不发达国家现在基本上还都未对药品实施专利保护，TRIPs 协议也

---

❶ Commission on Intellectual Property Rights. Integrating Intellectual Property Rights and Development Policy [EB/OL]. http: //www. iprcommission. org/papers/pdfs/final_report/CIPRfullfinal. pdf. 2010 -4 -8.

❷ Australia Productivity Commission. International Pharmaceutical Price Differences [R]. Research Report, 2001.

❸ Commission on Intellectual Property Rights. Integrating Intellectual Property Rights and Development Policy [EB/OL]. http: //www. chinamc. org. cn/Pages/563/28563. html. 2010 - 4 -10.

❹ MSF. [EB/OL]. http: //regera. fyfz. cn/blog/regera/index. aspx? blogid = 140375. 2010 -08 -15.

允许已加入 WTO 的不发达国家在 2016 年前不对药品提供专利保护。由于本国制药工业落后，这些国家主要依靠从对相关药品没有授予专利权的其他国家进口更便宜的非专利药品，但由于越来越多的国家对药品实行专利保护，这对不发达国家造成了很大的压力。如全球健康运动（HAI）[1] 研究表明，治疗艾滋病引起脑膜炎的药品 Fluconazole（氟康唑）在肯尼亚受到专利保护情况下的价格是无专利保护的 60 倍。

5. 药品专利保护与创新人力资源

查科（Chacko）和瓦克尔（Wacker）[2] 通过运用人力资本理论来解释通过加强专利保护能够激发创新产出的组织竞争力。对于创新型企业而言，人力资本政策对于专利制度创新绩效具有非常大的作用。拉多（Lado）和维尔松（Wilson）[3] 的研究表明，在专利制度保护下，人力资本投资、绩效补偿和团队开发的承诺等人力资源实践是创新型企业成功的关键。纳尔逊（Nelson）和费尔普斯（Phelps）[4] 通过模型证明，适当专利强度环境下的人力资本存量对技术创新进步的速度具有巨大的影响。科（Coe）

---

[1] Health Action International. East African Access to Essential Medicines. Nairobi, Kenya. 15th – 16th, June, 2000 [EB/OL]. http://www.haiweb.org/mtgs/nairobi200006.Html. 2010-4-8.

[2] Chacko, T. I., Wacker, J. G. An Examination of Strategic Goals and Management Practices of Russian Enterprises [J]. International Business Review, 2001, Vol. 10: 475~490.

[3] Lado, A. Wilson, M. C. Human Resource Systems and Sustained Competitive Advantage: A Competence Based Perspective [J]. Academy of Management Review, 1994, Vol. 19: 699~727.

[4] Nelson, R. E. Phelps. Investment in Humans, Technological Diffusion, and Economic Growth [J]. American Economic Review, 1966, Vol. 56 (2): 69~75.

和埃尔普曼（Helpman）[1] 的研究表明，在适当的专利保护强度下，一些国家通过对进口产品进行“反向工程”，会促进本国专利发明的进步和技术创新，前提是这些国家的人力资本必须达到一个较高的水平。

（四）药品专利保护长度与社会福利关系实证研究

药品专利保护期延长制度历来是学界和产业界关注的焦点。尤其是自美国 1984 年肩负激励权利人发明创新和仿制药生产销售两大功能的《Hatch-Waxman 法案》颁布之后，学界对药品专利保护期延长制度予以了广泛关注。已有的实证研究大多以药品 R&D 投入、产出和药品费用支出作为衡量社会福利指标，以药品专利保护期、专利失效期和替代药物出现期作为衡量药品专利保护长度的测算指标，从截面数据和时间序列数据比较两者的关系，在药品专利保护期延长制度激励研发企业的创新积极性（积极作用）以及促使药品价格急剧上升，不利于仿制药生产销售（消极作用）这两个方面达成了基本共识。药品专利期延长制度积极作用和消极作用的研究现状见表 1.3。

（五）药品专利保护宽度与社会福利关系实证研究

1. 专利保护宽度界定

学界对专利保护宽度的研究起步较晚。20 世纪 90 年代以后，药品经济学家才开始探讨专利（保护）宽度（patent width）的问题，并由此衍生出一系列形式各样但本质类似的定义。相关研究现状详见表 1.4。

[1] Coe D. E., Helpman E. International R&D Spillovers [J]. European Economic Review, 1995, Vol. 39: 859～887.

表 1.3　药品专利期延长制度与社会福利关系研究

影响	研究者	样本及数据	被解释变量	解释变量	基本结论
积极作用	Grootendorst，Matteo[①]	1988～2002 年加拿大医药产业	药品 R&D 投入、药品价格指数和药品费用支出	药品专利保护期	（1）专利保护期延长后，没有明显证据证明药品费用支出的增加；（2）随着专利保护期的延长，药品 R&D 投入也将增加
	Pazderka[②]	1975～1997 年加拿大医药产业	1987 年和 1992 年法律修改模糊变量	药品 R&D 投入	专利保护期延长将有利于药品 R&D 投入，进而出现更多新药
	Caves，Whinston，Hurwitz et al.[③]	1976～1987 年美国医药产业	专利药品价格和仿制药数量	专利失效数量	专利保护期缩短有利于仿制药的销售，进而降低药品费用支出
	Pracon[④]，Schwartzman[⑤]，Statman[⑥]，Eisman，Wardell[⑦]	1950～1981 年美国医药产业	专利权人依法应得的保护期	行政审批程序时间	新药上市审批时间平均持续 6.1～12.4 年，使得实际有效期限仅为 7.6～13.9 年。延长专利保护期，能够确保专利权人在“有效的专利保护期”内获得足够的经济利益
	Grabowski，Vernon[⑧]	1984～1986 年美国医药产业	药品专利权人因仿制药在专利期满后第一时间上市销售而遭受的经济损失	专利期满后仿制药未及时上市销售而可能获得的经济利润	药品专利期延长制度能够确保专利权人获得足够的经济利润用于弥补先期的巨额投入，《Hatch-Waxman 法案》在一定程度上缓解了两者的紧张关系
	Joglekar，Paterson[⑨]	1984～1986 年美国医药产业	药品公司 R&D 投入	仿制药市场份额	仿制药在《Hatch-Waxman 法案》颁布以后占有了大量的市场份额，专利保护期的延长确保了药品 R&D 企业高涨的积极性
	Proctor[⑩]	1984～1989 年美国医药产业	药品 R&D 型企业的经济利润	药品专利保护期	专利期延长制度对医药企业的经济利润产生巨大影响，特别是药品 R&D 型企业的绝大多数经济利润来源于专利保护期内

续表

影响	研究者	样本及数据	被解释变量	解释变量	基本结论
积极作用	Epstein&Kuhlik[11]	1998~2004 年 美国医药制造业	新药研发和药品价格	药品专利保护期	《Hatch-Waxman 法案》完全发挥了立法者的制度设计初衷，通过激励专利药和仿制药发明人的方式将药品价格维持在一定水平之上，还保证每年有一定数量的新药面世
	Arundel[12]	欧盟 2 849 个企业大样本数据	R&D 投入	商业秘密和专利	对于每一个企业规模等级而言，专利比商业秘密更重要
消极作用	Sarett[13]，Mansfield[14]，Clymer[15]，Hansen[16]，Baily[17]	1950~1981 年 美国新药 R&D 成本	新药 R&D 成本	药品专利保护期	延长期制度使得新药 R&D 成本平均从 89 万美元上涨到 1 800万美元，上涨了 20~30 倍。而这些 R&D 成本的上涨必然最终由患者承担，即高昂的药品费用支出
	Gongola[18]	1984~2002 年 美国医药产业	药品价格	权利人利益与公共利益的博弈	（1）通过鼓励药品企业持续性 R&D 投入，实现公众获得有效药物的可能性；（2）药品专利制度在价格方面的劣势减损了社会福利
	Jones，Potashnik，Zhang[19]	1981~1994 年 英国－哥伦比亚药品项目中 82 种药品	药品价格	药品专利保护期	（1）专利期延长将引发药品价格上升，导致更多的药品费用支出；（2）因专利期缩短而出现的大量仿制药并不能根本上降低药价

注：①Paul Grootendorst. Livio Di Matteo. The Effect of Pharmaceutical Patent Term Length on Research and Development and Drug Expenditure：Evidence from Canada［J］. Healthc Policy. 2007，Vol. 2（3）：85~89.

②Bohumir Pazderka. Patent Protection and Pharmaceuical R&D Spending in Canada［J］. Canadian Public Policy，1999，Vol. 25（1）：

29 ~ 46.

③Richard E. Caves, Michael D. Whinston, Mark A. Hurwitz. et al. Patent Expiration, Entry, and Competition in the U. S. Pharmaceutical Industry [J]. Microeconomics, 1991, Vol. 1991: 1 ~ 66.

④Pracon, Inc. The Effective Patent Life of Pharmaceutical Products: Trends and Implications [M]. Fairfax, 1978.

⑤Schwartzman. Innovation in the Pharmaceutical Industry [M]. London: The Johns Hopkins University Press, 1977.

⑥Meir Statman. The Effect of Patent Expiration on the Market Position of Drugs. in Drugs and Health: Economic Issues and Policy Objectives, (in) ed. R. B. Helms. Drugs and Health, Economic Issues and Policy Objectives [M]. Washington, D. C.: American Enterprise Institute for Public Policy Research, 1980: 140.

⑦Martin Eisman, William Wardell. The Decline in Effective Patent Life of New Drugs [J]. Research Management, 1981: 18.

⑧Grabowski, H. G. J. M. Vernon. Longer Patents for Lower Imitation Barriers: The 1984 Drug Act [J]. The American Economic Review, 1986, Vol. 76: 195 ~ 198.

⑨Joglekar, P. M. L. Paterson. A Closer Look at the Returns and Risks of Pharmaceutical R&D [J]. Journal of Health Economics, 1986, Vol. 5 (2): 153 ~ 177.

⑩Proctor, K. A. An Event Study of the Effect of the Drug Price Competition and Patent Term Restoration Act of 1984 on Stock Returns of Research-based and Generic Pharmaceutical Manufacturers [D]. University of Texas at Austin. Dissertation Abstracts International. 1989, Vol. 50 (9): 39 ~ 46.

⑪Richard A. Epstein, Bruce N. Kuhlik. Navigating the Anticommons for Pharmaceutical Patent: Steady the Course on Hatch-Waxman [R]. John M. Olin Law &Economics Working Paper No. 209. Chicago. 2004. Richard A. Epstein, Bruce N. Kuhlik. Is there a Biomedical Anticommons? [J] Health & Medicine, 2004 (157): 54 ~ 58.

⑫Arundel, A. The Relative Effectiveness of Patents and Secrecy for Appropriation [J]. Research Policy, 2001, Vol. 30 (4): 611 ~624.

⑬Lewis Sarett. Impact of Regulations on Industrial R&D: FDA Regulations and Their Influence on the Future of R&D [J]. Research Management, 1974: 18.

⑭Edwin Mansfield. Panel Discussion in Economics of Drug Innovation, (in) ed. J. D. Cooper. The Economics of Drug Innovation [M]. Washington: American University. 1969.

⑮Clymer. The Economics of Drug Innovation, (in) ed. Parnowski and Darrach. The Development and Control of New Drug Products [C]. B. C. Centennial Symposium on the Development and Control of New Drug Products. 1972: 109.

⑯R. W. Hansen. The Pharmaceutical Development Process: Estimates of Development Costs and Times and the Effects of Proposed Regulatory Changes, (in) ed. Robert I. Pharmaceutical Economic [M]. Lexington: Lexington Books. 1979.

⑰Baily. Research and Development Costs and Returns: The U. S. Pharmaceutical Industry [J]. Journal of Political Economy, 1972, Vol. 80: 78 ~92.

⑱Janet A. Gongola, Prescriptions for change: The Hatch-Waxman Act and New Legislation To Increase The Availability of Generic Drugs to Consumers [J]. Indiana Law Review, 2003, Vol. 36: 787 ~798.

⑲Jones, JCH. PotashnikmTanya. Zhang, Anming. Patent, BRAND-Generic Competition and the Pring of Ethical Drug in Canada: Some Emipirical Evience From British Columbia, 1981 ~1994 [J]. Applied Economics, 2001, Vol. 33 (7): 947 ~946.

表 1.4　“专利保护宽度”内涵界定一览表

研究者	“专利保护宽度”内涵
Gilbert，Shapiro①	专利厂商在保护期内可以获得的利润流的大小
Klemperer②	专利持有人因拥有专利而获得的质量优势
Gallini③	其他厂商对专利产品进行非侵权模仿的成本
Matutes，Regibeau，Rochett④	最初创新者保留的对基础创新的某些独占性应用
Wright⑤	能够进入某行业的潜在人员的数量
O'Donoghue，Scotchmer，Thisse⑥	发明的新颖性程度，假设专利产品被非侵权周围创新替代事件的发生服从一个泊松过程，则专利保护宽度和泊松到来率呈负相关关系
Aoki，Hu⑦	从法和经济学的角度将专利保护宽度与法院对“等同原则”的适用联系起来

注：①Richard Gilbert，Carl Shapiro. Optimal Patent Length and Breadth [J]. RAND Journal of Economics，1990，Vol. 1：106～112.

②P. Klemperer. How Broad Should the Scope of Patent Protection Be? [J]. RAND Journal of Economics，1990，Vol. 21（1）：113～130.

③Gallini，N. Patent Length and Breadth with Costly Imitation [J]. RAND Journal of Economics，1992，Vol. 44，52～63.

④Matutes C，Regibeau P，Rochett K. Optimal Patent Design and the Diffusion ofInnovations. [J] RAND Journal of Economics，1996，Vol. 27（1）：60～83.

⑤Donald J Wright. Optimal Patent Breadth and Length with Costly Imitation [J]. International Journal of Industrial Organization，1999，Vol. 17：419～436.

⑥O'Donoghue，S. Scotchmer，Jacques－Francois Thisse. Patent Breadth，Patent Life，and the Pace of Technological Progress [J]. Journal of Economics&Management Strategy，1998，Vol. 7（1）：1～32.

⑦Aoki，R，J. Hu. Licensing vs. Litigation：Effect of the Legal System on Incentives to Innovate [J]. Journal of Economics and Management Strategy，1999，Vol. 8：133～160.

在不同定义下的专利保护宽度含义有所差异甚至完全相反，但这些定义本身的经济含义具有一定相通之处，即通过划定专利权的独占范围，表述专利范围保护的功能，专利权人能从中获益。如果在药品专利这个特定领域，禁止其他医药企业模仿的范围越大（Klemperer定义），则现有药品专利披露的公共知识对其他医药企业制造非侵权产品的贡献就越小，从而其他医药企业制造非侵权药品的成本也就越高（Gallini定义），或者在单位时间内其他医药企业制造非侵权药品的可能性就越低（O′Donoghue等定义）。而在患者对药品及其差异化药品作为一个组（group）的需求相对稳定的前提下，非侵权药品越难出现或专利药品的替代产品越少时，则医药企业在单位时间内所获利润流也将越大（Gilbert和Shapiro定义）。

2. 专利保护宽度与社会福利关系研究

对专利保护宽度与社会福利关系的实证研究起步更晚。自莱内尔（Lerner）通过实证方法验证了专利保护宽度与社会福利的关系以后，学界才开始关注二者关系。总体而言，药品专利保护宽度与权利人所获的经济利益成正相关关系。药品专利保护宽度越宽，同行业的竞争者可能进行“合法”仿制的空间就越狭窄，权利人可能获得的经济利润就越多，进行后续科研的积极性越高，其他竞争者的R&D积极性受到阻碍，社会福利则受这两方面的综合影响。相关研究现状详见表1.5。

二、国内文献综述

（一）研究方法

本研究统计数据取自《中国期刊全文数据库》（CNKI）。本书以CNKI网络版为统计源，以“专利保护优化模型”“知识产权保护指标体系”“医药专利法律保护”和“专利与社会福利关系”作为检索关键词，时间设定为2003年1月~2009年12月，分别得到论文53篇、28篇、291篇和190篇，总计562篇。

表 1.5　药品专利保护宽度与社会福利关系实证研究

影响	研究者	样本及数据	被解释变量	解释变量	基本结论
积极影响	Lerner[①]	173 个私人生物技术公司的 535 个财务报告期的数据	权利人所获经济利润	专利保护宽度	平均专利范围提高一个标准差将提高企业价值 21%
	Albino, Petruzzelli, Rotolo[②]	美国专利和商标局 323 项生物技术核心专利	专利价值（目标专利被引用的次数）	科技知识、机构内部合作程度、技术研究过程、专利保护宽度、新技术领先程度	专利保护宽度和新技术领先程度对提升专利价值具有显著影响
	Bain[③]	42 个不同产业，以集中度是否超过 70% 为分类依据	市场绩效	专利保护宽度和市场结构	需要专利保护程度较高的产业可以使价格高于竞争水平的 10% 以上，高和中等偏低的分别高于竞争水平的 7% 和 4%
	Mann[④]	1950 ~ 1960 年 30 个行业	产业利润	专利保护宽度和市场结构	具有极高进入壁垒的产业享有比具有较高壁垒的产业高的利润，而具有较高壁垒的产业又比中低产业的利润高
消极影响	Merges, Nelson[⑤]	通用白炽灯、Selden 的汽车专利、莱特兄弟的飞机专利等不同行业案例研究	专利诉讼量	专利委员会和法院对专利申请的授予决定	对于某些首创者来说，对专利提供过宽的保护并不总是增强对于发明的鼓励，较宽的专利保护范围削弱了后续禁入者的热情
	Markus[⑥]	半导体 R&D 企业 127 项专利	专利价值	专利保护宽度	专利价值与专利的涉诉次数（专利保护宽度）呈负相关关系

续表

影响	研究者	样本及数据	被解释变量	解释变量	基本结论
消极影响	SFIIP⑦	2003～2005 年瑞士生物科技产业	专利功能、创新水平、创新障碍和专利权交易	从属专利数量	当前瑞士生物科技公司的最大障碍是从属专利问题，即由于上游基因序列过多过宽，下游生物科技创新遭遇垄断阻碍，无法介入特定技术领域
无明显影响	Sakakibara，Branstetter⑧	日本专利局高层管理人员、日本主要电子、办公设备、医药、化工和食品企业管理人员的问卷调查	专利申请和授予数量、专利申请和授予质量	专利保护宽度	专利保护宽度与企业的技术创新积极性之间无必然联系，即扩大或缩减专利保护宽度并不能影响企业的 R&D 投入和产出
	Howells⑨	对 Merges 和 Nelson 的实证材料再次研究	专利诉讼量	专利委员会和法院对专利申请的授予决定	在先专利 R&D 并不会对后续进入者形成实质性壁垒
	哈佛学派 SCP 范式的代表	不同行业	市场绩效	专利保护宽度	市场绩效取决于市场结构，而专利保护宽度又是市场结构的主要因素，并以此解释不同行业的市场绩效差异

注：①Joshua Lerner. The Importance of Patent Scope：An Empirical Analysis［J］. RAND Journal of Economics，1994，Vol. 25（2）：319～333.

②Vito Albino，Antonio Messeni Petruzzelli，Daniele Rotolo. Measuring Patent Value：An Empirical Analysis of the US Biotech Industry

[EB/OL]. http: //ssrn. com/abstract = 1400688. 2010 - 12 - 11.

③J. S. Bain. Barriers to New Competition [M]. Cambridge MA: Harvard University Press, 1956.

④Mann, H. M. Seller Concentration, Barriers to Entry, and Rates of Return in Thirty Industries, 1950 ~ 1960 [J]. Review of Economics and Statistics, 1966, Vol. 48: 290 ~ 307.

⑤R. Merges, R. Nelson. On the Complex Economics of Patent Scope [J]. Columbia Law Review, 1990, Vol. 90 (4): 129 ~ 140.

⑥Reitzig Markus. What Determines Patent Value? Insights from the semiconductor industry [J]. Research Policy, 2003, Vol. 23 (1): 13 ~ 26.

⑦Nikolaus Thumm. Research and Patenting in Biotechnology: A Survey in Switzerland [M]. Swiss Federal Institute of Intellectual Property, Switzerland: Bern, 2003.

⑧Mariko Sakakibara, Lee Branstetter. Do Stronger Patents Induce More Innovation? Evidence from the 1988 Japanese Patent Law Reforms [J]. RAND Journal of Economics, 2001, Vol. 32 (1): 77 ~ 100.

⑨Howells, John. A Reconsideration of the Complex Economics of Patent Scope —A Critical Revision of the Use of Historical Sources in Support of the Thesis that Broad Patent Scope Enables the Suppression or Hindrance of Useful-Technology Development [J]. ExpressO, March 2007.

（二）论文发表时间和数量分布

经整理，药品专利保护研究论文年代分布见表 1.6。从时间来看，自 2003 年起，药品专利保护研究论文呈现逐步升温趋势，其中以 2007 年发表的论文最多，共计 125 篇，占论文总量的 22.24%，随后相关的研究有所回落。

从数量来看，53 篇专利保护优化模型文章占总发文量的 9.43%，28 篇知识产权保护指标体系文章占总发文量的 4.98%，291 篇医药专利法律保护文章占总发文量的 51.78%，190 篇专利与社会福利文章占总发文量的 33.81%。可见，学界对于药品专利保护研究存在冷热不均的现象，研究最为集中的领域是医药专利法律保护，最为薄弱的领域是知识产权保护指标体系。

表 1.6 药品专利保护研究论文年代分布表

年份	专利保护优化模型		知识产权保护指标体系		医药专利法律保护		专利与社会福利关系		合计	
	论文（篇）	所占比例（%）	论文（篇）	所占比例（%）	论文（篇）	所占比例（%）	论文（篇）	所占比例（%）	论文（篇）	所占比例（%）
2003	6	11.32	2	7.15	19	6.53	2	1.05	29	5.16
2004	8	15.09	3	10.71	29	9.97	2	1.05	42	7.47
2005	6	11.32	1	3.57	35	12.03	14	7.37	56	9.96
2006	14	26.42	1	3.57	59	20.27	31	16.32	105	18.69
2007	10	18.87	13	46.43	57	19.59	45	23.68	125	22.24
2008	6	11.32	5	17.86	56	19.24	52	27.37	119	21.18
2009	3	5.66	3	10.71	36	12.37	44	23.16	86	15.30
总数	53	100	28	100	291	100	190	100	562	100

（三）论文发表期刊分布

研究论文的来源期刊有利于了解该主题的分布特点，同时掌握该研究领域的核心期刊群，对于药品专利保护的研究能起到很大的帮助作用。经整理，53 篇专利保护优化模型论文发表在 29 种不同的期刊上，发表论文量排名前十期刊相关情况见表 1.7 专利保护优化模型（Ⅰ）。28 篇知识产权保护指标体系论文发表在 18 种不同的期刊上，发表论文排名前十期刊相关情况见表 1.7 知识产权保护指标体系（Ⅱ）。291 篇医药专利法律保护论文分布在 119 种不同的期刊和 33 个高等院校的学位论文上，发表论文排名前十期刊相关情况见表 1.7 医药专利法律保护（Ⅲ）。190 篇专利与社会福利关系论文发表在 83 种不同的期刊上，发表论文排名前十期刊相关情况见表 1.7 专利与社会福利关系（Ⅳ）。

由表 1.7 专利保护优化模型（Ⅰ）可知，排名前十期刊所发表论文占全部 53 篇专利保护优化模型发文总量的 52.83%，即有关专利保护优化模型的研究呈现相对集中趋势。在排名前十的期刊中，共有 8 种属于核心期刊，共在其中发文 24 篇，占发文总量的 45.28%。可见，有关专利保护优化模型的研究已经引起了国内学者的普遍重视。《经济研究》杂志发表专利保护优化模型论文 6 篇，是发表此类文章数量最多的核心期刊。

由表 1.7 知识产权保护指标体系（Ⅱ）可知，排名前十期刊所发表论文占全部 28 篇知识产权保护指标体系发文总量的 71.43%。可见，有关知识产权保护指标体系的研究呈现高度集中趋势。在排名前十的期刊中，共有 8 种属于核心期刊，共在其中发文 17 篇，占发文总量的 60.71%。可见，有关知识产权保护指标体系研究的研究已经引起了国内学者高度重视。《知识产权》

表 1.7 药品专利保护研究论文期刊分布表

专利保护优化模型（Ⅰ）			知识产权保护指标体系（Ⅱ）			医药专利法律保护（Ⅲ）			专利与社会福利关系（Ⅳ）		
期刊名称	论文（篇）	所占比例（%）	期刊名称	论文（篇）	所占比例（%）	期刊名称	论文（篇）	所占比例（%）	期刊名称	论文（篇）	所占比例（%）
*经济研究	6	11.32	*知识产权	4	14.29	*中国新药杂志	13	4.47	*科技管理研究	19	10.00
*科学学研究	4	7.55	*中国科技论坛	2	7.14	中国发明与专利	10	3.44	*科学学与科学技术管理	8	4.21
*科技管理研究	4	7.55	*科技进步与对策	2	7.14	*电子知识产权	8	2.75	技术经济	8	4.21
西部金融	2	3.77	*科技管理研究	2	7.14	法制与社会	7	2.41	*统计与决策	7	3.68
*软科学	2	3.77	*研究与发展管理	2	7.14	科技与法律	6	2.06	*世界经济研究	7	3.68
*科学学与科学技术管理	2	3.77	*科学学研究	2	7.14	上海医药	6	2.06	*科学学研究	7	3.68
合肥工业大学学报	2	3.77	*电子知识产权	2	7.14	*法学	5	1.72	*国际贸易问题	6	3.16
*世界经济	2	3.77	商场现代化	2	7.14	*中国医药工业杂志	5	1.72	*科研管理	6	3.16
*电子知识产权	2	3.77	领导决策信息	1	3.57	*中国药房	5	1.72	*研究与发展管理	5	2.63
*数量经济技术经济研究	2	3.77	*情报杂志	1	3.57	中国医药导刊	4	1.37	*经济评论	5	2.63

注：杂志名称前加*为南京大学 CSSCI 来源核心期刊目录（2008~2009 年）和北京大学中文核心期刊目录（2008 年版）期刊。

发表知识产权保护指标体系论文 4 篇，是发表此类文章数量最多的核心期刊。

由表 1.7 医药专利法律保护（Ⅲ）可知，排名前十期刊所发表论文占全部 291 篇医药专利法律保护发文总量的 23.71%。可见，有关医药专利法律保护的研究呈现相对分散趋势。在排名前十的期刊中，共有 5 种属于核心期刊，发文 36 篇，占发文总量的 12.37%。可见，有关医药专利法律保护研究虽然引起了国内学者在一定程度的关注，但重视程度仍不足。《中国新药杂志》发表医药专利法律保护论文 13 篇，是发表此类文章数量最多的核心期刊。

由表 1.7 专利与社会福利关系（Ⅳ）可知，排名前十期刊所发表论文占全部 190 篇专利与社会福利关系发文总量的 41.05%。可见，有关专利与社会福利关系的研究呈现相对集中趋势。在排名前十的期刊中，共有 9 种属于核心期刊，发文 70 篇，占发文总量的 36.84%。可见，有关专利与社会福利关系的研究已经引起了国内学者的一定重视。《科技管理研究》杂志发表专利与社会福利关系论文 6 篇，是发表此类文章数量最多的核心期刊。

（四）论文主题分布

分析文献主题有助于了解该领域的基本特征及重点内容，掌握研究发展的整体趋势和规律。对主题分布的分析一般通过分类来研究。表 1.8 专利保护优化模型（Ⅰ）、知识产权保护指标体系（Ⅱ）、医药专利法律保护（Ⅲ）和专利与社会福利（Ⅳ）分别总结归纳了对 53 篇最优专利保护模型、28 篇知识产权保护指标体系、291 篇医药专利法律保护和 190 篇专利与社会福利关系的大致研究主题。

表 1.8 药品专利保护研究论文主题分布表

专利保护优化模型（Ⅰ）			知识产权保护指标体系（Ⅱ）			医药专利法律保护（Ⅲ）			专利与社会福利（Ⅳ）		
主题	篇数	比例（%）	主题	篇数	比例（%）	主题	篇数	比例（%）	主题	篇数	比例（%）
累积创新的专利设计	13	24.53	指标体系构建	17	60.71	药品专利利益平衡	90	30.93	专利创新与经济增长	64	33.68
专利保护长度优化	19	35.85				TRIPs 协议下药品专利研究	72	24.74	专利制度与创新能力	53	27.89
专利保护宽度优化	4	7.55				药品专利与公共健康	70	24.05	专利行为影响因素	29	15.26
专利保护与创新激励	12	22.64	指标体系评价	11	39.29	传统医药专利保护	34	11.68	专利实施绩效评价	26	13.68
专利侵权行为经济分析	5	9.43				《Hatch-Waxman 法案》影响分析	25	8.59	专利保护与贸易	18	9.47

1. 专利保护优化模型

此类文章分为五大研究主题。第一类主题为累积创新的专利设计，由 13 篇文章组成，所占比例为 24.53%。寇宗来[1]主要通过构建累积性创新框架下的竞争模型来探讨专利制度的社会福利效应，并在此基础之上探讨专利制度在各种行业中的应用。第二类主题为专利保护长度优化，由 19 篇文章组成，所占比例为 35.85%。赵惠芳等[2]主要从经济学角度出发，通过期限收益曲线模型，探讨最优与最短专利保护期限之间的关系，以达到更为深刻地理解最佳专利保护期限的目的。第三类主题为专利保护宽度优化，由 4 篇文章组成，所占比例为 7.55%。江旭、高山行、周为[3]通过设计专利保护宽度来优化模型以平衡专利权人、模仿者和社会公众的利益，以使全社会的净福利达到最大化。第四类主题为专利保护与创新激励，由 12 篇文章组成，所占比例为 22.64%。董雪兵、史晋川[4]从专利的投入产出效率数量模型出发，对投入产出效率进行估计，分析影响我国专利投入产出的若干因素。第五类主题为专利侵权行为经济分析，由 5 篇文章组成，所占比例为 9.43%。寇宗来、张剑、周敏[5]运用经济学成本

---

[1] 寇宗来．专利保护宽度和累积创新竞赛中的信息披露［J］．经济学，2004，Vol. 3（3）：743～762.

[2] 赵惠芳，杨苏，徐晟．专利最优保护期限的经济学分析［J］．合肥工业大学学报，2008，Vol. 7（31）：1037～1040.

[3] 江旭，高山行，周为．最优专利保护长度与宽度设计研究［J］．科学学研究，2003，Vol. 21：191～194.

[4] 董雪兵，史晋川．累积创新框架下的知识产权保护研究［J］．经济研究，2005，Vol. 5：97～105.

[5] 寇宗来，张剑，周敏．专利保护宽度、非侵权模仿和垄断竞争［J］．世界经济，2007，Vol. 1：60～68.

收益分析方法，通过建立专利侵权人的成本收益数学模型，分析侵权人专利侵权的成本和收益，找出其进行非法仿制专利产品的动机，达到有效保护专利权人的目的。

2. 知识产权保护指标体系

此类文章分为两大研究主题。第一类主题为指标体系构建，其由 17 篇文章组成，所占比例为 60.71%。韩玉雄、李怀祖❶以 G-P 指数方法为基础，提出了度量转型期国家知识产权保护水平的修正方法，并以我国为例，计算了历年修正的知识产权保护水平。许春明、单晓光❷选取司法保护水平、行政保护水平、经济发展水平、社会公众意识以及国际监督等指标以度量知识产权执法强度，综合立法强度指标，构建了知识产权保护强度新指标体系。第二类主题为指标体系评价，其由 11 篇文章组成，所占比例为 39.29%。宋河发❸从专利保护过程出发构建专利保护程度评价体系，分析我国专利保护的演进态势，比较中美专利保护的主要指标，利用专利保护程度计算公式得出 1985～2004 年我国和 2004 年美国专利保护水平。余长林、王瑞芳❹以及邢斐、张建华❺等学者运用所构建的指标体系对知识产权政策进行实证分析

---

❶ 韩玉雄，李怀祖．关于中国知识产权保护水平的定量分析［J］．科学学研究，2005，Vol. 3：377～381.

❷ 许春明，单晓光．中国知识产权保护强度指标体系的构建及验证［J］．科学学研究，2008，Vol. 4（26）：715～723.

❸ 宋河发．专利保护程度评价体系与中美保护程度比较［J］．科学学研究，2007，Vol. 25（4）：646～653.

❹ 余长林，王瑞芳．知识产权保护、技术差距与发展中国家的技术进步［J］．当代经济科学，2008，Vol. 30（4）：13～22.

❺ 邢斐，张建华．我国创新支持政策：理论分析及其有效性检验［J］．当代经济科学，2009，Vol. 31（4）：63～69.

和运用研究，并提出相关对策建议。

3. 医药专利法律保护

此类文章分为五大研究主题。第一类主题为药品专利利益平衡，由 90 篇文章组成，所占比例为 30.93% 。冯洁菡[1]强调了适度与合理的药品专利法律保护范围对于正确处理专利权人和社会公众利益平衡关系的重要性，并在利益平衡原则指导下协调利益主体之间的关系。第二类主题为 TRIPs 协议下药品专利研究，由 72 篇文章组成，所占比例为 24.74% 。张乃根[2]在 TRIPs 协议框架下，就广大发展中国家解决药品可及性这一难题的立法例和司法实践进行梳理，对我国专利法及相关法律上如何有效应对提出了具体对策。第三类主题为药品专利与公共健康，由 70 篇文章组成，所占比例为 24.05% 。曲三强[3]在药品专利保护与公共健康争端由来的基础上，运用人权和价值平衡理论，详细阐述了生命健康权应该优于专利权的观点。第四类主题为传统医药专利保护，由 34 篇文章组成，所占比例为 11.68% 。黄武双[4]从传统医药被剽窃的典型案例入手，分析加强传统医药知识保护对保障人权、发展权的重要性与必要性，进而得出对传统医药知识进行专利保护正当性的结论。第五类主题为《Hatch-Waxman 法案》的

---

[1] 冯洁菡. 公共健康危机、药品的可及性及其平行进口 [J]. 法律适用，2004, Vol. 12: 15 ~ 18.

[2] 张乃根. 论 TRIPs 协议的例外条款 [J]. 浙江社会科学，2006, Vol. 3: 83 ~ 87.

[3] 曲三强. 论药品专利许可与公共健康权 [J]. 学术探索，2006, Vol. 1: 56 ~ 63.

[4] 黄武双. 传统医药知识利益保护新制度的建议 [J]. 法学，2009, Vol. 5: 51 ~ 54.

影响分析，其由 25 篇文章组成，所占比例为 8.59%。蒋洪义[1]、刘洁[2]、董丽、杨悦[3]、丁锦希[4]等集中围绕《Hatch-Waxman 法案》的专利期延长制度和 Bolar 条款，并结合美国司法实践展开研究论述，同时根据我国的现实国情，探讨将其引入我国立法的可行性及其对医药产业影响。

4. 专利与社会福利关系

此类文章分为五大研究主题。第一类主题为专利创新与经济增长，由 64 篇文章组成，所占比例为 33.68%。刘勇、周宏[5]运用动态计量经济学的分布滞后模型、单位根检验模型、协整分析模型和 Granger 因果检验模型，以及专利产出与经济增长数据，实证研究专利对我国经济增长的影响。结果表明，专利制度自引入我国 20 多年来，对我国经济增长具有显著的促进作用，且专利对经济增长的影响存在长达 3 年的时滞。第二类主题为专利制度与创新能力，由 53 篇文章组成，所占比例为 27.89%。陈国宏、郭弢[6]运用随机效应模型进行分析，结果显示，从创新能力

---

[1] 蒋洪义．两难困境中的无奈选择：评中国首例“Bolar 例外”判例中的法律适用问题［J］．中国专利与商标，2007，Vol. 4：35～37.

[2] 刘洁．我国药品专利保护例外立法研究［J］．南京财经大学学报，2009，Vol. 1：79～82.

[3] 董丽，杨悦．美国药品专利期延长与市场独占期规定研究［J］．中国医药导刊，2006，Vol. 8（5）：391～392.

[4] 丁锦希．美国药品专利期延长制度浅析［J］．中国医药工业杂志，2006，Vol. 37（9）：113～117.

[5] 刘勇，周宏．知识产权保护和经济增长：基于省际面板数据的研究［J］．财经问题研究，2008，Vol. 6（6）：17～21.

[6] 陈国宏，郭弢．我国 FDI、知识产权保护与自主创新能力关系实证研究［J］．中国工业经济，2004，Vol. 4（4）：25～33.

的角度看，加强专利保护强度使专利申请量有了大幅提高，创新能力显著增强。第三类主题为专利行为影响因素，由29篇文章组成，所占比例为15.26%。王炳杰[1]构建了基于灰色关联度[2]的发明专利和高技术产业的相关性模型，运用灰色管理理论，对医药产业的发展和药品专利保护的关联度进行了实证分析。研究表明药品专利保护的加强提高了企业的专利意识，促进了企业的专利活动。同时，专利产出还与企业规模、产业规模呈正相关关系。第四类主题为专利实施绩效评价，由26篇文章组成，所占比例为13.68%。李金海等[3]结合专利申请、授权和实施的比较，以及影响专利实施系统的因素分析，构造专利实施力评价指标体系，提出评价实施度模型，并以专利实施状况进行实证分析。第五类主题为专利保护与对外贸易，由18篇文章组成，所占比例为9.47%。余道先、刘海云[4]利用专利保护强度和对外贸易额的时间序列数据，通过相关性分析、协整检验和因果检验，对专利保护强度与对外贸易关系进行了实证研究，结果发现专利保护强度与对外贸易之间呈现相互促进、互为因果的关系。

---

❶ 王炳杰．江苏省发明专利申请与高技术产业发展的灰关联研究［J］．商场现代化，2009，Vol. 3：277～278.

❷ 灰色关联分析方法作为一种系统分析方法，弥补了回归分析、方差分析、主成分分析等数理统计方法的不足，在社会和经济生活中得到广泛应用。灰色关联是指事物之间不确定性关联，或者系统因子与主行为之间的不确定性关联。通过灰色关联分析能揭示因素间关系的强弱。

❸ 李金海，姜莎莎，牛建华．专利实施的系统分析及评价研究［J］．科技管理研究，2007，Vol. 27（2）：145～148.

❹ 余道先，刘海云．我国自主创新能力对出口贸易的影响研究［J］．国际贸易问题，2008，Vol. 3：28～33.

三、国内外研究现状述评

整体而言，国内外学界对药品专利理论研究和实证分析的整体研究成果已经相当全面、深入和系统。在内在研究思路方面，遵循了从偏重数理模型到模型与实证相结合，从偏重理论探讨到理论与实证并重及至实证引领理论发展的演进轨迹，无论是理论界，还是实务界，对此充满浓厚的兴趣；在研究方法方面，关注宏观研究与微观研究的整合、社会理论与历史的融合、理性分析与具体实践密切结合，呈现整体性、层次性、开放性、协调性的系统思维特点，并在以下两个方面取得了重要进展：

（1）在药品专利保护合理性的经济学解释上成绩斐然。从早期信息对称条件下研究拓展到晚近信息不对称条件下研究，从离散专利保护研究发展到累计创新专利保护研究，从药品专利保护静态维度（长度、宽度）与社会福利的关系、到药品专利保护的局部均衡分析、累计创新框架下前期创新者对后期创新者的正外部性或溢出效应进行了富有成效的探讨。这些研究成果的大量涌现为进一步研究开辟了全新的视角。

（2）计量实证分析研究取得长足进步。自从以阿罗[1]为代表的研究者将经济学家的注意力从纯粹的技术变迁引向 R&D 的正外部性以来，经济学界开始认识到这种外部性给创新带来的复杂效应很难通过理论分析来作出统一的判断，尤其是关于最优药品专利保护程度的讨论仍然没有一个清晰一致意见的背景下，实证

[1] Arrow, K. J. Economic Welfare and the Allocation of Resources for Invention. (in) ed. R. R. NELSON. The Rate and Direction of Economic Activities : Economic and Social Factors [M]. Princeton: Princeton University Press for the NBER, 1962.

研究工作就显得举足轻重了。学界在这一趋势下展开了药品专利保护对社会福利复杂影响的实证研究，这为审视药品专利制度效率提供了富有启发性的全新视角，有关研究结果也反映到美国、日本及欧盟的相关法规或法律指导性文件中。

在肯定所取得成绩的同时，也应该清醒地看到现有关于药品专利保护研究仍有很多可供拓展的空间。从研究内容上看，现有研究对药品专利的创新激励与垄断力量的权衡进行了较为详细的梳理，但对于药品专利保护理论的内在机理、药品专利保护指标的体系结构、药品专利保护的强度测量、药品专利保护对社会福利影响的量化评价等问题较少涉及。正源于这一缺失，现有研究成果对于药品专利权人与社会公众、在先创新者与在后创新者的利益之争给予科学、合理解答的依然是凤毛麟角。从研究方法上看，传统的定性化理论研究较多，数理模型化研究依旧较为匮乏，而实证研究则更显稀缺。具体而言，这些不足表现为以下三个方面：

（1）药品专利保护理论的内在矛盾尚未厘清。作为知识产权体系中最重要的制度之一，药品专利制度的实施总是面临两难选择：增加动态效率和减少静态无效率。这一矛盾源于医药产品独特的公共品性质。因此经济学所研究的最优药品专利制度并非绝对意义上的最优（optimal），而是最优权衡（trade - off）。把药品专利制度分割为长度和宽度等政策变量，为量化分析药品专利制度的效应提供了极大的便利。尽管自诺德豪斯以来涌现了大量研究最优药品专利设计的文献，其中的争论、矛盾与模糊性却从来没有消失过。理论研究的最新进展开始关注累积性创新的药品专利保护，关注经济利润在先创新者与后续创新者之间的优化分配，但药品专利制度的内在矛盾依然存在，诚如斯科奇姆

（Scotchmer）所指出，最优政策的“双重边际”（double marginalization）的存在使得没有一种专利政策能同时向各个创新者提供充足的激励。[1] 由于药品专利制度牵涉到经济发展和政策制定的方方面面，在理论上过于苛刻和失真的假设会影响到结论的牢固性和可信度。不断放松假设、完善模型的构建是药品专利经济学发展的规律和趋势。

（2）药品专利保护强度指标体系尚待完善。问卷调查法的最大优点是能够突破时空限制，在广阔范围内对众多对象同时进行调查，但其最突出局限性在于调查对象选择的难度和调查问卷的质量检验。相比之下，立法指标评分法在一定程度上克服了问卷调查法过于主观性的缺陷，使得评价结果更加客观全面。但这一方法的主要困难之处在于评价指标的建立。具体来说，R-R 评价方法的主要缺点在于：①评价范围过于狭窄；②等级之间界限模糊。虽然 G-P 指标体系增加了各级指标的权重计算，使得跨国比较的结果更加精确，但其缺陷同样不容忽视：①该指标体系被用于测量国家专利保护强度，忽视了具体行业领域对专利制度的依赖程度；②G-P 指标体系仍然是“教科书式”的指标，仅仅对知识产权法律制度进行了立法层面的静态评估，缺乏对法律操作层面的动态关注。相比于之前的研究，布加奇（Pugatch）指标体系无法回避的主要缺陷在于缺乏对调查内容在具体实践过程中的考察。

（3）实证研究有待进一步深化。综观国外学界的实证分析，其研究对象主要是美国、加拿大和部分发展中国家，被解释变量

[1] Scotchmer，S. Standing on the Shoulders of Giants：Cumulative Research and the Patent Law［J］. The Journal of Economic Perspectives，1991，Vol. 5（1）：29～41.

（社会福利）的测算指标范围比较狭窄和单一。此外，上述研究成果仅将药品专利保护作为研究对象进行统计，缺乏对药品专利的长度和宽度从多维度视角进行综合考察。最后，这些实证研究缺乏对样本进行深入而多维度的纵向比较，论证也不够全面。

第三节　本书主要工作

一、提出问题

如何克服“公地悲剧”和“反公地悲剧”是优化药品专利制度的逻辑起点和预期目标，为此，本书着重从以下三个方面展开研究。

（1）“公地悲剧”产生的内在原因是药品专利保护制度的缺失，这使得同行竞争者无须付出研发成本就可以使用研发者的生产技术生产具有替代性的药品，导致药品研发创新者因低成本的仿制而无法收回先期的巨额投资，逐渐丧失继续创新积极性。对此，如何避免“公地悲剧”、尽量消减药品专利制度的静态无效率、尽可能维持药品发明人的创新积极性是本书需要回答的问题之一。

（2）“反公地悲剧”产生的根本原因是拥有排他性权利的所有者众多，在先药品专利权人凭借垄断地位获得超额经济利益，在后发明人因交易成本过大不得不放弃或改变研究方向，致使交易成本激增、社会资源被闲置。对此，如何避免“反公地悲剧”、尽量提升药品专利制度动态效率、尽可能增加社会整体福利也是本书需要回答的问题。

（3）药品专利制度可以从药品专利保护长度维度和宽度维度加以刻画，即药品专利多重维度混合保护，导致社会福利损失。学界关于药品专利制度优化设计研究正是从这两个维度之间的权衡出发的，核心是附加在其上的市场力量强度如何决定的问题。对此，如何避免药品专利多重维度混合保护导致的社会整体福利损失是本书需要回答的另一个问题。

总之，通过以上三个问题的依次递进、层层细化的深入分析，从而系统构建在先创新者与在后创新者、医药公司、研究机构以及整个社会公益之间的利益平衡机制，有利于明确医药科技成果的产权归属、保护发明者的利益、形成伙伴之间合理的利益分配及稳定的合作关系，进而加速医药产业的良性发展，促进药品发明知识的产出和社会福利水平的提高。

二、研究内容

第一章导论。本章着重介绍选题的研究背景与意义，在文献综述的基础上，对本书的研究内容、方法路线和主要创新点作简要说明。

第二章药品专利保护优化总模型与医药行业社会福利函数。本章分别从专利保护长度和宽度维度梳理药品专利保护理论研究进展，提出药品专利保护优化总模型，得出药品专利保护重要性、有限性和多维性三大基本假设；构建医药产业社会福利函数，厘清药品专利制度对社会福利影响的内在机制。本章的药品专利保护优化总模型与医药行业社会福利函数为后文的实证分析奠定了理论基础。

第三章药品专利保护指标体系构建及强度测算。本章创新地构建了药品专利保护强度测算指标体系，该体系由立法强度与执法强度综合构成，其中立法强度指标体系由立法长度（1个二级指标和6个三级指标）和立法宽度（5个二级指标和24个三级指标）构成；执法强度指标体系由5个二级指标和7个三级指标构成。利用此指标体系，计算1986～2009年中国、2007年中国31个省份和27个样本国家和地区的药品专利保护强度。本章的指标体系及其计算结果为后文的实证分析提供了数据来源。

第四章药品专利保护重要性理论与实证分析。本章在药品专利保护优化总模型的基础上提出药品专利保护重要性的子模型，阐释药品专利保护的重要性。在此基础之上，从社会福利经济、技术子系统层面切入，量化药品专利保护对医药行业工业增加值、国民经济增长及医药行业科技发展实力的贡献度，从而避免药品专利保护“公地悲剧”。

第五章药品专利保护有限性理论与实证分析。本章在药品专利保护优化总模型的基础上提出药品专利保护有限性的子模型，阐释药品专利保护的有限性；并在此基础之上，从社会福利经济、技术和卫生子系统层面切入，量化以社会福利为标尺的药品专利保护最佳值，以求规避药品专利保护“反公地悲剧”。

第六章药品专利保护多维性理论与实证分析。本章在药品专利保护优化总模型的基础上提出药品专利保护多维性的子模型，阐释通过延长药品专利保护长度和缩小保护宽度的优化组合方式来完善药品专利保护制度，从而提升社会福利；并在此基础之上，展开一系列的实证分析以验证“长周期、窄范围”是药品专利保护制度的优化方向，从而避免由于药品专利的多重维度混合保护导致的社会整体福利损失。

第七章基于药品专利保护优化理论的中国医药产业发展策略集。本章在药品专利保护优化理论的指导下，提出完善我国药品专利制度和促进医药产业健康发展的政策建议。

第八章结语。本章对全书研究成果进行扼要的概括，并指出研究的不足之处及其改进的方向。

三、方法路线

在整体上，本书采用理论研究与实证研究相结合，主要运用专利法学的研究方法建立药品专利保护强度测算指标体系，运用宏观经济学和计量经济学的研究方法从药品专利保护的重要性、有限性和多维性三方面考察药品专利保护对社会福利的影响机制，运用专利知识管理的研究方法提供促进我国医药产业健康发展的政策建议策略集。具体的研究思路见图1.1。

四、研究意义

对药品专利保护与社会福利关系的研究由来已久，以往的研究成果大多从现象上描述二者之间的关系，并已经充分认识到药品专利保护对于社会福利的正、负作用，但对于两者之间内在机制进行深入理论研究和翔实实证分析相结合的研究成果并不多见。这一缺失致使对于药品专利保护优化的研究只能“知其然”而无法“知其所以然”，即无法客观评价药品专利制度的运作绩效，更无力以此为指导对药品专利制度进行有效、可行的改进与完善。以基于社会福利视角的药品专利保护优化研究为题进行系统研究的理论价值和实际运用价值在于：

（1）对已有药品专利保护测评指标体系的全面分析研究和修

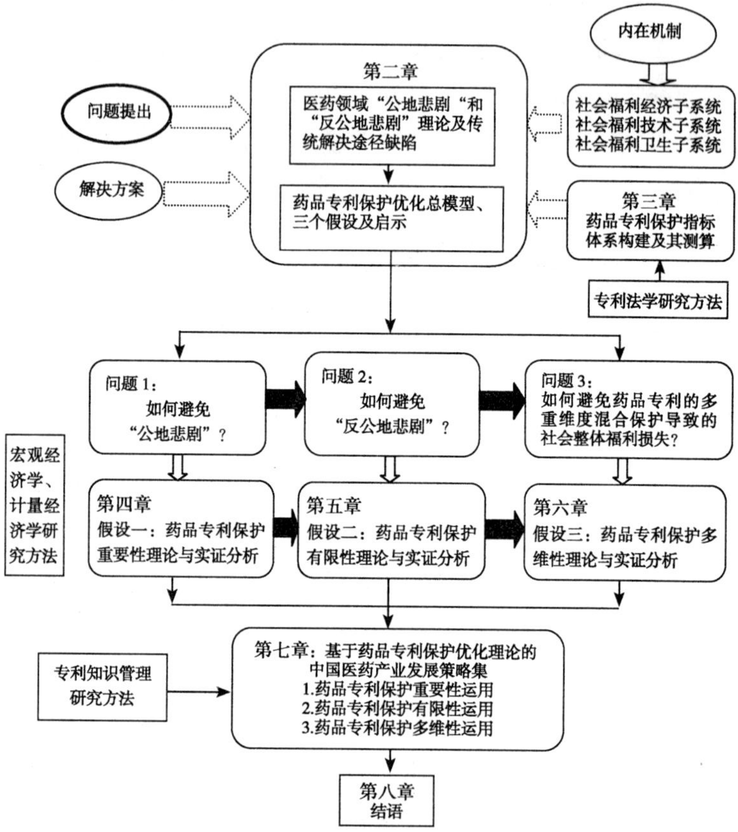

图 1.1　本研究方法路线

正，可以克服长期存在的测评不全面、不准确的弊端，使药品专利制度保护强度量化指标更具可比性和可反复适用性，从而为药品专利保护国际化比较和经济学实证分析奠定基础。

（2）诠释药品专利保护的重要性。针对目前在学界存在“公地悲剧”和“反公地悲剧”现象的不同解读和辩驳，展开药品专利保护与社会福利关系的理论研究和实证分析，从而为加强药品专利保护提供科学依据。

(3) 解析药品专利保护的有限性。通过对过强和过弱药品专利保护对社会福利不同子系统影响的实证分析来揭示药品专利保护制度的“双刃剑”性质，从而为药品专利适度保护提供实证依据。

(4) 揭示药品专利保护多维性。通过药品专利长度保护和宽度保护的优化组合设计来平衡药品专利保护制度正、负两方面效应，从而构建在先创新者与在后创新者、医药公司、研究机构以及整个社会公益之间的利益平衡机制。

五、本书创新点

本书可能的主要创新之处主要表现为以下三个方面：

(1) 创新构建药品专利保护强度新指标体系。以 TRIPs 协议为导向，运用专利法学研究方法，修正传统专利保护强度测评指标体系，构建同时涵盖立法强度和执法强度指标的药品专利保护强度新指标体系，使得药品专利制度的量化评价更加客观，不仅为药品专利制度经济学实证研究和药品专利强度国际比较提供了科学客观依据，也为提升药品专利保护强度指明了可操作的方向，这对于药品专利保护国际化战略极具启示意义。

(2) 全面解构药品专利制度作用于社会福利的内在机制。通过构建医药产业社会福利函数，阐明药品专利制度通过作用于医药产业经济、技术和卫生子系统进而间接影响医药产业社会福利的传导途径和内在机理，从而有力拓展了药品专利制度创新研究体系。

(3) 系统阐释优化药品专利保护的基本路径。以“动态效率”和“静态无效率”双重维度平衡为目标，通过提倡药品专利保护重要性原则来克服“公地悲剧”、肯认药品专利保护有限性原则来规避“反公地悲剧”以及树立药品专利保护多维性原则来降低药品专利多重维度混合保护导致的社会福利损失。上述三个不同视角的层层剖析，不仅厘清了药品专利权人与社会公众、在先创造者与在后创新者的利益平衡机制，也为优化药品专利保护提供了切实可行的思路和建议。

第二章

药品专利保护优化总模型与医药行业社会福利函数

第一节　药品专利保护优化模型综述

一般而言，专利制度既有动态效率，又有静态无效率。[1] 一方面，当专利为创新者提供保护时，增加了创新者的收益，从而保证社会拥有最优的创新激励水平。面对创新收益的诱惑，创新者将会进行持续的、更大规模的创新，实现生产者剩余的不断增加。如果创新产品的定价接近于或者等于边际成本，那么也相应提高了消费者剩余。由此会导致社会福利总水平（权利人利益与消费者利益）的增加，这就是专利的动态效率。另一方面，专利制度赋予创新者垄断权，使得创新产品市场具有垄断市场结构的特征，而垄断市场是一种效率低下的资源配置方式，因此创新者的垄断行为必然引起社会福利损失，这种损失是专利的静态无效率。经济学关于优化专利制度设计的研究正是从这两个效率之间的权衡（trade-off）出发的，其核心是如何决定附加在专利之上的市场力量强度。在现有专利制度研究文献中，专利保护一般认为由专利保护长度和宽度组成。本章将围绕这两个方面对药品专利保护的相关文献展开评述。

一、药品专利保护长度模型及发展

专利保护长度（patent length）是指专利的法定有效期限，在

[1] Janusz, A. Ordover. A patent system for both diffusion and exclusion [J]. The Journal of Economic Perspective, 1991, Vol. 5 (1): 43-60.

实践中为固定期限。在这一期限内，创新成果受专利保护；在期限外，专利权失效，创新成果成为公共品。如果专利政策仅依赖于专利保护长度，那么专利的长短就直接决定了其持有者所能获得的利润多寡。一般而言，专利保护长度越长，垄断利润越多，创新激励越大，社会福利损失也越大；反之，垄断利润越少，创新激励越小，社会福利损失也越小。

（一）诺德豪斯（Nordhaus）模型*：药品专利保护期限应该差别化

1. 诺德豪斯模型修改

诺德豪斯模型沿用了传统新古典经济学的基本假设，所不同的是引入了发明和知识的生产。假定生产函数是柯布—道格拉斯形式的：

$$Q = AK^{a} L^{1-a}\text{，} a \in (0, 1) \tag{2.1}$$

诺德豪斯模型的重点是考察使社会福利最大化的药品专利保护期限问题，即怎样的专利保护期限能最大限度地符合社会利益。药品专利实施的社会福利（V^s）为消费者福利（V^c）与生产者剩余（V^p）之和：

$$V^s = V^c + V^p \tag{2.2}$$

其中，$V^c = (c_0 - c_1)(q_0 - q_1)e^{-rL}/2r$ (2.3)

$$V^P = [aq_0c_0k(1 - e^{-rL})/r]^{1/(1-a)}(1/a - 1) = \hat{R}(1/a - 1), k > 0 \tag{2.4}$$

式中，V 为采用一种新工艺或者从事一种新产品生产而带来的利润净收益；q_0 为第一阶段的产量；c_0 为第一阶段的价格；q_1 为第三阶段

---

* W, D. Nordhaus. The Optimal Life of A Patent: Reply [J]. The American Economic Review, 1972, Vol. 62 (3): 428 ~ 431.

的产量；c_1 为第三阶段的价格；r 是折现率；L 为专利保护期限；$\hat{R}$ 为一定专利保护期限下的能给创新者带来最大收益的 R&D 支出。

该模型的假设是在一个确定性的条件下考察专利保护长度问题，即研发投入产生的创新必然会带来专利。这显然是一个很强的、非现实的假设。

2. 基本结论

（1）专利制度只是在资源的当前配置与未来生产之间寻找一种最优折中。

（2）不同的创新面临不同的市场需求，不同的产业条件和不同的技术要求对创新的激励也应该不同。对于那些相对比较简单的创新，需求弹性越大，延长专利期限的社会成本越大，对于创新的激励并不会相应增加。相反，由于专利保护带来的垄断损失也越大。因此，越是容易的创新，其专利期限应该越短。

（3）专利期限与专利覆盖范围呈负相关关系。

3. 应用评价

诺德豪斯模型首次用数学模型解释了专利制度的静态收益和动态收益，成为专利制度经济学分析的开创性文献，奠定了药品专利经济学研究的基础。由上述基本结论可知：（1）从社会最优的角度看，药品专利期限应该是有限的，而且存在一个最优的专利期限；（2）对医药这种创新风险大、重大发明、不完全市场以及“周边发明”的行业特性而言，则要求相对较长的专利期限；（3）对于药品专利保护而言，固定专利期限不是最优的，差别性的药品专利保护期更能增进社会福利，增强药品可及性；（4）药品专利覆盖的范围越小，其所享有的期限应该相应越长。

但是，诺德豪斯模型在理论假定、分析框架等方面存在的缺陷使其在对药品专利制度的解释能力上具有局限性：（1）仅考虑单个药品企业的技术行为，而没有考虑药品企业为获得专利而展开的相互竞争，以及药品企业重复 R&D 造成的投资浪费等；（2）未考虑药品企业针对不同的药品专利制度而采取的不同技术策略，例如充当技术领先者还是技术跟随者等；（3）未考虑药品专利制度的执行成本，如专利申请成本、侵权诉讼成本、仲裁成本等。这些缺陷造成诺德豪斯模型与现实经济脱离，而退化成一种过于抽象的理论。

（二）凯密恩－施瓦茨（Kamien & Schwartz）模型*：药品专利保护期限应尽可能长

1. 基本模型

$$\max_{T>0} e^{-(r+h)T}P(1-e^{-rL})/r - A^{1/\alpha}[n(r+h)/(e^{n(r+h)T}-1)]^{1/n} = \{[P(1-e^{-rL})/r]^{\alpha} - A[n(r+h)]^{1-\alpha}\}^{1/\alpha} \quad (2.5)$$

式中，$A = \int_0^T g[y(t)]dt \qquad [y(t) \geqslant 0, T > 0] \qquad (2.6)$

$$g[y(t)] = y^{\alpha}(t) \qquad (0 < \alpha < 1) \qquad (2.7)$$

$$n \equiv \alpha/(1-\alpha)$$

式中，P 为发明人从发明中获得的纯利润；A 为发明人为获得利润所付出的有效发明努力；r 为贴现率；T 为计划完成发明所需要的时间；正参数 h 为发明人的竞争对手即将在未来某一时间点申请专利的瞬时概率；L 为专利保护期；$y(t)$ 为在时间点 t 科研支出的汇率；$g[y(t)]$ 为在时间点 t 发明人为发明累计作出的努力。

该模型设立了一个有争议的假设，即获得专利的创新者将停止创新。很显然，此假设是建立在“专利的奖励作用”基础上

* Kamien, M. Schwartz, N. L. Patent Life and R&D Rivalry [J]. The American Economic Review, 1974, Vol. 64 (1): 183～187.

的，并且认为研发竞争将会导致“赢家通吃”的结果。

2. 基本结论

（1）R&D 投入随着创新发明程度的显著性、竞争对手的 R&D 速度和贴现率的变化而变化。

（2）R&D 规模与专利保护长度呈正相关，与折现率、R&D 周期和面临的竞争呈负相关。

3. 应用评价

凯密恩和施瓦茨研究了 R&D 竞争与专利保护长度的关系，假设 R&D 竞争将会导致“赢家通吃”的结果，由上述基本结论可知：（1）对于创新发明程度高、技术进步水平日新月异和贴现率显著的医药行业而言，通过增加专利保护长度能够促进 R&D 规模的增长；（2）医药行业 R&D 竞争的激烈使得预期利润减少，因此唯有通过药品专利保护长度的增加来保持一定的激励水平；（3）医药行业中，在预期收益不变假设下，只有增加药品专利保护长度才能提供足够的激励水平。

不过，该模型对药品专利制度效率的研究是值得怀疑的：（1）需求条件会影响药品专利保护长度。例如，如果药品需求的价格弹性很大，垄断定价会伴随着较多的福利损失，在这样的药品市场中更短的专利保护长度将会更优。（2）统一药品专利保护长度为低效率的创新提供了过多的保护，而为高效率的创新提供的保护过少，因此对药品 R&D 资源的配置会发生扭曲。

二、药品专利保护宽度模型及发展

适度的药品专利保护长度对于技术创新和社会福利至关重要，学界也对药品专利保护期投入了巨大的关注，但在现实中各个国家的药品专利保护期限都几乎保持不变（15～20 年）。这表明，仅以药品专利保护期限为唯一基础的专利优化政策并不具有太多的现实意义。更为重要的是，尽管专利法规定，在法定保护期内任何其他人不能够对专利产品进行商业化，但大量研究表明，绝大多数药品专利在法定保护期内就已被其他医药企业模仿或者替代。由此可见，在既定专利期限已经足够大的前提下，专利权的保护范围，是决定专利保护强弱的最为关键因素。因此，20 世纪 90 年代以后，药品经济学家们开始探讨专利保护宽度（patent width）的问题。

（一）伊尔贝特－夏波罗（Gilbert & Shapiro）模型*：二类以下新药的专利应尽可能狭长

1. 基本模型

$$\Omega(T,\pi) = \int_0^T W(\pi)e^{-rt}dt + \int_T^\infty \overline{W}e^{-rt}dt \qquad (2.8)$$

$$V(T,\pi) = \int_0^T \pi e^{-rt}dt + \int_T^\infty \overline{\pi}e^{-rt}dt \geqslant \overline{V} \qquad (2.9)$$

式中，Ω（T，π）是社会整体福利函数；W（π）是专利保护期内每一时点的社会整体福利水平；$\overline{W}$ 是专利保护期满后每一时点的社会整体福利水平；V（T，π）是专利权人的收益函数；π 是专利保护期内专利权人的收益水平；$\overline{\pi}$ 是专利保护期满后专利权人的收益水平；$\overline{W}$ 是需要补给专利权人的份额。

该模型的一个关键假设是社会福利水平是 π 凹函数，也即边际社会损失关于 π 递增。

2. 基本结论

随着专利权人利润水平的增加，社会整体福利将随之减少，

---

* Gilbert, R. J. Sharpiro, C. Optimal Patent Length and Breadth [J]. RAND Journal of Economics, 1990, Vol. 21: 106 ~ 112.

那么，专利优化政策是尽可能地缩小专利保护宽度，延长专利保护期。随着专利保护期的延长，社会整体福利水平将随之提高。

3. 应用评论

在专利保护宽度模型中，伊尔贝特与夏波罗的研究是奠基性的。由上述基本结论可知：就医药行业而言，如果发明的新药有数量众多的潜在替代品（新药新颖性较低，例如我国二类以下的药品专利），那么，加大药品专利保护宽度就会使消费者损失边际递增，因而符合这一假设，应授予狭长专利。如果是一类或二类新药（较高新颖性），在一定时期内不可能出现替代品，那么专利保护宽度增减实际上对消费者福利无多大影响，就不一定要求狭长的专利保护。

模型仍有进一步完善的必要：（1）该模型假设基本环境是可预测和静止的。然而，在全球化的背景下，医药行业往往存在多个竞争医药企业，并掌握着相互交错的创新技术。（2）该模型假设政府已知需要给予医药企业提供的最优创新激励，并要求创新幅度或者创新完成的概率与创新投资无关，即创新活动不存在激励问题。但事实上，药品专利制度本身是一种导致垄断扭曲的成本高昂的激励机制，药品创新企业和政府之间的不对称信息则是普遍存在的。

（二）克伦佩雷尔（Klemperer）模型*：普通药的专利保护应尽可能宽短、特效药的专利保护应尽可能狭长

1. 基本模型

$$r(w) \equiv \frac{s(w)}{\pi(w)} = \left[\int_0^{p*(w)} H_w(\rho)d\rho/p*(w)H_w(p*(w))\right] - 1$$

---

* P. Klemperer. How Broad Should the Scope of Patent Protection Be? [J]. RAND Journal of Economics, 1990, Vol. 21 (1): 113 ~ 130.

$$= \left[\underset{[0,p*(w)]}{\text{average}}\ H_W(\cdot) / H_w(p*(w)) \right] - 1 \tag{2.10}$$

当为满足占市场垄断地位的专利权人满足 F（p）而确定最优价格 p^m 时

$$\lim_{w\to\infty} r(w) = \left[\int_0^{p^m} F(\rho)\,d\rho / p^m F(P^m) \right] - 1 \tag{2.11}$$

当为满足占市场垄断地位的专利权人满足 G（$\tilde{p}$）而确定最优价格 $\tilde{p}^m$ 时

$$\lim_{w\to 0} r(w) = \left[\int_0^{\tilde{p}^m} G(\rho)\,d\rho / \tilde{p}^m G(\tilde{P}^m) \right] - 1 \tag{2.12}$$

式中，r（w）为社会总成本 s（w）与专利权人利润 π（w）的比值；w 为专利保护宽度；H_w（p）为专利权人的需求；$p*$（w）为专利权人确定的专利产品价格；F（p）为消费者的总需求；G（p）是关于既定消费者的“交通成本”超过平均“交通成本”（t）可能性的函数。

该模型的分析起点是一个预先给定的激励水平 V。为了实现这一激励水平，专利保护长度和宽度之间可以互相替代，因此寻找专利优化政策就是找出专利保护宽度和长度的最佳组合。当然，这里的“优化”是以社会损失在约束下最小为标准的。

2. 基本结论

（1）宽专利使得专利权人的市场垄断权进一步提升，产品价格也随之上升，而有限的专利保护期可以弥补消费者因此遭受的损失。

（2）窄专利使得专利权人的市场垄断权进一步降低，而无限长的专利保护期可以弥补专利权人因此遭受的损失。

3. 应用评价

该模型将专利产品看做产品空间中的一个点，专利保护范围对应于该点的一个邻域，而此邻域之外的产品可被其他医药企业自由免费模仿。根据药品专利申请的公共披露特性，药品专利产品的技术信息将变为公共知识，这构成了其他医药企业模仿的基础。根据对克伦佩雷尔专利保护宽度的定义，模仿者必须生产与专利产品不同的产品才能避免专利侵权。这样，药品模仿者必须花费一定的成本才能生产和专利药品具有差异的产品，这意味着模仿并非像克伦佩雷尔所假设的那样是完全免费的。因此，加大药品专利保护宽度后，由于价格上升而退出消费的消费者，将少于因较宽专利导致替代品缺乏而不去寻找其他同类药品从而不退出该产品的消费者。故而，普通药品专利应最优化为宽短的专利。

需要指出的是，该模型隐含的假定市场中只有一个企业进行创新活动，即创新活动是垄断的。但在现实中，不仅药品模仿活动是竞争性的，药品创新活动本身也是竞争性的。从专利竞赛模型可知，引入药品创新竞争将对模型结果具有很大的影响。

三、药品专利保护长度与宽度整合的统一解释框架

（一）戴仑卡罗（Denicolo）模型*：畅销药的专利保护应宽短

1. 基本模型

$$\Pi_i = \int_0^{\infty} e^{-[\sum_{(i=0)}^{n} h(X_i)+r]t}[h(X_i)V + X_{-i}L + \pi - X_i]dt$$

$$= \frac{h(X_i)V + X_{-i}L + \pi - X_i}{X_{-i} + h(X_i) + r} \qquad (2.13)$$

---

* V. Denicolo. Patent Races and Optimal Patent Breadth and Length [J]. Journal of Industrial Economics, 1996, Vol. 44 (3): 249 ~ 265.

式中

$$V = \int_0^T \pi_W^* e^{-rt} dt + \int_T^\infty \pi^{**} e^{-rt} dt = \frac{1-e^{-rT}}{r}\pi_W^* + \frac{e^{-rT}}{r}\pi^{**} \tag{2.14}$$

$$L = \frac{1-e^{-rT}}{r}\pi_L^* + \frac{e^{-rT\,**}}{r} \tag{2.15}$$

式中，Π_i 为公司 i 的收益函数；r 为利率；X_i 为公司 i 的 R&D 投入；$h\ (X_i)$ 为公司 i 决定创新的瞬时概率；X_{-i} 为公司 i 的竞争对手决定创新的瞬时概率；π 为当前利润；V 为公司 i 在专利保护期限内获得的收益现值；L 为公司 i 的竞争对手在专利保护期限内的收益现值；T 为专利保护期长度；π_W^* 为专利权人所获得累计利润；π_L^* 为未获得专利技术的公司获得的累积利润；π^{**} 为专利权人在专利期满后所获利润。

该模型将专利保护宽度抽象为参数（$1-\alpha$），$\alpha=0$ 表示完全垄断，$\alpha=1$ 意味着创新成果是免费的。寻找最优专利政策就是最小化专利的社会成本与创新激励之比。

2. 基本结论

（1）最优专利保护期限随着社会福利增量的增加而增加。社会福利增加是创新所带来的积极的外部效应，当其增加时，社会边际收益也会随之增加，但不影响社会边际成本。

（2）最优专利保护期限随着专利权人收益的增加而下降。逐步增加的获利激励着企业不断革新，而越来越多的创新投资从社会的角度看却不是最优的。因此，专利保护期限应被缩短，以使社会投资保持在一个合理的范围内。

（3）缩小专利保护宽度会增加产品市场的竞争，但更多的竞争并非总是有利于社会总体福利的。如果缩小宽度的得益是以较高的社会成本为代价的，那么宽的专利保护将是有益的；反之，要使窄的专利保护宽度合乎社会利益，那么宽度缩小不仅要能够增加社会福利，而且福利增加要大于创新激励的减少。

3. 应用评价

该模型在贴近现实方面迈进了一步。由上述基本结论可知，在药品行业中，当药品仿制的成本较大时，最优药品专利应该较宽以阻止模仿。增加药品专利保护期会提高仿制药品激励，因为专利期越长，竞争者要利用这种技术等候的时间也越长。当市场上有仿制药品进入直到利润消失为止时，增加药品专利保护期就增加了药品竞争数目，从而降低了因较长的专利保护期导致的对创新的激励。由此推论，拥有巨大潜在市场的畅销药专利保护应该较宽短，因为这些畅销药最易引起竞争者的仿制。

但该模型只是集中探讨了一次性的专利竞争，而现实中存在的竞争是有多次性、重复性的；另外，由于没有考虑 R&D 投资的竞争，该模型设计的 R&D 投入时间是确定不变的，企业竞争的只是 R&D 投入的额度，并且在考虑社会福利、企业利润时忽略了风险因素。

（二）塔卡罗（Takalo）模型*：二类以下新药专利应窄长、二类以上新药专利应宽短

1. 基本模型

$$P(T,w) = \int_0^T e^{-rt}\pi(w)\,dt + \int_T^\infty e^{-rt}\overline{\pi}\,dt \qquad (2.16)$$

$$S(T,w) = \int_0^T e^{-rt}W(w)\,dt + \int_T^\infty e^{-rt}\overline{W}\,dt \qquad (2.17)$$

* T. Takalo. On the Optimal Patent Policy [J]. Finnish Economic Papers, 2001, Vol. 14 (1): 33 ~ 40.

式中，$P(T, w)$ 为专利权人因发明创造获得的总利润；T 为专利保护长度；W 为专利保护宽度；$\pi(w)$ 为专利权人在发明后获得的利润；$\bar{\pi}$ 为专利权人在专利期满后获得的竞争性利润；$S(T, w)$ 为社会因发明创造而获得的福利；$W(w)$ 为社会获得的静态福利；$\bar{W}$ 为专利有效期内消费者获得的福利增量和产业利润。

该模型的一个关键假设是当 $W'(w) < 0$ 时，社会福利对专利保护宽度递增，当 $\pi'(w) < 0$ 时，创新利润对专利保护宽度递减。

2. 基本结论

（1）如果专利保护长度对发明者的创新活动影响较大，即 $\varepsilon_{Pw}/\varepsilon_{PT} < \varepsilon_{Sw}/\varepsilon_{ST}$，那么最优专利政策是最窄专利保护宽度、最长专利保护长度。

（2）如果专利保护宽度对发明者的创新活动影响较大，即 $\varepsilon_{Pw}/\varepsilon_{PT} > \varepsilon_{Sw}/\varepsilon_{ST}$，那么最优专利政策是最宽专利保护宽度，最短专利保护长度。

（3）如果专利保护长度与宽度对发明者的创新活动影响是相等的，即 $\varepsilon_{Pw}/\varepsilon_{PT} = \varepsilon_{Sw}/\varepsilon_{ST}$，那么社会福利就与专利保护长度与宽度无关（$\varepsilon$ 为在一定的专利政策下发明专利带来的个人和社会价值弹性，$\varepsilon_{Pw} = d \text{ Ln } P/d \text{ Ln } w$，$\varepsilon_{PT} = d \text{ Ln } P/d \text{ Ln } T$，$\varepsilon_{Sw} = d \text{ Ln } S/d \text{ Ln } w$，$\varepsilon_{ST} = d \text{ Ln } S/d \text{ Ln } T$）。

3. 应用评价

该模型将专利制度动态效率与静态无效率的矛盾通过专利保护宽度对社会福利的影响和专利权人所获得利润之间的冲突表现出来。通过对市场结构和需求条件的变化来分析影响专利政策变量的调控功能，从而先前研究的不同结论可以在这一框架下得到解释。由上述基本结论可知：(1) 对于二类及以下新药的发明专利而言，当药品领先者的 R&D 成本低时（后续进入不影响其生存），应缩减药品专利保护宽度，迫使后续进入者开发更有效的工艺，此时最优药品发明专利政策是应提供窄长的专利保护策略；(2) 对于二类及以上新药的发明专利而言，当药品领先者的 R&D 成本高时（后续进入将影响到其生存），应扩大药品专利保护宽度，迫使进入者提供同领先者产品的差别化程度更大的产品，此时最优药品发明专利政策是应提供宽短的药品专利保护策略。这一模型本质上遵循了伊尔贝特－夏波罗模型框架，目标是探讨不同情况下社会最优的保护宽度和保护期限组合，因而其局限性与伊尔贝特－夏波罗模型类似。

四、累积性创新下的药品专利保护宽度模型及其发展

在单一创新模型中，学者研究的重点是如何使得社会财富在专利权人和社会公众之间分配以实现社会整体福利的最大化。然而，由于社会整体福利“总量”在一定时间范围内是固定的，专利权人获得财富越多，必然导致社会公众可分财富越少。反之亦然。因此，如何通过专利权人之间利益分配效益的最大化，提高技术创新速度，增加社会福利的来源，是累积性（cumulative）创新模型旨在解决的关键问题。随着创新技术数量的与日俱增，越来越多的技术是建立在现有科研成果的基础之上，特别是在制药行业，大量药品（如胰岛素、抗生素和抗凝结药物）都是通过改良现有技术的方式得以 R&D 成功。因此，从创新的累积性出发，考察连续创新下的专利保护，成为药品专利保护研究的一个新视角。

（一）斯科奇姆－格林（Scotchmer & Green）模型：药品专利的新颖性应实行高标准

1. 基本模型

该模型的博弈路径见图 2.1。

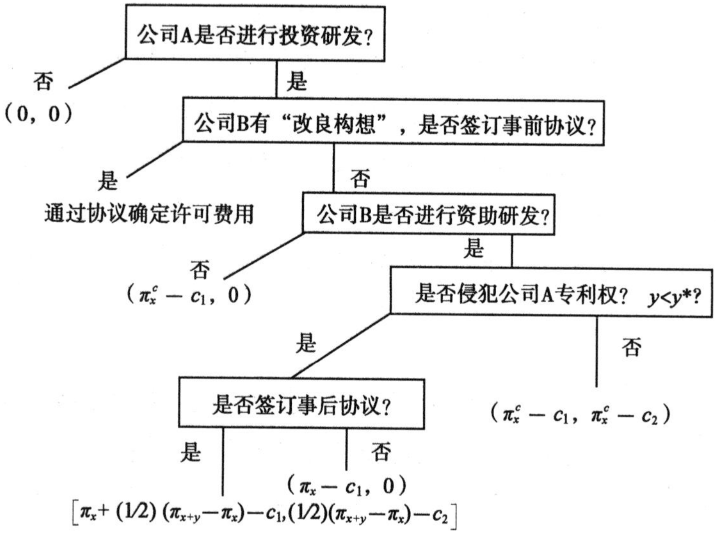

图 2.1　博弈路径图示模型

A－在先发明公司；B－在后改良公司；X－在先技术（fundamental technology）；y－在在先发明基础上进行的改良技术（improves technology）；y^*－在先发明的专利保护宽度；π－独家垄断利润；π_x－公司 A 在先发明产品占市场垄断地位获得的利润；π_{x+y}－公司 B 在后改良产品占市场垄断地位获得的利润；c_1－在先发明的成本；c_2－在后改良的成本；π_x^c－公司 A 在先发明产品与在后发明产品为竞争产品时获得的利润；π_y^c－公司 B 在先发明产品与在后发明产品为竞争产品时获得的利润。[1]

[1] 资料来源：S. Scotchmer，Jerry R. Green. On the Division of Profit in Sequential Innovation［J］. RAND Journal of Economics，1995，Vol. 26（1）：20～33.

2. 基本结论

强新颖性要求有利于专利持有者创新利润的获得，弱新颖性要求有利于创新的及早披露。

3. 应用评价

与伊尔贝特－夏波罗模型相比，该模型引入了原始创新与改良创新发生在不同公司的情形。就药品行业而言，药品往往是由许多化合物组成的，如果仅仅是因为申请专利的药品中所含有的化学成分与现有药品相同就排除它的新颖性是不利于药品技术发展的。因此，通常衡量药品专利的新颖性是对组成药品的有效成分进行检验，对不足以申请专利的其他部分并不作严格的要求。对药品的有效成分进行检验需要注意的问题是，在一些情况下，专利权人对现有药品专利的有效成分并没有作出详细的披露。对于药品发明而言，由于药品的研制过程比较漫长，耗费大量的人力和物力资源，如果降低药品专利新颖性标准的话，对于一个国家特别是发展中国家的制药行业会产生极大的冲击，从而滋生专利权利的滥用。因此，药品专利保护新颖性实行高标准要求是非常必要的。

但是，该模型在解释药品药品 R&D 活动时仍有不足之处：(1) 仅考虑了在原始创新阶段和改良阶段都各有一个药品创新者的情况，忽视了每个阶段可能存在多个药品创新者的情况。(2) 在两阶段累积创新中，药品专利的垄断问题更加明显。两代创新者可以通过许可达成卡特尔联盟来控制价格或者产量。所以，反垄断政策能否允许许可的存在对药品专利制度产生了重要的影响。(3) 在现实中，药品创新是一个连续的、累积的过程，即先期创新者也可能从事后续创新。因此，单一创新或者两阶段累积创新都不能充分反映创新的这个特点。

（二）奥多诺休－斯科奇姆－蒂斯（O'Donoghue，Scotchmer & Thisse）模型（OST模型）*：药品专利的创造性应实行高标准

1. 基本模型

$$\Phi(\underline{\Delta}) \equiv \lambda \int_{\underline{\Delta}}^{\infty} \Delta dF \tag{2.18}$$

$$\Gamma(\underline{\Delta}) \equiv \lambda[1 - F(\underline{\Delta})] \tag{2.19}$$

式中，$\Phi(\underline{\Delta})$ 为发明创新的速率，为通过技术投资而获得的产品在质量方面的改良，符合 F 静态分布；$\Gamma(\underline{\Delta})$ 为发明创新的到达速率。

该动态模型区分了两种形式的专利保护宽度：滞后宽度（lagging breadth）和领先宽度（leading breadth），前者用来防止随意模仿，后者用来约束随意改进。

2. 基本结论

（1）在只有专利滞后宽度的情况下，创新者要么投资过度，要么投资不足。在窄滞后宽度保护下，模仿行为会减少创新者的创新收益，从而使创新不足；在宽滞后宽度保护下，更多的创新者进行R&D行为会造成过度投资的浪费。专利保护长度有限、宽度较宽的政策有利于促进新产品的扩散，专利保护长度较长、宽度较窄的政策有利于降低产品R&D成本。

（2）对于发明创新速率较低的公司，应当延长专利保护长度以增强其R&D积极性，同时采取较窄的专利领先宽度政策来降低创新难度从而达到激励目的；对于发明创新速率较高的公司，应采取较宽的专利领先宽度政策来避免模仿行为发生，以保证创

* O'Donoghue，S. Scotchmer，Jacques－Francois Thisse. Patent Breadth，Patent Life，and the Pace of Technological Progress［J］. Journal of Economics&Management Strategy，1998，Vol. 7（1）：1～32.

新者的收益。显然，在这里所言的领先宽度，正是对应于专利的创造性要求。

3. 应用评价

由上述结论可知：在药品领域，具有发明性的化合物与已知的化合物往往具有紧密的结构关系，如同源体、同分异构体等，新型的化合物将接受创造性标准的检验。如果这种化合物与其他已知化合物相比在结构上完全不同的话，那么它仅仅需要检验是否产生积极效果即可。如果药品专利的创新性标准过低的话，则会使得与创新无关的药品获得专利保护，也就意味着社会公众在需要支付更多医药费用的同时受益却依然没有改观，这无疑会造成公共利益的损失。因而，应提高药品专利的创新性标准，缩小药品专利保护宽度。

同时，该模型在解释药品 R&D 活动时也存在一定局限性：（1）要对累积性创新作出更全面的分析，引入随机因素将是有助益的。该模型中随机过程的参数是外生的，因而潜在企业的创新成功率是外生的，这是一个重要的局限性。（2）该模型假定满足条件的创新总是可以获得专利保护的。但是实证研究表明，在累积性创新中企业更频繁地选择其他手段而非专利来攫取创新利润。

五、药品专利保护优化模型研究小结

最初的专利研究，以离散创新（isolated innovation）为主要研究背景，将专利保护长度和宽度视为研究对象，重点研究如何实现动态效率和静态无效率的平衡。随着研究的深入，斯科奇姆等学者开始研究连续创新下的专利保护，研究对象转变为累积创新，研究重点是如何实现创新激励、创新利润分配和社会福利最大化的目标。随着对创新认识的不断深化，经济学家开始从更广泛的角度，利用博弈论理论、信息经济学理论以及动态一般均衡理论对专利进行分析和解释。虽然经济学家对专利的研究从未间断，然而研究结论却莫衷一是，这在很大程度上与研究方法、研究假设和模型设定有关。但是可以明确的是，在动态的、复杂的创新环境中，最优专利保护长度与宽度难以实现定量化、具体化和固定化。

作为国家创新系统中重要的制度安排，专利制度是一把双刃剑：既能够提供创新激励、促进信息转移、实现技术进步，也能够产生由垄断带来的社会福利损失。因此，专利保护只能是解决知识作为公共品引起的市场失灵的次优选择。蒂勒（Tirole）曾指出，当存在信息不对称时，政府必须制定一个激励企业研发的计划，实现有约束的社会福利最大化，而专利制度就是这样一种昂贵的激励制度。因此，在面对医药产业不断发展的新环境下，药品专利制度如何调整以实现创新激励和社会福利的权衡，将是学界需要面对的难题，也是本书研究的重点。

第二节　药品专利保护优化总模型：三个基本假设及政策启示

一、理论模型*：药品专利保护重要性、有限性和多维性

本模型将专利知识被低效使用的社会福利损失引入专利优化

---

* 参照寇宗来．专利知识的低效使用和最优专利设计．世界经济文汇，2004，Vol.（5）：51－59．在此表示感谢。

设计中，并与OST模型（1998）类似，假设专利产品被非侵权周围创新替代事件的发生服从一个到来率参数为ζ的泊松过程，而关键之处在于政府可以通过专利保护宽度B来调控参数ζ，即$\zeta=\zeta(B)$，且$\zeta'(B)<0$（后面还将探讨专利保护宽度B的具体实现机制）。但和OST不同的是，假设$\zeta(0)=\infty$，$\zeta(\infty)=0$。其经济含义是，如果专利保护宽度趋近于零，则专利产品立即被其他非侵权产品替代；而如果专利保护宽度无限大，则在专利保护期内专利产品被非侵权产品替代的可能性为零。根据泊松过程的性质，当法定保护期限T无限大时，专利被替代的预期时间为$1/\zeta(B)$。而注意到$\zeta(B)$的性质，若令$B=1/\zeta$，则专利保护宽度将具有明确的经济含义；专利保护宽度越大，则专利产品在市场中没有被替代的预期时间也将越长。具体而言，药品专利保护优化总模型如下。

假设某种竞争性药品的边际成本为c_0，市场需求函数为$p=a_0-q$，其中p为价格，q为产量，a_0为表征市场容量的参数。某个医药企业将针对该药品实施创新行为，为避免引入剧烈创新和小幅创新的复杂性，假设创新前$a_0=c_0$，即该药品的生产刚好是无利可图的。[1] 假设创新之后边际成本和市场容量变为c和a。如果$a>a_0$，则说明创新后药品更具吸引力，需求曲线向右移动，此即药品创新的情况。如果$c<c_0$，则说明创新后生产原来的药品

[1] 考察竞争性市场中的过程创新。假设创新前后的边际成本分别为c_0和c，而创新后根据专利产品边际成本c得到的垄断价格为$p^m(c)$。那么，如果$p^m(c)>c_0$，则称创新为小幅创新。此时，伯特兰博弈的结果是专利产品最高定价为c_0；如果$p^m(c)<c_0$，则为剧烈创新，因为专利产品的垄断定价就可以完全阻止其他医药企业进入市场。

只需更低的成本，此即方法创新的情况。创新之后的情况见图 2.2。

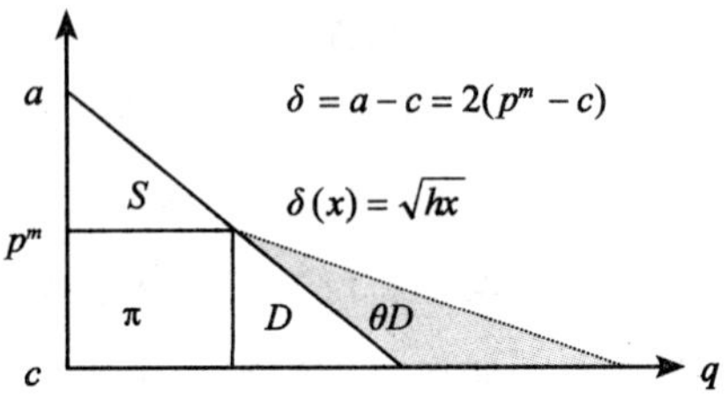

图 2.2 药品专利保护优化总模型

可将创新过程描述为：医药企业投资 x 使得 δ（x）= $a - c$ > 0。在药品专利保护下，创新医药企业的垄断利润流为（$p - c$）q =（$\delta - q$）q。δ（x）越大，创新药品的利润边际越大。通常，R&D 投资对创新的贡献是边际递减的。假设创新函数为 δ（x）= $\sqrt{hx}$，其中 h >0 表征创新效率。假设创新成本函数为 C（x）= x_2，为创新投入的递增凸函数（例如随着研究努力的增加，研究者身心所承担的成本将非线性增加）。

参照图 2.2，根据给定的药品市场需求函数和创新函数 δ（x），创新医药企业的垄断产量 q^m 和价格 p^m 都为 $\delta/2$，进而垄断利润流为 $\pi(\delta) = \delta^2/4$。同时，单位时间的消费者剩余为 S（δ）= $\delta^2/8$。对于药品专利保护的成本，现有文献只考虑了由于专利产品垄断定价所造成的社会福利净损失 D（δ）= $\delta^2/8$。但如前所述，这忽略了由于专利知识被低效使用所造成的损失。在累积创新环境下，尽管其他医药企业可以根据公开披露的专利知识进行后续创新，能够制造出药品的横向或者纵向差异化产品，从而，药品专利保护的排他性特征要求阻止这些产品的市场化。由此，创新知识的“生产性”将因为不能被商业化而被暂时搁置。[1] 假设由此造成的事后社会福利净损失为 θD（δ），如图 2.2 中阴影部分所示，其中参数 $\theta \geq 0$ 度量了创新知识的“生产性”。如果 θ 很大，则表示该药品专利所披露的知识可以孕育大量的后续创新，从而专利禁令导致的社会福利净损失就非常大。反之，如果 θ 比较小，则表示该药品专利知识的生产性很低，建立在其基础上的创新非常少，从而专利禁令的福利损失就不大。如果 $\theta = 0$，则退化到标准情况。如果专利保护是有效的，则单位时间内社会福利净损失为：

$$L(\delta) = (1 + \theta)D(\delta) = (1 + \theta)\delta^2/8 \tag{2.20}$$

本模型考虑药品专利保护长度 T 和保护宽度 B 两种专利政策工具。而在药品专利政策 $\{T,\zeta\}$ 或者 $\{T,B\}$ 下，对药品的保护可能以两种方式失效：(1) 专利保护期届满；(2) 在法定保护期限内，药品被其他医药企业非侵权的产品所替代。假设只要任何一种情况出现，创新者的利润都立即降为零。

药品专利保护有效时创新者可获得的垄断利润流为 $\pi[\delta(x)] = \delta^2/2 = hx/4$，则在药品专利制度 $\{T,\zeta\}$ 或者 $\{T,B\}$ 下，创新者的目标是选择投资 x 以极大化其总预期折现利润：

$$\max_x = \int_0^T \pi(x)e^{-(\zeta+r)t}dt - C(x) = \Phi(T,B)hx/4 - x^2 \tag{2.21}$$

[1] 赫勒和艾因森博格（Einsenberg）指出，如果某种生物医药需要获得众多基因片段专利持有者的许可时，就会出现所谓的“反公地悲剧”（the tragedy of the anti-commons），即由于太多人对某种资源持有排斥权，而导致该资源被抵消使用的情况。对应到本书，实际上就是先期创新所含知识无法被有效利用。

其中

$$\Phi(T,B) \equiv \frac{1 - e^{-[\zeta(B)+r]T}}{\zeta(B) + r} \tag{2.22}$$

Φ 为药品专利制度 $\{T,B\}$ 给创新医药企业提供的总保护程度。简单考察一下 Φ 的性质和经济含义如下：

① $\partial\Phi/\partial T > 0$，$\partial\Phi/\partial B > 0$，$\partial^2\Phi/\partial T\partial B > 0$。$\Phi(T,B)$ 是 T 和 B 的连续函数，由于 $\zeta'(B) < 0$，则利用连锁求导法即可得到。此性质表明，如果保护期限 T 或宽度 B 增加，Φ 也随之增加。T 对 Φ 的“边际贡献”随 B 的增加而增加；反之亦然。

② $0 \leqslant \Phi(T,B) \leqslant 1/r$。注意到 $\zeta(0) = \infty$，$\zeta(\infty) = 0$。如果药品专利保护完全失效，即当 $T = 0$ 或者 $B = 0$ 时，Φ 对应于最小值0。给定 $T = \infty$，则当 $T \to \infty$ 时，$\Phi \to 1/r$。同样，给定 $B = \infty$，则当 $T \to \infty$ 时，也有 $\Phi \to 1/r$。当保护期限和保护宽度同时达到最大时，即 $T = \infty$ 和 $B = \infty$，Φ 也同时达到其最大值 $1/r$。

③ $1/r = \int_0^\infty e^{-r\tau} d\tau$ 的作用是将一个稳定收益流全部折现到零时刻。在式（2.21）中，垄断收益流 $\pi = hx/4$ 和时间 t 无关，从而 π/r 在一个无限期界下收益流 π 的总折现值。而根据②，$\Phi < 1/r$，则 Φ 的经济含义就表示创新医药企业在多大程度上（多长时间）占有垄断利润流 π。或者，定义 $\Psi = \Phi r$，则 $\Phi\pi \equiv \Psi(\pi/r)$。当 $0 < \Psi < 1$ 时，则 Ψ 的经济含义为，在药品专利制度 $\{T,B\}$ 下，创新医药企业可在创新所导致的总折现利润中占有多大的份额。由此可见，Φ 或者 Ψ 所代表的正是在研究与开发文献中具有核心地位的“可占有性”（appropriability）的概念。具体到本书，将其称为药品专利制度 $\{T,B\}$ 提供的总保护程度。

对式（2.21）求一阶条件可知，在药品专利制度 $\{T,B\}$ 下创新者的最优投资医药企业的最优投资和最优创新利润分别为：

$$x^* = \Phi h/8 \tag{2.23}$$

$$\Pi^* = x^{*2} = \Phi^2 h^2/64 \tag{2.24}$$

政府的目标则是选择药品专利制度 $\{T,B\}$ 以极大化社会总福利：

$$\max_{(T,B)} W = \int_0^{\infty} [cs(x^*) + \pi(x^*)]e^{-rt}dt + \int_0^{T} \frac{(1+\theta)D(x^*)}{r} e^{-(\zeta+r)t}\zeta dt + e^{-(\zeta+r)T}\frac{(1+\theta)D(x^*)}{r} - C(x^*) \tag{2.25}$$

式中，等式右边第一项表示，创新发生后任何时刻 t 社会都可获得福利流 $cs(x^*) + \pi(x^*)$，不管其方式是以消费者剩余还是以医药企业利润，e^{-rt} 的作用则是将时刻 t 的收益折现到零时刻。第二项表示，由泊松过程的性质，在药品专利法定保护期限内任何时刻 $t < T$，药品尚未被替代的概率为 $e^{-\zeta t}$；如果尚未被替代，则 $[t,t+dt]$ 期间内，药品被替代的概率为 ζdt。如果创新被替代，则以时刻 t 的标准看，消除的社会福利净损失为 $(1+\theta)D(x^*)/r$（其中因子 $1/r = \int_t^{\infty} e^{-r(\tau-t)}d\tau$ 的作用是将 t 时刻之后的某个固定的收益流全部折现到时刻 t），然后再用折现因子 e^{-rt} 将其折现到零时刻。第三项则表示，到时刻 T 时药品尚未被替代的概率为 $e^{-\zeta T}$，但此时法定保护期届满，药品变为竞争性产品，社会福利净损失消除。

将 x^* 代入，则式（2.25）简化为

$$\max_{\Phi} W = \frac{h^2}{64r}[(4+\theta)\Phi - (2+\theta)r\Phi^2] \tag{2.26}$$

对照式（2.23）、式（2.24）、式（2.26），可以得到：

命题1，医药企业的创新投资、创新利润以及社会总福利和 $\Phi(T,B)$ 直接有关。所以，任何两个药品专利制度 $\{T_1,B_1\}$ 和 $\{T_2,B_2\}$，只要使得 $\Phi(T_1,B_1) = \Phi(T_2,B_2)$，它们的经济作用就是等价的。

对式（2.26）求一阶条件，可以得到：

命题2，给定药品专利知识的生产性为 $\theta \geqslant 0$，则最优的药品专利总保护度为

$$\Phi^*(\theta) = (\frac{1}{2} + \frac{1}{2+\theta})/r,$$

或等价地

$$\Psi^*(\theta) = \frac{1}{2} + \frac{1}{2+\theta}。$$

命题2表明，由药品专利禁令导致的社会福利净损失是最优药品专利设计需要考虑的重要因素。给定 $\theta \geqslant 0$，最优药品专利总保护度是有限的，即 $1/2r < \Phi^* \leqslant 1/r$。药品专利保护的有限性基于以下事实：一方面，增加药品总保护程度会增强医药企业的创新激励（因为 $x^* = \Phi h/8$），这种激励效应体现为药品专利制度的动态收益；但另一方面，在累积创新环境下，为保障创新者占有其创新利润，政府必须使用药品专利禁令来阻止其他医药企业对该药品进行周围创新，这不但导致了事后垄断定价扭曲的社会福利损失，也产生了由于一些在技术上可行的对社会有益的产品无法推向市场的社会福利损失，这种扭曲效应体现为专利制度的静态损失。根据式(2.26)，社会福利是药品专利总保护度 Φ 的二次函数；当 $\Phi < \Phi^*(\theta)$ 时，激励效应占优，从而应该增加保护；反之，当 $\Phi > \Phi^*(\theta)$ 时，静态损失占优，从而应该降低保护。显然，$\partial\Phi^*/\partial\theta$

<0，即最优的药品专利总保护度随着专利知识的“生产性”而递减，因为当专利知识的生产性很高时，它所孕育的后续创新将很多，从而由专利禁令导致的社会福利损失将越大。

注意到 $\Phi(T,B) \in [0,1/r]$，而 $\Phi^{*} \leqslant 1/r$，故最优药品专利政策总是可以实现的。由命题 1，注意到医药企业利润、社会福利与药品专利总保护程度 Φ 直接有关；所以，任何两个药品专利政策 $\{T_1,B_1\}$ 和 $\{T_2,B_2\}$，只要 $\Phi(T_1,B_1)=\Phi(T_2,B_2)$，它们就是等价的。这样，给定 θ 和最优保护度 $\Phi^{*}(\theta)$，药品专利优化政策将对应于 (T,B) 空间中的一条曲线。与此结论形成鲜明对比的是，已有文献中最优专利设计的结果都是对应于 (T,B) 空间中的一个点。比如，伊尔贝特－夏波罗的最优专利政策为 $\{\infty, B_{\min}\}$，即在给创新者提供一定创新激励的前提下，法定保护期限应该无限大，而专利保护宽度则尽可能小。与之类似地，克伦佩雷尔认为，依据不同的情况，最优专利政策可能是 $\{\infty, B_{\min}\}$，也可能是 $\{T_{\min},\infty\}$。毫无疑问，其结果具有重要的理论意义。但是，从政策实施的角度看，所得出的最优专利政策却几乎没有实现的可能，因为在各个国家，药品专利保护的法定期限 T 基本上是长期保持不变的。但在本模型中，给定 T 足够大，则任何最优的药品专利保护宽度 $\Phi^{*}<1/r$ 都可通过调节 B 来实现。当 $T\rightarrow\infty$ 时，$\Phi(T,B)\rightarrow\Phi(B)=1/(r+\zeta(B))$；但 $B\in[0,\infty]$，故 $\Phi(B)\in[0,1/r]$。同理，当 $B\rightarrow\infty$ 时，$\Phi(T,B)\rightarrow\Phi(T)=(1-e^{-rT})/r\in[0,1/r]$，从而任何最宽的药品专利保护度 $\Phi^{*}<1/r$ 都可通过调节 T 来实现。

三个基本假设：

假设一，药品发明对专利保护的依赖程度非常高，即对药品进行专利保护具有非常重要的意义。由命题 2 可知，不同行业创新知识的生产型不同，则相应的专利保护强度也应有所不同。ζ决定了泊松到来率参数。给定创新投资，ζ越小，则单位时间内完成创新的可能性越小，即创新难度越大。如果创新比较困难，就需要加强药品专利保护强度（作为专利利润）为市场提供足够强的创新激励。时间偏好率r代表了创新者对未来利润的评价。r越大，创新者越是“短期化”；特别是，未来的不确定性越大，创新者越关注当期利润。无论如何，r越大意味着医药企业创新激励越低。与此相对，政府必须提高药品专利保护强度、增加事后的专利利润以激励医药企业进行创新投资，提高创新实现的可能性。

假设二，有限的药品专利保护强度是最优的。由于药品直接关系到公众健康和安全，其特殊性表现在两个方面：需求价格弹性低和其所具有的公共产品外部性属性。从这个角度而言，本书得到的一个具有明确政策含义的结果是，药品专利保护强度（内含药品专利保护长度T和宽度B）是有限的，过强或过弱的药品专利保护强度都不利于药品可及性目标（与社会福利呈负相关性）的实现。

假设三，通过对药品专利保护长度或宽度的调节能够优化药品专利保护，提高社会福利。本书和OST模型类似，假设药品被非侵权周围创新替代事件的发生服从一个到来率参数为ζ的泊松过程，医药企业利润和社会福利仅与药品专利总保护度Φ直接有关，故最优药品专利政策对应于（T，B）空间中的一条曲线。这样，政府一方面可以通过对药品专利期限T进行调整，另一方面也可以通过对药品专利保护宽度B进行相应调节调控参数ζ，即$\zeta = \zeta'(B)$，且$\zeta'(B) < 0$，从而实现药品专利保护的优化。

二、总模型政策启示

（1）药品专利保护的重要性。在过去的 20 年里，学术界对于药品专利保护与社会福利之间的关系，经历了由静态到动态、由局部均衡到一般均衡的演变，这种演变反映了创新由简单向复杂的转化历程，并在此基础之上恪守了赋予创新者一定期限垄断权以弥补其 R&D 成本从而获致社会福利改善的基本信条。当然不同国家在不同发展阶段对这一原则的体悟存在一定差异。对于发达国家而言，主流的文献理论认识到医药产业对专利保护的敏感性，强调药品专利保护越强就越能将创新者所拥有的私人知识转化为公共知识，增强知识的累积性，加速技术 R&D 和创新，实现个人利益和社会利益的共同化。而对于广大的发展中国家而言，传统理论认为模仿是发展中国家主要的药品技术来源，提高药品专利保护水平有利于发达国家，同时增加发展中国家药品可及性的难度；而最新的理论和实证文献表明，提高药品专利保护会加快发达国家向发展中国家转移技术的速度，也有利于激励发展中国家本土药品 R&D 积极性。发展中国家应该根据经济发展的不同阶段灵活地选择相应的药品专利保护，以促进社会福利的提高。本书将对药品专利保护的重要性原则展开进一步的解析。

（2）药品专利保护的有限性。药品专利申请的一个基本前提是医药企业要对其创新知识进行公开披露。由于知识的“生产性”，这些披露的公共知识将孕育后续创新的产生。但是，为了对专利药品提供有效的保护，那些在技术上可以实现的后续创新产品应该被禁止商业化。由此将产生由于专利知识被低效使用而导致社会福利净损失；而且，创新知识的生产性越大，这个损失越大。已有专利制度优化设计文献忽视了药品专利保护的此项成本，而仅仅考虑了由于垄断定价所导致的社会福利净损失。本书的模型分析表明，正是此项成本的存在决定了最优专利总保护度是有限的。就本质而言，药品专利制度是一把双刃剑，既能够提供创新激励、促进信息转移、实现技术进步，也能够产生由垄断带来的社会福利损失。因此，药品专利保护只能是解决知识作为公共品引起市场失灵的次优选择，最优的药品专利政策设计方向应该是在与本国、本地区特定时期的实情相协调，将药品专利保护维持在一定强度之上。就药品专利政策而言，在一个内生经济增长的理论框架内，无限的专利保护强度不可能是最优的，而是存在一个理论上的拐点（最佳值），对于拐点两侧过强或过弱的药品专利保护强度往往无法使社会福利达致最优。本书将对药品专利保护的有限性原则展开进一步阐述。

（3）药品专利保护的多维性。优化药品专利保护可以通过调节药品专利保护长度和宽度的方式使药品专利权人、使用人以及社会公众之间，药品 R&D 的在先创新者、后继创新者和模仿创新者之间的利益分配达到平衡以及社会福利效益最大化。根据模型假设，宽短（短长度、宽宽度）或狭长（长长度、窄宽度）的药品专利保护都可能是最优的，而不存在一种固定不变的、单一化的最优药品专利保护模式。从社会福利最大化角度考虑，也不可能出现药品专利保护长度与宽度同时增加或减少的情况，因为专利保护长度对于后继创新具有强烈的影响，而专利保护宽度是一个涉及在先创新者与模仿创新者之间利益分配的政策变量，两者的作用不同。为了不使在先创新者获得所有垄断利益而损害社会公众的利益，或避免在先创新者得不偿失，只能选择宽短或狭长的药品专利保护方向，尤其是在动态的、复杂的创新环境中，最优药品专利保护长度与宽度难以实现定量化、具体化和固定化，对于确切的药品专利保护长度或宽度无法准确计算出来，只能提供药品专利保护的优化方向。本书将对药品专利保护的多维性原则展开进一步探讨。

第三节 药品专利制度对社会福利影响的内在机制

根据前文所述，对药品专利保护与社会福利关系的研究由来已久，但现有研究文献大多从理论研究和实证检验两个层面分析了药品专利制度对社会福利的“正”、“负”影响，本书所提出的药品专利保护优化总模型是在累积创新的思想下提出药品专利制度对社会福利水平的可能影响。但针对药品专利制度与社会福利的内在机制展开卓有成效研究的寥寥无几，尤其缺乏对药品专利制度影响社会福利的内在途径或传导理路研究。从这个角度而言，在探讨了药品专利保护优化模型之后有必要对药品专利制度对社会福利影响的内在机制展开规范分析，从而为下文的实证分析奠定基本框架和方向。

一、传统社会福利函数梳理

社会福利是对人类的基本生活状况及社会的可持续发展能力的综合反映，它是衡量社会经济发展、人类生活综合水平及可持续性的一个综合概念，是由社会选择及资源供给水平共同决定的。

一般而言，社会福利的衡量指标包括经济指标和公平指标。

传统上学界用经济指标作为社会福利的主要标准。如根据福利经济学家皮古（Pigou）的思想，影响社会福利的主要因素是国民收入的总量和国民收入的分配：国民收入越大，社会福利就越大；国民收入分配越平均，社会福利就越大。经济总量较低的国家，人们主要选择赖以生存的物质产品；经济总量较高的国家，人们选择休闲旅游、教育产品、文化产品的比例则有较大增加。但是，用经济指标作为社会福利标准存在明显的局限性：（1）经济总量是一个量的指标，并不能反映经济增长的质；（2）经济总量统计可能重复或遗漏计算。以上缺陷使得经济指标方法研究非常狭隘和肤浅。为此，学界试图将公平指标同时纳入社会福利衡量分析框架，其所要解决的核心问题是要确定最理想的帕累托最优化状态。

帕累托最优实质上也是在构造一种构造不充分的社会福利函数。这种不充分的社会福利函数确切地说只是一种社会福利向量，即把社会福利表示为个人福利向量 $W=(W^1, W^2, \cdots, W^i)$，或 $W=(U^1, U^2, \cdots, U^i)$，其中，$W^i$ 是指第 i 个个人福利，U^i 代表第 i 个个人的序数偏好的效用函数[1]。那么，按着帕累托最优标准，（当且仅当）某些 W^i（或者 U^i）增加而没有任何 W^i（或者 U^i）减少时，才可以说社会福利增加了。如果一些个人的福利增加而另一些人减少，那么，社会福利（根据向量的定义）的变化方向与大小都是不确定的。目前最为重要的社会福利函数形式大致有以下 4 种。

1. 伯格森－萨缪尔森社会福利函数

伯格森－萨缪尔森社会福利函数与社会福利向量不同，它只

---

[1] ［澳］黄有光．福利经济学［M］．上海：中国友谊出版公司，1991．

是接受帕累托法则，W^i或U^i有所增加或没有任何减少是社会福利增加的充分条件，但不是必要条件。其函数表达形式为：$W = W(W^1, W^2, \cdots, W^i)$，$\partial f/W^i > 0$ 对每个 i 都如此。$W = W(W^1, W^2, \cdots, W^i)$ 是伯格森－萨缪尔森社会福利函数，而 $\partial f/W^i > 0$ 使之成为帕累托社会福利函数。[1]

2. 功利主义社会福利函数

古典功利主义是社会福利函数最古老的形式之一，又称为功利主义社会福利函数或边沁主义社会福利函数。假定个人效用为 u_i，且具有可比性，给定 n 个人每人相同的权重，在社会状态 x 下的社会福利函数 $W(x)$ 可以表示为：$W(x) = \sum_{i=1}^{n} U_i(x)$。如果考虑给不同个人赋予不同的权重 a_i，可得到更为一般（广义）功利主义社会福利函数：$W = \sum_{i=1}^{n} a_i u_i$，这一形式的社会福利函数中的选择若更多地考虑低效用水平的人的效用对社会福利的边际贡献 a_i，就可以避免简单的功利主义社会福利函数公平分配的固有局限。

3. 罗尔斯社会福利函数

罗尔斯假定人们都是风险规避者，在"无知的面纱"（veil of ignorance）下进行选择。一个社会的富裕程度要由其处境最差的人来决定。只要状态 x 中处境最差的人要好于状态 y 中处境最差的人，那么前者就好于后者。如果在状态 z 中处境最差的人与其他状态中处境最差的人一样好，则状态 z 是最大最小最优或罗尔斯最优的。

[1] ［美］阿马蒂亚·森．集体选择与社会福利［M］．胡的的，胡毓达，译．上海：上海科学技术出版社，2004．

4. 贝尔努利－纳什社会福利函数和阿特金森社会福利函数

贝尔努利－纳什社会福利函数可表示为 $W(x)=\prod_{i=1}^{n}u_i$ 和 $W(x)=\prod_{i=1}^{n}(u_i)^{a_i}$，式中，$a_i$ 为个人效用指数。这一社会福利函数比加总规则更具平等的性质，收入越公平，社会福利函数越大。而加总的功利主义社会福利函数必须假定收入的边际效用递减，才具有平等的性质。

阿特金森社会福利函数是假定社会存在富人（r）集团和穷人（p）两个集团，富人集团间接效用函数是 V^r，穷人集团间接效用函数是 V^p，则阿特金森社会福利函数的定义为：$W=(1/1-\varepsilon)\sum_{h=p}^{r}[(V^h)^{1-\varepsilon}]$，$\varepsilon$ 为“规避不平等”参数，ε 越大，则社会福利赋予穷人的份额就越大，社会规避不平等程度最高[1]。

从上述社会福利函数发展演变的概括中，我们可以看出，社会福利函数理论在演进中不断拓展其外延和内涵，对公平的理解也在不断地深化。各种社会福利函数都有不同的价值判断或伦理基础。伯格森－萨缪尔森社会福利函数是以序数效用和效用人际间不可比为假设条件，因而在公平问题上并没有具体措施；功利主义社会福利函数和贝尔努利－纳什社会福利函数都是以效用主义为伦理基础，以基数效用和效用人际间可比为假设条件，从而得出收入平均分配的思想；罗尔斯社会福利函数试图避开人际间效用比较的困难，而采用了间接社会福利次序，在公平问题上缺乏充分的认识。总之，以上社会福利函数都没有突破福利主义的思想框架，缺乏对公平问题更加深刻和全面的认识。

---

❶ ［英］拉本德拉·贾．现代公共经济学［M］．王浦劬，等，译．北京：中国青年出版社，2004.

二、医药行业社会福利函数

1. 理论和方法

社会选择理论由于强调社会偏好和价值判断，因此可以被用来衡量社会发展或社会福利。目前，学界对此进行了非常有益的探索，如澳大利亚维多利亚大学战略经济研究中心的克拉克和伊斯兰（Islam）❶ 基于该理论提出了衡量社会福利的方法。该理论关注对社会福利水平和社会生活质量有重大影响的经济活动，强调社会·生态·经济（SEE）系统内部的变化以及这些变化对社会发展或社会福利的后果，其核心思想认为，社会是许多互相关联、不断变化的动态系统组成的，包括社会的、经济的、政治的、环境的和精神的系统等，专注于某一子系统来评估、衡量、规划整个社会的发展是远远不够的。每个子系统的变动都以各种形式对总系统和其他系统产生作用，社会发展就是各个子系统互相作用的结果。在 SEE 总系统中，价值判断得到量化，不仅能够对总系统组成因素进行衡量和权重，还能据此对组成因素进行取舍。通过把社会中的经济和非经济因素通盘考虑，经济指标和公平指标已经内化进入到这一新的社会福利衡量方法之中了。

2. 函数和系统

根据上述理论和方法，医药行业社会福利函数是由许多子系统组成的，任何一个子系统的变动都会影响其他子系统。只根据某一子系统的提高不能简单地认为整个医药产业的社会福利就提

---

❶ Clarke Matthew, Islam, Sardar M. N. Health Adjusted GDP (HAGDP) Measures of the Relationship Between Economic Growth, Health Outcomes and Social Welfare [R]. CESifo Working Paper Series No. 1002. 2003.

高了。把各个子系统纳入一个 SEE 总系统来衡量医药产业社会福利的改善状况比传统社会福利的衡量方法更全面，因为这一方法把医药产业发展的成本和收益都考虑进去了，同时根据不同的社会状况对社会净福利进行某些调整，其函数表达形式为

$$SWF_t = W_t\{NB_t(CBAGDP_t)\} \tag{2.27}$$

式中，$CBAGDP_t$ 为成本—收益调整后的经济指标；W_t 为福利；t 表示时间；$NB_t = \{B_t(GDP_t) - C_t(P_t)\} / (1+r)^t$；$B_t$ 为医药产业增长的收益；C_t 为医药产业增长的成本；r 为折扣率；SWF 是衡量医药产业发展的成本及收益的社会福利函数。

基于社会选择理论所构建的医药行业社会福利函数一般应考虑以下子系统：

（1）经济子系统，医药产业发展/国民经济增长/医药制品国际贸易量/医药市场绩效。

（2）技术子系统，医药行业科技发展实力/药品创新能力/创新人力资源/R&D 合作量/医药产业核心竞争力。

（3）卫生子系统，药品费用负担/社会健康水平/药品价格水平/医药市场竞争环境。

显然，上述各个子系统之间都有联系。为方便分析，构建医药产业社会福利函数时应规定，一个项目只能被归入一个子系统，而且根据具体情况，各子系统下的项目应该有所增减。

本书认为，药品专利制度本身并非医药产业社会福利函数中的要素，而是通过作用于：（1）医药制品贸易勃兴、医药市场绩效改善、医药产业发展和国民经济增长来间接影响社会福利经济子系统；（2）医药行业科技发展实力增强、药品创新能力提高、创新人力资源开发、R&D 合作密切和医药产业核心竞争力建设来间接影响社会福利技术子系统；（3）药品费用负担降低、社会健

康水平提高、医药市场竞争环境改善来间接影响社会福利卫生子系统。通过这三个子系统的传导进而影响整个医药产业的社会福利水平。其内在机制如图 2. 3 所示。

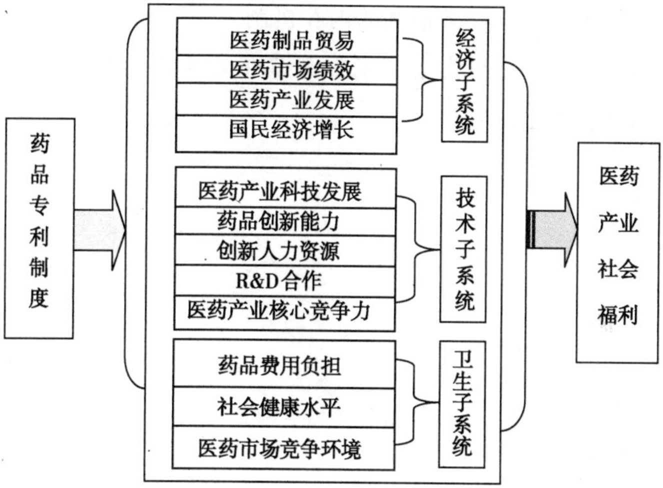

图 2. 3　药品专利制度对社会福利影响的内在机制示意

第四节　本章小结

本章借鉴国内外研究成果，考察连续创新下的专利保护，提出一个能够解析药品专利保护对社会福利影响的总模型，由此总模型得出论文框架性的三大假设：（1）药品专利保护重要性，药品发明对专利保护的依赖程度非常高，即对药品进行专利保护具有非常重要的意义；（2）药品专利保护有限性，有限的药品专利保护强度是最优的；（3）药品专利保护多维性，通过对药品专利保护长度或宽度的调节能够优化药品专利保护，提高社会福利。

本章构建了医药产业社会福利函数，并在此基础之上，提出医药行业社会福利经济、技术和卫生子系统，厘清了药品专利制度与医药产业社会福利的内在机制。

本章的规范分析为下文更为细致而具体的阐释奠定了坚实的理论基础和基本框架。

第三章

药品专利保护指标体系构建及强度测算

随着药品专利制度的全球化，有关药品专利制度对社会福利影响的研究迅速成为知识产权领域和经济学领域研究的热点。开展这方面研究的一个重要前提就是对药品专利保护强度的测度，但由于对药品专利制度的评价不可避免地与相关专利法律条款是否健全、行政机关实施法律的效果、司法机关对法律的运用、其他行政性代理机关在整个药品专利法律框架中扮演的角色以及经济发展水平等因素紧密相连，从而使得直接度量药品专利制度存在一定的难度，对此学界一直以来缺乏有效的定量方法进行测度，大多采用定性描述和理论模型分析。[1] 这一方面阻碍了以药品专利制度为指标基础的经济学研究，另一方面也使国际间的药品专利制度难以进行纵深比较。从这个角度而言，如何构建一个科学合理的药品专利制度评价指标体系并对其强度予以测度，不仅是实证分析的基础，也是各类理论模型得以验证的前提，本章将围绕于此展开深入细致的探讨。

---

[1] Barro R. J and X. Sala – I – Martin, “Technological Diffusion, Convergence, and Growth” [J]. Journal of Economic Growth, 1997. Vol. 2: 1 ~ 26. Helpman, E., Innovation, Imitation and Intellectual Property Rights [J]. Econometrica, 1993, Vol. (61): 124 ~ 280. Lai, E., International Intellectual Property Rights Protection and Rate of Product Innovation [J]. Journal of Development Economics, 1998, Vol. (55): 133 ~ 153. Glass, A., Saggi, K., Intellectual PropertyRights and Foreign Direct Investment [J]. Journal of International Economics, 2002, Vol. (56): 387 ~ 410.

第一节　药品专利保护强度测算指标体系构建

一、指标体系确定

（一）药品专利保护指标体系构建目的和原则

1. 构建目的

以药品专利保护指标体系为基本框架，测度样本国家或地区的药品专利保护强度，此数据不仅可以作为国际间药品专利保护强度比较的基石，而且还是本书实证研究药品专利保护对社会福利影响的统计变量。指标体系的最终目的是为药品专利政策制定者提供政策建议。

2. 构建原则

（1）适用性原则。应充分考虑药品专利保护贯穿药品研发各个阶段、有效专利保护期短、政府监管严和产品复制成本低等特点，使指标体系从指标的选取到权重的确定都体现药品专利保护的特点。

（2）简明性与可操作性原则。选用指标的目的、具体含义和使用方法都应该体现简明易懂的原则，以方便该指标体系的实际使用和推广。同时，由于药品专利保护强度测算指标以最终服务于政府职能部门的政策制定为目的，其选用指标必须在指标测度和指标控制方面体现可操作性。

（3）系统性和相对完备性原则。指标体系作为一个有机的整体，应能比较全面地反映和测度被引导和评估样本的主要特征和发展状况。各选用指标之间应体现系统的整体性、层次性，同时应尽可能选择具有相对独立性的指标，从而增加控制引导的准确性和科学性。

（4）国际兼容性原则。作为在国际相关经验基础上建立，并具有可持续发展弹性的应用性评价标准体系，其指标选用应与既有国际相关体系保持内在的关联，一些重要指标要尽可能采用国际上通用的名称和计算方法，以便与国际接轨，从而方便研究者和应用者理解和研究。

（5）前瞻性原则。药品专利保护强度指标体系设立的最终目的就是对政府职能部门制定药品专利政策时提供建议。因此，指标体系的定位和政策建议是其最主要的功能，故指标的选取应有利于政府相关部门的政策制定和管理。

（二）指标筛选及其特点

相比于其他方法，专家问卷调查法是出现较早且应用较广的一种评价方法。它是在定量和定性分析的基础上，以打分方式做出评价，其结果具有数理统计特性，其最大的优点在于能够在缺乏足够统计数据和原始资料的情况下做出定性和定量估计，且具有使用简单、直观性强的特点。基于这一理由，遵循评价体系适用性、可操作性、系统性、国际相容性和前瞻性原则，使用专家问卷调查法，借鉴立法指标和执法指标综合评分的方法，制定“药品专利保护强度测算指标筛选调查表”（参见附表1）和“药品专利保护强度指标体系指标重要性程度调查表”（参见附表2）。

利用在德国慕尼黑马克斯－普朗克知识产权、税法和竞争法研究所（Max－Planck－Institute for Intellectual Property，Tax and Competition Law，Munich Germany）学习的机会，通过两轮专家调查（第一轮调查筛选测算指标，第二轮筛选和调整指标及确定指标权重）于2009年4~5月、6~7月以50名我国3个省市（北京、上海和广州）和30名欧美（美国、德国、法国、意大利、英国、挪威、荷兰）的知识产权领域学者、政府部门（专利局、食品和药品监督管理局、法院）官员、医药产业界人士和社会服务人员（律师、专利代理人）等与药品专利相关人员为调查对象，调查“药品专利保护强度测算指标体系”的专家评价，根据对专家调查表结果的统计构建“药品专利保护强度测算指标体系”。

调查表包括2个一级指标、11个二级指标和40个三级指标。根据两轮专家意见，最终确定包括2个一级指标、11个二级指标和36个三级指标的“药品专利保护强度测算指标体系”。调查表列举的绝大多数指标被采纳。“专利基本成本”、“社会服务”和“经济发展水平”二级指标层的测算指标需要进一步调整。

（1）问卷中“专利基本成本”准则层包括“专利申请件数”和“专利维持件数”两个测量指标。“专利基本成本”由“专利申请费用”和“专利维持费用”构成。通常来说，“专利申请费用”由专利发明人独自承担，而“专利维持费用”则多通过发明人许可或转让发明技术成果费用支付，较之“专利维持费用”，“专利申请费用”能够更加真实地反映发明人本身的经济承担能力。因此，选取“专利申请件数”作为“专利基本成本”的测量指标，删除“专利维持件数”指标。

（2）问卷中“社会服务”准则层包括“律师比例”和“专利代理人”两个测量指标。作为高新技术产业的代表，医药产业的专利咨询服务需要更为专业的社会服务人员。一般律师并不具有医药发明专利申请和维持所需要的专业知识，而专利代理人能够为药品发明人提供较为专业的意见和咨询。因此，选取“专利代理人比例”作为“社会服务”的测量指标，删除“律师比例”指标。

(3) 问卷中“经济发展水平”准则层包括“人均GDP”和“人均GNI”两个测量指标。较之“GDP”,“GNI”能够更加真实地反映样本的经济发展水平。但由于“GNI”作为测量指标广泛使用起始于21世纪初,为使本指标体系更具反复适用性,方便大幅度时间序列数据的收集,仍选取“人均GDP”作为“经济发展水平”的测量指标,删除“人均GNI”指标。

本书所建立的“药品专利保护强度测算指标体系”在指标选取方面主要有以下特点:

(1) 尽量选取客观指标,避免主观指标的出现。在选取指标时,尽量选择客观性的指标,使所得数据不会因人的主观变化而变化,尽可能排除人为因素对某个指标和整个指标体系的干扰。

(2) 指标易于获得,可度量性强。在选取指标时,注意到指标数据的获取,尽量选取简便易行、可度量性强的,而且在统计局和专业主管部门的统计年鉴或者其他行业的专业年鉴中可以获得数据的指标,以便于收集和计算分析。

(3) 指标独立性强,尽量避免重复。在选取指标时,尽量选取不重复的指标。如“专利代理人比例”和“专利代理机构数量”都可作为社会服务的衡量指标,表示社会层面为药品发明获得专利保护可能提供的服务,选择其中之一作为最终指标。

(4) 对法律法规具体实施效果(药品专利执法)的评价是“药品专利保护强度”的核心问题。由于全球专利立法的一体化,各国在药品专利保护方面的法律法规具有趋同性趋势,而各国法律实施的效果却不尽相同。因此,本指标体系同时兼顾“立法强度”和“执法强度”两方面,较为系统、全面地反映样本“药品专利保护”真实情况。

(5) 指标体系具有一定对策性。本书所构建的“药品专利保护强度测算指标体系”不仅要反映目前药品专利保护强度的真实水平，更要揭示影响和制约药品专利保护水平的内在因素，以便为制定相应政策提供科学依据。

（三）评分基准

美国、欧盟是药品专利保护制度较为完善的代表，参照其对测算指标的特殊规定，比照 UNSD、OECD 的年报数据，确定评分基准，见表 3.1。

表 3.1 药品专利保护强度测算指标体系评分基准

指标	评分基准	评分基准来源
基本保护期	20 年	TRIPs 协议
专利延展期	5 年	美国：35 U. S. C. §156 欧盟：Council Regulation（EEC）1768/92
新药数据排他期	10 年	欧盟：Council Directive 2004/27
新指征数据排他期	3 年	美国：21 U. S. C. §355（c）（3）（D）（ⅲ）/（j）（5）（D）（ⅲ）
罕用药延长期	7 年	美国：21 U. S. C. §360bb/cc
儿童用药延长期	6 个月	美国：21 U. S. C. §355a（b－c） 欧盟：Regulation（EC）No. 1901/2006
专利申请费用	50 件	中等收入国家
专利代理人比例	0. 02‰	中等发达国家
人均 GDP	2000 美元	中等收入国家
成人识字率	95%	中等发达国家

二、指标权重确定

常用权重系数确定方法有专家主观赋权法、相邻比较法、两两赋值法、层次分析法和熵值法等。本书采用专家主观赋权法的主要原因在于：

（1）专家主观赋权法是指专家根据自己个人或评价者群体的

经验而给各个要素指定权重的方法。其优点是简单、方便、迅速，能发挥评价者长期积累的知识和经验，而且评价者能够根据实际情况和环境的变化作出迅速调整，灵活性和针对性较强。本研究调查对象的筛选较为严格，针对性较强，主要来自政府、社会服务和实务界涉及医药产业的相关人员，绝大多数调查对象都在药品专利保护领域有丰富的理论和实践经验。因此，在本研究中采取主观赋权方法比客观赋权方法更能反映药品专利保护强度指标体系中不同指标权重的本质特征。

（2）根据前述文献，普加特（Pugatch）指标体系是第一个将 G－P 指标体系应用到医药行业测算药品专利保护强度的指标体系，其采用的也是专家主观赋权方法确定权重，将多数医药行业专家的权重意见作为指标体系的权重。此后，该方法也被众多研究药品专利保护的学者和科研机构[1]作为药品专利制度跨国比

[1] Carol A. Robbins. Measuring Payments for the Supply and Use of Intellectual Property [J]. Studies in Income and Wealth, 2008, Vol. 69: 139～151. Elizabeth L. Mason, Adam R. Cross. The Effect of National IP Enforcement on the IP management Strategies of Firms: the Case of India and China [J]. International Journal of Intellectual Property Management, 2009, Vol. 3 (3): 19～222. Douglas Lippoldt. Intellectual property rights, pharmaceuticals and foreign direct investment [R]. Paris: Groupe d'Economie Mondiale de Sciences Po. 2006. Rachel Diamant, Helen. The Stockholm Network Experts' Series on Pharmaceutical IPRs Promoting Technology Transfer in Developing Countries: Lessons fromPublic – Private Partnerships in the Field of Pharmaceuticals. http: //www. stockholm – network. org/downloads/publications/Promoting _ Technology _ Transfer _ 1. pdf. 2010 – 10 – 13. Kristie N. Briggs. Intellectual Property Rights: A Longitudinal vs. Cross Sectional Study [EB/OL]. http: //www. unc. edu/depts/econ/workshops/IPR – % 20Longitudinal% 20and% 20Cross% 20Sectional. pdf. 2010 – 10 – 14. Iain M. C. Intellectual property rights and pharmaceutical: challenges and opportunities for economic research [EB/OL]. http: //www. wipo. int/ip – development/en/economics/pdf/wo_ 1012_ e_ ch_ 5. pdf. 2010 –09 – 10.

较和时间序列比较的基本方法，并经实践检验具有较高的可信度和可反复适用性。

（3）药品专利保护强度指标体系同级各指标间差异较大、交叉覆盖区域极少、专业性较强，采取专家主观赋权法能够更为简单、快捷和真实地反映药品专利保护现状。

在第一轮问卷调查中采取 0 ~ 10 专家具体评值方法确定二级指标的权重。问卷结果显示：同级二级指标具有相同的重要性，即同级二级指标的权重相同。在第二轮问卷调查中，为保证不同层级指标权重之间的统一性和连续性，兼顾不同二级指标间的数量差异，参照普加特控制权重的方法，即根据各个指标的重要性确定三个不同的权重选择范围，包括核心因素（50% 以上）、主要因素（25% ~50% ，不包括 50% ）和加分因素（0 ~ 25% ，不包括 25% ），若同级指标同等重要，则每个指标权重为 $1/n$，n 为同级指标数量。选取频率（频率 = 频数/有效问卷数量，其中频数为选择该指标重要性选项的专家个数）最高的专家赞同的权重作为指标的权重。问卷调查统计结果如下，用 A、B、C、D、E、F、G、H、I、J、K 分别代表“保护期限”、“保护范围”、“国际条约成员”、“权利限制”、“司法适用原则”、“执行机制”、“专利基本成本”、“社会服务”、“经济发展水平”、“国际监督制衡”和“公众意识”。依此类推，各级三级指标分别为 A1 ~ A6、B1 ~ B7、C1 ~ C5、D1 ~ D7、E1、F1 ~ F3、G1、H2、I1、J1 ~ J3、K1。表格中数字为选取指标权重最高的专家频率。将收集到的二轮评分问卷的信息进行处理，根据专家调查问卷中的选项比例，得出三级指标的权重，参见表 3. 2。

表 3.2 指标体系权重统计结果表

一级指标	二级指标	三级指标	是否属于该类指标		是否与该层其他指标冲突或重叠		专家频率（%）	指标权重	一级指标	二级指标	三级指标	是否属于该类指标		是否与该层其他指标冲突或重叠		专家频率（%）	指标权重
			是	否	是	否						是	否	是	否		
立法强度	A	A1	72	0	0	72	100	60/100	立法强度	D	D1	72	0	0	72	80. 1	10/100
		A2	72	0	0	72	70. 56	10/100			D2	72	0	0	72	85. 2	25/100
		A3	72	0	0	72	81. 94	10/100			D3	72	0	0	72	87. 2	10/100
		A4	72	0	0	72	72. 60	5/100			D4	72	0	0	72	88. 0	25/100
		A5	72	0	0	72	77. 52	10/100			D5	72	0	0	72	72. 5	0/100
		A6	72	0	0	72	70. 68	5/100			D6	72	0	0	72	81. 0	10/100
	B	B1	72	0	0	72	89. 32	1/7			D7	72	0	0	72	84. 3	10/100
		B2	72	0	0	72		1/7		E	E1	72	0	0	72	100	100/100
		B3	72	0	0	72		1/7		F	F1	72	0	0	72	84. 37	1/3
		B4	72	0	0	72		1/7			F2	72	0	0	72		1/3
		B5	72	0	0	72		1/7			F3	72	0	0	72		1/3
		B6	72	0	0	72		1/7	执法强度	G	G1	72	0	72	0	100	100/100
		B7	72	0	0	72		1/7		H	H2	72	0	72	0	100	100/100
	C	C1	72	0	0	72	82. 23	1/5		I	I1	72	0	72	0	100	100/100
		C2	72	0	0	72		1/5		J	J1	72	0	0	72	85. 36	1/3
		C3	72	0	0	72		1/5			J2	72	0	0	72		1/3
		C4	72	0	0	72		1/5			J3	72	0	0	72		1/3
		C5	72	0	0	72		1/5		K	K1	72	0	0	72	100	100/100

三、指标体系质量验证

1. 积极系数与专家权威程度

（1）专家积极系数和基本情况统计。专家评价的准确程度主要取决于专家的阅历经验以及知识的广度和深度，专家评价法要求参加评价的专家对评价的系统具有较高的认知水平和丰富的实践经验。此外，本研究采取专家主观赋权方法确定权重，要求调查结果具有较高的一致性，调查结果的过于分散将不利于权重的确定。因此，为保证指标建立的合理性和真实性，实现指标建构目的，对指标体系进行质量验证至关重要。

专家积极系数为回收问卷数与发出问卷数的百分比值，其大小说明专家对该研究的关心程度。本研究两轮咨询问卷的回收率都达到 90%，说明专家对该研究的关注度和参与度很高。具体内容见表 3.3。

表 3.3　问卷回收统计表

发出问卷数		回收问卷数		专家积极系数	
第一轮	第二轮	第一轮	第二轮	第一轮	第二轮
80	72	72	72	90%	100%

问卷调查对象基本情况见表 3.4。调查对象文化程度较高，本科以上学历占 93.06%，硕士以上学历占 77.78%。调查对象皆从事与药品行业相关的工作，主要集中在科研、政府部门和咨询服务等工作领域，调查对象覆盖了理论研究和实践操作两个层面。

（2）权威程度。由于知识结构问题，任何专家的权威程度都限制在一定范围之内，而权威程度对指标评价的可靠性则有相当大的影响。专家对评价指标了解的权威程度，包括对指标的判断

表 3.4　调查问卷对象基本情况统计

文化程度	高中/中专	大专	本科	研究生/硕士	博士（生）					
	0	5	11	35	21					
工作性质	行政管理	教学科研	商业研发	临床与保健服务	咨询服务	其他				
	23	15	3	5	21	5				
企业性质	政府机构	科研院所/大专院校	研发型企业	制造型企业	销售型企业	医院/诊所	咨询服务机构			
	18	22	3	2	1	5	21			
研究/实践领域	专利	版权	商标	诉讼/非诉业务	研发	行政服务	咨询服务	制造	销售	其他
	12	2	3	10	15	16	2	7	4	1

依据和熟悉程度两个方面。

专家作出判断的依据从以下四个方面评价：专家的工作经验、理论分析、对国内外同行的了解和专家的直觉。依据不同等级赋予相应的数值依次量化为0.8、0.6、0.4、0.2。用 *Ca* 表示专家判断影响程度系数，*Ca* 等于指标频数与量化数值的乘积除以有效调查问卷数量：当 $Ca \geq 0.8$ 时，判断依据对专家的影响程度很大；当 $0.8 > Ca \geq 0.6$ 时，影响程度中等；当 $0.6 > Ca \geq 0.4$ 时，影响程度较低；当 $0.4 > Ca \geq 0.2$ 时，影响程度低；当 $Ca < 0.2$ 时，影响程度很小。由于调查对象主要集中于相关理论和实务界，因此调查对象对调查内容的判断依据主要来源于实践经验和理论分析。专家对一级指标和二级指标的总体判断依据系数为0.761和0.791。具体结果见表3.5。

专家对指标的熟悉程度分五个等级，分别是：很熟悉、熟悉、比较熟悉、不太熟悉、不熟悉。用 *Cs* 表示专家对指标的熟悉程度，依据不同等级赋予相应的数值依次量化为1.0、0.8、0.4、0.2、0。具体数据见表3.6。

权威程度为判断系数和熟悉程度系数的算数平均值，即 $Cr = (C_a + C_s)/2$，按公式计算指标专家权威程度，数据参见表3.7。

一般认为，专家权威程度 $Cr \geq 0.70$ 为可以接受。从以上结果可以得出，本研究整体专家权威程度为 $0.873 > 0.70$，并且各级指标的专家权威程度均大于0.70，说明72位专家在药品专利研究和实践领域具有较高权威程度，说明调查结果是可信的。

2. 问卷信度与效度检验

（1）信度检验。信度检验是指测验结果的一致性或稳定性程度，就是对测验误差大小的一种描述。一般来说，误差越小，信度越大；误差越大，信度越小。通过研究同质性信度评估方法计

表 3.5　专家对一级和二级指标判断依据量化结果

判断依据	实践经验（0.8）		理论分析（0.6）		同行了解（0.4）		直觉（0.2）		Ca
一级指标	频数	频率	频数	频率	频数	频率	频数	频率	
药品专利立法	60	83.3	12	16.7	0	0	0	0	0.767
药品专利执法	56	77.8	16	22.2	0	0	0	0	0.756
$Ca_{一级指标}$									0.761
二级指标	频数	频率	频数	频率	频数	频率	频数	频率	
保护期限	70	97.2	2	2.8	0	0	0	0	0.794
保护范围	68	94.4	4	5.6	0	0	0	0	0.789
国际条约成员	67	93.1	5	6.9	0	0	0	0	0.786
权利限制	68	94.4	4	5.6	0	0	0	0	0.789
司法适用原则	66	91.7	6	8.3	0	0	0	0	0.783
执行机制	69	95.8	3	4.2	0	0	0	0	0.792
专利基本成本	70	97.2	2	2.8	0	0	0	0	0.794
社会服务	69	95.8	2	2.8	1	1.4	0	0	0.789
经济发展水平	68	94.4	3	4.2	1	1.4	0	0	0.786
国际监督制衡	70	97.2	2	2.8	0	0	0	0	0.794
公众意识	72	100	0	0	0	0	0	0	0.8
$Ca_{二级指标}$									0.791
$Ca_{总指标}$									0.776

表 3.6　专家对各级指标熟悉程度量化结果

判断依据	很熟悉（1.0）		熟悉（0.8）		比较熟悉（0.4）		不太熟悉（0.2）		不熟悉（0）		Cs
一级指标	频数	频率	频数	频率	频数	频率	频数	频率	频数	频率	
药品专利立法	37	51.4	30	41.7	5	6.9	0	0	0	0	0.875
药品专利执法	40	55.6	28	38.9	4	5.6	0	0	0	0	0.889
$Cs_{一级指标}$											0.882
二级指标	频数	频率	频数	频率	频数	频率	频数	频率	频数	频率	
保护期限	70	97.2	2	2.8	0	0	0	0	0	0	0.994
保护范围	68	94.4	3	4.2	1	1.4	0	0	0	0	0.983
国际条约成员	64	88.9	3	4.2	5	6.9	0	0	0	0	0.950
权利限制	69	95.8	3	4.2	0	0	0	0	0	0	0.992
司法适用原则	61	84.7	5	6.9	6	8.3	0	0	0	0	0.936
执行机制	62	86.1	3	4.2	7	9.7	0	0	0	0	0.933
专利基本成本	68	94.4	1	1.4	3	4.2	0	0	0	0	0.972
社会服务	67	93.1	3	4.2	2	2.8	0	0	0	0	0.975
经济发展水平	72	100	0	0	0	0	0	0	0	0	1.000
国际监督制衡	68	94.4	4	5.6	0	0	0	0	0	0	0.989
公众意识	72	100	0	0	0	0	0	0	0	0	1.000
$Cs_{二级指标}$											0.975
$Cs_{总指标}$											0.928

表 3.7　专家权威程度情况

一级指标	专家判断依据 C_a	专家熟悉程度 C_S	专家权威程度 C_r	二级指标	专家判断依据 C_a	专家熟悉程度 C_S	专家权威程度 C_r
药品专利立法	0.767	0.875	0.821	执行机制	0.792	0.933	0.863
药品专利执法	0.756	0.889	0.822	专利基本成本	0.794	0.972	0.883
二级指标	专家判断依据 C_a	专家熟悉程度 C_S	专家权威程度 C_r	社会服务	0.789	0.975	0.882
保护期限	0.794	0.994	0.894	经济发展水平	0.786	1.000	0.893
保护范围	0.789	0.983	0.886	国际监督制衡	0.794	0.989	0.892
国际条约成员	0.786	0.950	0.868	公众意识	0.8	1.000	0.900
权利限制	0.789	0.992	0.891	总体情况	0.786	0.961	0.873
司法适用原则	0.783	0.936	0.860				

算 α 系数来检验调查问卷的整体信度以及各维度因子的信度。信度计算公式为：

$$\alpha = (k/k-1)\left[1 - \sum (S_i^2/S_X^2)\right] \tag{3.1}$$

式中，k 表示整个测试的题数；S_i^2 为每一项目分数的变异数；S_X^2 表示测试总分的变异数（方差）。

一般认为，当 $\alpha \geqslant 0.85$ 时，认为非常可信；$0.85 > \alpha \geqslant 0.7$ 为满意水平；$0.7 > \alpha \geqslant 0.55$ 为可以接受水平；但 $\alpha < 0.55$ 时，说明可信度不高，需要重新研究分析。SPSS 统计软件对本问卷指标的可靠性分析结果见表 3.8。由此可见，本问卷的信度和内部一致性是值得信赖的。

表 3.8　显示度指标的信度值

Cronbach's Alpha（α）	N of Items
0.853	37

（2）效度检验。效度即正确性，指测量工具能测出其所预测量的特征或功能的程度。效度越高，即表示测量结果越能表现其测量对象的真正特征。它包括准则效度、内容效度及建构效度。

本研究中专家咨询问卷的各级指标均是以相关的文献资料作为理论基础，并严格按照系统全面性、科学可行性、目的导向性、独立合理性等原则选取指标的。同时，科学地依据数理统计学原则进行指标的筛选。所以，问卷的准则效度可以得到保证。其次，内容效度是指测验内容对于其所欲测之行为领域的代表程度。本研究各级指标内容是经过多名药品专利相关领域的专家参与、评定，因此问卷具备一定的内容效度。

在本研究中，以因子分析结果的共同度来检验建构效度。研究如何以最少的信息丢失，将众多原始变量浓缩成少数几个因子变量，使因子变量具有较强的可解释性。共同度（communality）是指各评价指标解释方差的比例，其值为0～1，0为评价项目不解释任何方差，1为所有方差均被评价项目解释。共同度越大，说明其所包含的原有变量信息量越多。一般认为共同性系数大于0.50就具有高效度。SPSS统计软件对本问卷指标体系的共同度系数的分析结果见表3.9。分析显示，在药品专利保护强度测算指标体系专家咨询问卷中，各指标共同系数均大于0.50，所以，可以视为高效度的指标体系。

综上所述，根据专家调查结果确定的药品专利保护强度测算指标体系具有较高的可信度。

表3.9　指标体系的共同度系数

	Extraction		Extraction		Extraction		Extraction
A1	0.889	B5	0.827	D1	0.833	F2	0.81
A2	0.802	B6	0.803	D2	0.83	F3	0.837
A3	0.89	B7	0.874	D3	0.828	G	0.841
A4	0.934	C1	0.864	D4	0.866	H	0.83
A5	0.8	C2	0.787	D5	0.802	I	0.821
A6	0.873	C3	0.785	D6	0.821	J1	0.857
B1	0.81	C4	0.858	D7	0.865	J2	0.85
B2	0.824	C5	0.823	E	0.862	J3	0.837
B3	0.83	—	—	F1	0.804	K	0.828
B4	0.848	—	—	—	—	—	—

注：A1为三级指标中的第一项指标，即“基本保护期”，其后各项以此类推。

第二节　指标体系基本框架

通过对经典文献的总结，在 G-P 和普加特指标基础上，参照韩玉雄、李怀祖知识产权立法和执法指标综合评分法为基本框架，本书认为药品专利保护强度指标应是对药品专利“立法强度”与“执法强度”的综合考察，具体表现为药品专利保护立法强度与执法强度的乘积，即

$$ST(t) = Le(t) \times Ex(t) \tag{3.2}$$

$ST(t)$ 表示样本在 t 时刻的药品专利保护强度；$Le(t)$ 表示样本在 t 时刻的药品专利保护立法强度，其由 6 个二级指标组成，每个二级指标满分为 1 分，总分 6 分，立法强度值介于 0～6 分，0 表示完全没有药品专利法律法规，6 表示有相当完善的药品专利法律法规；$Ex(t)$ 表示样本在 t 时刻的药品专利保护执法强度，是影响药品专利保护执行效果的变量，表示药品专利保护立法强度被实际执行的比例，其由 5 个二级指标组成，每个二级指标满分为 1 分，总分 5 分，执法强度的值等于以上 5 个二级指标的算术平均值。执法强度值介于 0～1，0 表示法律规定的药品专利保护制度完全没有执行，1 表示法律规定被完全执行。药品专利保护强度 ST 越高，表明样本对药品专利权人的保护越强；反之，则越弱。

详细的药品专利保护指标体系框架见图 3.1。

一、立法强度测算及样本特点

1. 指标

药品专利立法保护强度随着相关法律法规的颁布、修订而变

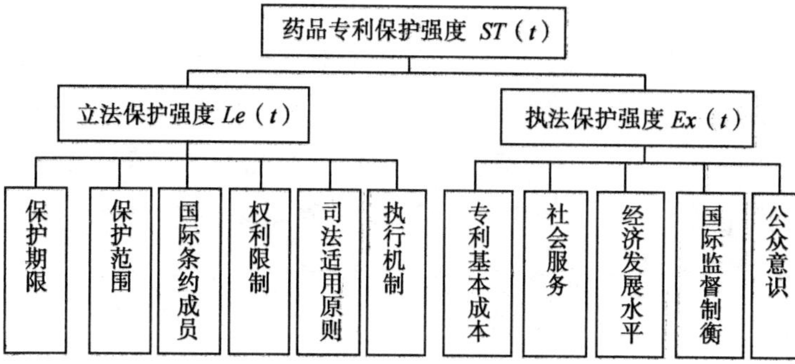

图 3.1　药品专利保护指标体系

化。本书在 G-P 指标和普加特指标基础上，将立法保护强度细分为保护期限、保护范围、国际条约成员、权利限制、司法适用原则、执行机制等六个方面，相应地分为 6 个二级指标，每个二级指标 1 分，满足所有二级指标得 6 分。

（1）保护期限。专利保护期限是专利权人获得的市场法定垄断期限。在这一期限内，专利权人可以通过制造、销售专利药品，转让专利技术来获得利益，弥补其在先的 R&D 投入，因此专利保护期的长短直接关系到专利权人能否获得创新回报及回报的多寡。药品专利保护期的具体制度有：①基本保护期，TRIPs 协议要求成员国至少为药品提供 20 年的专利基本保护期；②专利延展期，通过直接延长专利药品基本专利保护期的方式弥补专利药品在申请上市销售时损失的时间；③新药数据排他期和新指征数据排他期，是通过数据保护方式延长创新药品的 R&D 保护期；④罕用药延长期和儿童用药延长期，是指为鼓励发达国家科研机构进行日益严重的Ⅱ和Ⅲ型疾病的治疗药物 R&D，而对那些投资进行上述疾病 R&D 成功的专利权人给予特别保护期。

选取“基本保护期”、“专利延展期”、“新药数据排他期”、“新指征数据排他期”、“罕用药延长期”和“儿童用药延长期”作为度量药品专利保护期限的指标，当其分别未满20年、5年、10年、3年、7年和0.5年的计算方法为实际专利保护期分别除以20、5、10、3、7、0.5，计算结果为本项指标得分，若期限等于或超过20年、5年、10年、3年、7年和0.5年得1分。

（2）保护范围。专利保护范围的变化不但改变了专利自身的内容，而且更深刻地影响着专利价值取向和制度构建，甚至改变专利的权利属性，左右现代专利制度的发展。由于药品专利客体是一种非物质形态的特殊财产，其保护范围无法依据其本身来确定，而要求相关法律给予特别的规定。根据2007年WHO、国际贸易和可持续发展中心（ICTSD）与联合国贸易和发展会议（UNCTAD）公布的《药品专利审查的可专利性指南》(*Patentability Guidelines for the Examination for Pharmaceutical Patents*）将“专利保护范围”具体划分为医用化学和生物合成物、医用新型和已知合成物、医用合成物制备方法、生命物质（动物和植物除外）、从自然状态分离、提取和用人工方法生产的天然生物材料、人体细胞和组织（非用于人体克隆）和疾病的诊断和治疗方法8个三级指标。每满足一项得1/8分，满足全部8项得1分。

（3）国际条约成员。签署国际条约和协定表示成员国愿意接受条约内容的限制。药品专利领域主要的国际条约有《保护工业产权巴黎公约》（以下简称《巴黎公约》）、PCT、TRIPs协议、《国际承认用于专利程序的微生物保存布达佩斯条约》(*Budapest Treaty*）和《生物多样性条约》（CBD）。《巴黎公约》

规定了国民待遇原则、优先权原则和各国专利独立等原则。PCT 的主要目的在于简化专利国际申请程序，使发明人能够通过一次申请就可以使发明同时在若干国家获得专利权，专利申请更加经济有效。TRIPs 协议规定了 WTO 成员国关于专利保护期限、范围等方面的最低标准。Budapest Treaty 简化了微生物菌种保藏手续，极大地方便了生物材料发明人在国内外申请和获得专利保护。CBD 希望通过保护生物多样性以维持药品生产和制造。选取上述 5 个国际条约作为度量国际条约成员的指标，参加 1 个国际条约获得 1/5 分，参加所有国际条约得 1 分。

（4）权利限制。药品专利法律制度在保护专利人权益，维护药品研发创新积极性的同时，也强调药品专利权的权利限制制度，以求实现医药公司、研究机构和整个社会公益之间的利益平衡。药品专利权利限制的制度包括：①当地实施要求，是指药品专利权人必须在授予其专利的国家充分实施其专利，否则东道国可以强制许可实施甚至撤销该药品专利。《巴黎公约》第 5 条 A（2）款对此予以规定。②强制许可。目前该制度的应用范围从单纯解决公共健康问题拓展到了不充分实施等滥用专利权损害公共利益的情形，TRIPs 协议第 31 条修正案予以明确规定。③平行进口，是指一国未经授权的药品进口商从外国的药品专利权人手中购得的药品未经其批准输入本国，而该药品之前已经受到本国专利权的保护。该制度为面临药品费用沉重负担的国家带来了获得廉价药品的希望。TRIPs 协议第 6 条予以明确规定。④Bolar 条款，是指将专为获得和提供药品或者医疗设备的行政审批所需要的信息而使用专利技术视为侵犯药品专利权的例外。作为一项在专利保护期末端鼓励仿制药产业的政策，Bolar 条款有助于药品专利权的利益平衡以及公众卫生福利的提升，《TRIPs 第六段执行决议》对此予以明确规定。⑤实验数据依赖，是指政府主管部门允许仿制药申请人在药品注册过程中直接或者间接地依赖专利权人已提供的实验数据来进行药品注册申请。通过该制度，仿制药不需要再做原创的研究来证明药的有效性和安全性，从而减少时间和财力的浪费。TRIPs 协议第 39（2）条对此予以明确规定。⑥实验数据披露，是指药品发明人必须保证其在申请药品专利时依法向政府主管部门提交的专利说明书中包含的实验数据的完整性和精确性，该制度的目的在于促进技术成果扩散。⑦无效宣告，是指专利主管部门公告授予专利权之日起，任何单位或者个人认为该专利权的授予不符合专利法有关规定的，可以请求专利复审委员会宣告该专利权无效。

选取“无当地实施要求”、“无强制许可”、“无平行进口”、“无 Bolar 条款”、“无实验数据依赖”、“无实验数据披露”以及“无无效宣告”作为度量药品专利权利限制的指标。每满足一项指标得 1/7 分，满足所有指标得 1 分。

（5）司法适用原则。这里选取等同原则作为度量司法适用原则的指标。等同原则是指为实现相同的发明目的，所采用的技术手段本质上相同，起到实质上相同的作用，获得了实质上相同的效果，并且所属领域普通技术人员研究说明书或附图后不经过创造性的智力劳动就能够联想到的技术方案，应当都认为是属于专利权的保护范围。采用这一原则的内在原因是如果严格按照权利要求书的字面含义来确定专利权的保护范围会在很大程度上限制专利权人的合法权益，造成不公平现象，通过适用等同原则将药品专利的保护范围由单纯的字面描述延展到实际应用，加强了专利权人的保护。当适用该原则得 1 分，否则计 0 分。

（6）执行机制。药品专利侵权行为侵害的是一种特殊的权利，由此引起的案件也具有自身的特点和要求。因此，建立和完善该类案件的快速执行机制显得尤为必要和紧迫。这一机制包括：①诉前禁令，指为及时制止正在实施或即将实施的侵害权利人专利或有侵害之虞的行为，法院在当事人起诉前根据其申请发布的一种禁止行为人从事某种行为的强制性命令。TRIPs 协议第 50 条对此予以规定。②帮助侵权，指并不完全实现权利要求中所限定的每一项技术特征，而是通过故意诱导、怂恿、教唆、帮助等行为实现权利要求中的一部分技术特征或分别实现权利要求中的技术特征。TRIPs 协议第 45 条对此予以规定。③举证责任倒置，是指将使用专利方法的举证责任交涉嫌侵权人承担，当涉嫌侵权人在权利人完成了一定的举证责任后，必须完成自己应当承担的举证责任，如果举证不能，就要承担败诉的后果。TRIPs 协议第 34 条对此予以规定。

选取“诉前禁令”、“帮助侵权”和“举证责任倒置”作为度量药品专利执行机制的指标，每满足一项得 1/3 分，全部满足则得 1 分。

2. 立法强度测算表

用 A、B、C、D、E、F 分别代表“保护期限”、“保护范围”、“国际条约成员”、“权利限制”、“司法适用原则”和“执行机制”。依此类推，各级三级指标分别为 A1 ~ A6，B1 ~ B7，C1 ~ C5，D1 ~ D7，E，F1 ~ F3。相关信息见表 3. 10。

3. 立法强度测算

根据上述“立法强度”测算方法，得出 1986 ~ 2009 年我国药品专利保护立法强度数据见表 3. 11。2007 年 27 个样本国家和

表 3.10　立法强度测算表

二级指标	三级指标	分值		权重
		有相关规定/符合	无相关规定/不符合	
保护期限A	基本保护期 A1	实际期限/20	0	60/100
	专利延展期 A2	实际期限/5	0	10/100
	新药数据排他期 A3	实际期限/10	0	10/100
	新指征数据排他期 A4	实际期限/3	0	5/100
	罕用药延长期 A5	实际期限/7	0	10/100
	儿童用药延长期 A6	实际期限/0.5	0	5/100
保护范围B	医用化学和生物合成物 B1	1	0	1/7
	医用新型和已知合成物 B2	1	0	1/7
	医用合成物制备方法 B3	1	0	1/7
	生命物质（动物和植物除外）B4	1	0	1/7
	从自然状态分离、提取和用人工方法生产的天然生物材料 B5	1	0	1/7
	人体细胞和组织（非用于人体克隆）B6	1	0	1/7
	疾病的诊断和治疗方法 B7	1	0	1/7
国际条约成员 C	巴黎公约 C1	1	0	1/5
	PCT C2	1	0	1/5
国际条约成员 C	TRIPs 协议 C3	1	0	1/5
	Budapest Treaty C4	1	0	1/5
	CBD C5	1	0	1/5
权利限制D	无当地实施要求 D1	1	0	10/100
	无强制许可 D2	1	0	25/100
	无平行进口 D3	1	0	10/100
	无 Bolar 条款 D4	1	0	25/100
	无实验数据依赖 D5	1	0	10/100
	无实验数据披露 D6	1	0	10/100
	无无效宣告 D7	1	0	10/100
司法适用原则 E	等同原则 E	1	0	100/100
执行机制F	诉前禁令 F1	1	0	1/3
	帮助侵权 F2	1	0	1/3
	举证责任倒置 F3	1	0	1/3

地区的药品专利保护立法强度数据见表3.12。

表3.11　1986~2009年我国药品专利保护立法强度

年份	立法强度	年份	立法强度	年份	立法强度
1986	0.533	1994	2.933	2002	4.672
1987	0.533	1995	3.133	2003	4.672
1988	0.533	1996	3.133	2004	4.672
1989	0.533	1997	3.133	2005	4.672
1990	0.533	1998	3.133	2006	4.672
1991	0.533	1999	3.133	2007	4.672
1992	0.533	2000	3.133	2008	4.672
1993	2.533	2001	4.467	2009	4.277

表3.12　2007年27个样本国家和地区药品专利保护立法强度

国家和地区	立法强度	国家和地区	立法强度	国家和地区	立法强度
阿根廷	2.8	印度	4.45	俄罗斯	2.683
澳大利亚	4.492	以色列	4.234	南非	3.992
比利时	5.167	意大利	4.85	西班牙	3.775
巴西	3.875	日本	4.71	瑞典	4.484
加拿大	4.575	中国	4.672	瑞士	4.85
古巴	3.133	墨西哥	2.967	中国台湾	4.15
捷克	4.584	荷兰	4.667	泰国	3.842
法国	4.892	波兰	3.25	英国	3.209
德国	4.917	葡萄牙	3.917	美国	4.917

4. 样本立法强度特点

上述数据显示，药品专利保护立法强度呈现以下特点。

(1) 我国药品专利保护立法强度显著提高。1986~2009年我国药品专利保护立法强度见图 3.2。

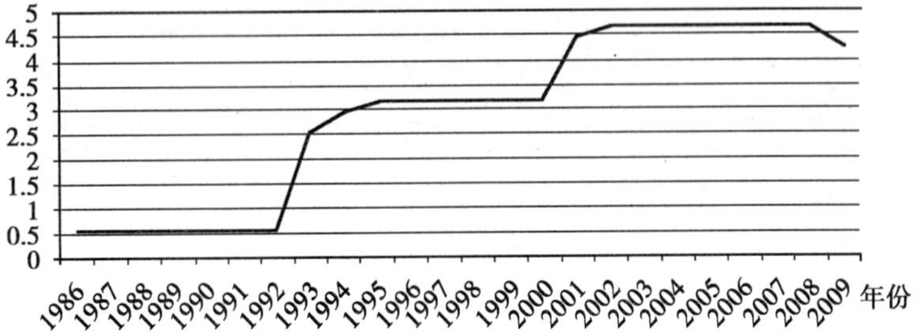

图 3.2　1986～2009 年我国药品专利保护立法强度

通过图 3.2 可知，我国药品专利保护立法强度在不断加强，由于我国 1993 年之前仅对药品进行“方法保护”，使得立法保护强度较低（0.533）。自 1993 年以来，尤其是为了加入 WTO，《中华人民共和国专利法》（以下简称《专利法》）对药品开始实施“产品保护”，专利保护期也延长至 20 年，使得立法保护强度提高了近 5 倍（2.533）。2001～2003 年关于新药数据排他期、药品实验数据保护、禁止实验数据披露、等同原则和诉前禁令制度的立法使得立法强度提高到一个新的台阶（4.672）。这一趋势直到 2008 年《专利法》引入“Bolar 条款”才有一定程度的下降（4.277）。整体上看，我国政府自 20 世纪 90 年代以来一直以来致力于在立法上不断强化对药品专利的保护，立法强度在过去的 20 多年中提高了近 8 倍。

（2）我国立法强度处于世界前列。2007 年 27 个样本国家和地区药品专利保护立法强度参见图 3.3。

通过图 3.3 可知，立法强度最高的国家是比利时（5.167），最低的是俄罗斯（2.683）。早在 2001 年，我国的药品专利立法强度就在所有发展中国家名列前茅，到 2007 年，我国药品专利保护立

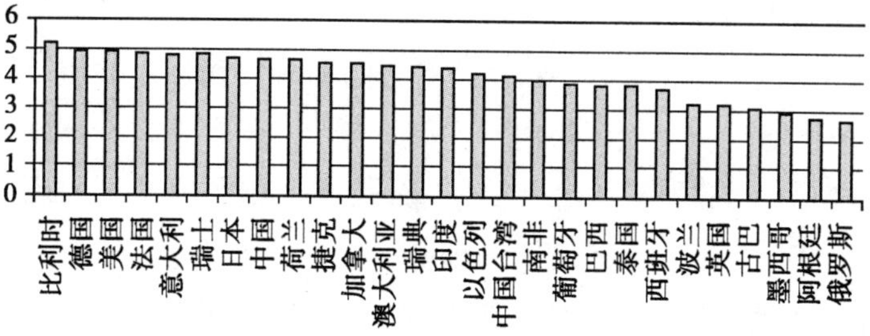

图 3.3 2007 年 27 个样本国家和地区药品专利保护立法强度

法强度（4.672）甚至超过部分发达国家，列第 8 位，距离前 3 位的国家（比利时、美国、德国）仅差 0.235。

与经济发展水平排序相左，个别发达国家的立法强度不仅低于平均水平（4.130），还远远落后于大部分发展中国家。西班牙和葡萄牙的立法强度分别为 3.775 和 3.917，英国的立法强度仅为平均水平的2/3，瑞士的1/2。相比之下，部分发展中国家的立法强度高于部分发达国家，以色列和印度的立法强度超过了葡萄牙、西班牙的立法强度紧跟中国处于世界前列。排名前 10 位的国家中有 2 个发展中国家，即排名第 8 的中国（4.672）、第 10 的捷克（4.584）。这说明，发达国家和部分发展中国家在药品专利立法保护方面已经相差无几，这在一定程度上反映了药品专利立法保护的全球化进程已经初见端倪。发达国家通过国际条约的方式，设定了药品专利保护的立法内容和立法水平的国际标准，以迫使成员国加以遵守，甚至对非成员国也有指引和参照作用。

（3）“保护范围”和“权利限制”指标的差异是立法强度差异的主要原因。在“保护期限”、“国际条约成员”、“司法适用原则”和“执行机制”等方面，无论是发展中国家还是发达国家，所获分值没有明显差别，平均得分为 0.776、0.923、0.731

和0.808，即绝大部分国家已经就“保护期限”、“国家条约成员”、“司法适用原则”和“执行机制”等方面形成共识。但在“保护范围”和“权利限制”方面，各国立法存在较大分歧。对于“保护范围”，虽然绝大部分国家关于“保护范围”的规定都满足TRIPs协议的基本要求，即除了医学治疗的诊断、治疗、外科手术方法和微生物以外的动植物以外，只要满足“三性”要求都可以授予专利权。但由于历史文化、本国科技发展水平等原因，古巴、南非、巴西等发展中国家和法国、荷兰等发达国家对药品专利保护范围是否包括对生物材料、人体细胞和组织等伴随着高新技术而产生的物质仍存有争议。对于“权利限制”，国际公约并未形成统一的、带有强制性的立法规则，而是交由各成员国的国内立法予以制订或修订，这势必使得各国政府在维护药品专利权人经济利益和公共利益的平衡时往往从本国的具体国情出发来制订形式多样的权利限制措施，难以形成普适性的制度安排。

二、执法强度测算及样本特点

1. 指标

药品专利保护执法强度主要是由一个国家或地区的内部和外部环境因素共同决定的。这些内部和外部环境因素主要包括专利基本成本、社会服务、社会经济发展水平、国际监督制衡和公众意识等五个方面，相应地分为5个二级指标，每个二级指标1分，满足所有二级指标得5分，每个二级指标根据不同权重得0~1分，执法强度得分为上述分值总和的算数平均值。

（1）专利基本成本。发明人除了在药品R&D过程中投入的成本，还需要在专利申请时缴纳一定的费用，即药品专利的取得费用。一般来说，专利基本成本的衡量指标是人均可负担的专利申请件数，而人均可负担专利申请件数可用人均 GDP 与专利申请费用的比值表示。人均可负担的专利申请件数增加，有利于鼓励发明创新。当人均可负担的专利申请等于或超过 50 件时，该项得分为 1 分；小于 50 件时，得分为实际件数除以 50。

（2）社会服务。完善的社会服务水平是药品专利权得以获得、维持和保护的必要条件。而专利代理人的出现在一定程度上克服了专利申请复杂性和专业性的障碍，故采用专利代理人数量与总人口数量的比值作为度量一个国家或地区社会服务的指标，当该比值达到或超过 0.02‰时，该项得分为 1 分；低于 0.02‰时，得分为实际比值除以 0.02‰。

（3）经济发展水平。一个国家的药品专利保护强度应当与其经济发展水平相适应，当一个国家处在较低的经济发展水平时，专利保护的执法力度必然也是低水平的。采用人均 GDP 作为度量一个国家或地区经济发展水平的指标，中等收入国家的人均 GDP 为 2000 美元左右，当人均达到或超过 2000 美元时，该项得分为 1 分；低于 2000 美元时，得分为实际值除以 2000 美元。

（4）国际监督制衡。专利保护不仅是一个国内问题，更是一个国际问题。WTO 在其框架下具体而明确地规定了专利保护的最低标准及争端解决机制。WIPO 是作为负责在专利领域实施有效国际合作的重要国际组织。WHO 是联合国系统内卫生问题的指导和协调机构，其重要职责是鼓励政府和企业进行药品研发创新，提高患者的药品可及率。因此，选取 WTO、WIPO 和 WHO 成员作为对国际社会监督制衡的度量指标。若加入上述一个国际组织得 1/3 分，全部加入得 1 分。

（5）公众意识。社会公众的专利保护意识是药品专利制度实施的基础。一般认为，社会公众受教育程度越高，其药品专利保护意识随之提高。因此，可以用成人识字率作为度量公众药品专利保护意识的指标。发达国家成人识字率均超过95%，当成人识字率达到或超过95%时，得1分，当小于95%时，得分为实际值除以95%。

2. 执法强度测算表

用G、H、I、J、K分别代表“专利基本成本”、“社会服务”、“经济发展水平”、“国际监督制衡”和“公众意识”二级指标。依此类推，各级三级指标分别为G、H、I、J1～J3、K。相关具体信息见表3.13。

3. 执法强度测算

根据上述测算方法，得出1986～2009年我国药品专利保护执法强度数据见表3.14；2007年我国31个省份药品专利保护执法强度见表3.15；2007年27个样本国家和地区药品专利执法保护强度见表3.16。

表3.13 药品专利保护执法强度测算指标表

二级指标	三级指标	分值计算		权重
		符合/有相关规定	不符合/无限关规定	
专利基本成本 G	专利申请件数 G	人均GDP/专利申请费用 （其中：专利申请费用＝申请基本费用＋实质审查申请费用） $G<50$ 件时，为实际数值/50件；$G\geq$ 0.02‰，为1		1
社会服务 H	专利代理人比例 H	专利代理人数量/人口数量 $H<0.02$‰时，为实际数值/0.02‰；$H\geq0.02$‰时，为1		1
经济发展水平 I	人均GDP I	$I<2000$ 美元时，为实际数值/2000美元；$I\geq2000$ 美元时，为1		1

续表

二级指标	三级指标	分值计算		权重
		符合/有相关规定	不符合/无限关规定	
国际监督制衡 *J*	WTO J1	1	0	1/3
	WIPO J2	1	0	1/3
	WHO J3	1	0	1/3
公众意识 *K*	成人识字率 *K*	*K* < 95% 时，为实际比例/ 95%；*K* ≥ 95% 时，为 1		1
合计		5		

表 3.14　1986～2009 年我国药品专利保护执法强度

年份	执法强度	年份	执法强度	年份	执法强度
1986	0.340	1994	0.379	2002	0.519
1987	0.327	1995	0.394	2003	0.537
1988	0.334	1996	0.407	2004	0.562
1989	0.340	1997	0.416	2005	0.604
1990	0.342	1998	0.418	2006	0.646
1991	0.351	1999	0.427	2007	0.649
1992	0.364	2000	0.428	2008	0.664
1993	0.369	2001	0.512	2009	0.670

表 3.15　2007 年我国 31 个省份药品专利保护执法强度

省份	执法强度	省份	执法强度	省份	执法强度
北京	0.857	新疆	0.627	陕西	0.591
上海	0.867	福建	0.634	四川	0.584
天津	0.727	山西	0.626	江西	0.58
广东	0.685	湖北	0.623	青海	0.585

续表

省份	执法强度	省份	执法强度	省份	执法强度
辽宁	0.673	重庆	0.617	广西	0.58
浙江	0.67	湖南	0.62	安徽	0.573
江苏	0.655	内蒙古	0.626	云南	0.533
吉林	0.645	河南	0.618	甘肃	0.526
黑龙江	0.639	海南	0.61	西藏	0.504
河北	0.627	宁夏	0.595	贵州	0.479
山东	0.639				

表 3.16　2007 年 27 个样本国家和地区药品专利保护执法强度

国家和地区	执法强度	国家和地区	执法强度	国家和地区	执法强度
阿根廷	0.965	印度	0.491	俄罗斯	0.772
澳大利亚	1	以色列	0.839	南非	0.788
比利时	0.950	意大利	0.861	西班牙	0.836
巴西	0.807	日本	1	瑞典	0.900
加拿大	0.946	中国	0.649	瑞士	0.730
古巴	0.777	墨西哥	0.7	中国台湾	0.819
捷克	0.907	荷兰	1	泰国	0.897
法国	0.935	波兰	0.897	英国	1
德国	1	葡萄牙	0.841	美国	1

4. 样本执法强度特点

上述数据显示，药品专利保护执法强度呈现以下特点。

（1）我国执法强度有一定程度提高，但提升速度远远落后于立法强度。1986～2009 年我国药品专利保护执法强度参见图 3.4。

通过图 3.4 可知，我国药品专利保护执法强度自 1986 年以来一直呈现上升趋势。1986 年执法强度仅 0.340，随着社会服务机

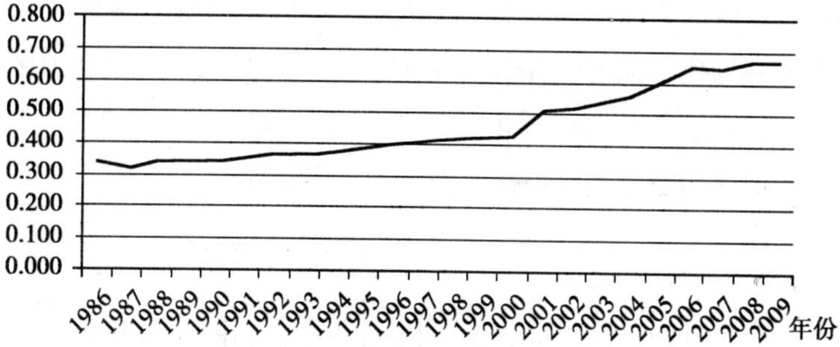

图 3.4　1986～2009 年我国药品专利保护执法强度

构的不断增多，经济水平的大幅度提升，公众意识的增强，执法强度也不断提高。特别是 2000 年以后，执法强度有了显著提高。2007 年已经达到 0.649。与立法强度的提升速度相比，同期执法强度的提升速度较慢，在过去 20 多年中仅提高了近 2 倍。

（2）我国 31 个省份执法强度差别较大，呈“东高西低”趋势。2007 年我国 31 个省份药品专利保护执法强度参见图 3.5。

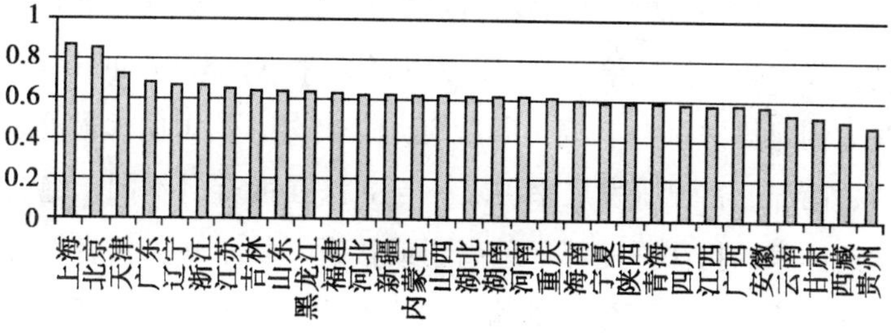

图 3.5　2007 年我国 31 个省份药品专利保护执法强度

通过图 3.5 可知，执法强度最高的是上海、北京和天津，分别为 0.867，0.857 和 0.727，高于全国平均执法强度近 40%，与部分发达国家的执法强度相当。执法强度最低的地区甘肃、西藏和贵州，分值仅达到全国平均水平（0.626）的 2/3。高于全国平均执法强度的有13个地区，主要是直辖市和沿海发达地区。低于全国平均执法强度的有18个地区，主要是中西部欠发达地区。

（3）我国执法强度远远落后于其他国家。2007年27个样本国家和地区药品专利保护执法强度参见图3.6。

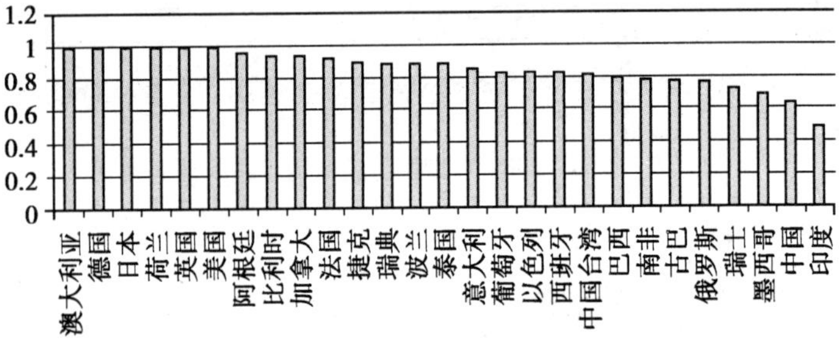

图3.6　2007年27个样本国家和地区药品专利保护执法强度

在世界范围内，澳大利亚、德国、日本、荷兰、英国和美国并列执法强度最高的国家（1.000），最低的国家是印度（0.491）。我国执法强度与发达国家相距甚远。以2007年的数据为例，我国排名倒数第2位，仅为平均水平（0.871）的3/4，低于澳大利亚等国40%，高出印度30%。此外，我国也远远落后于巴西、南非、古巴等发展中国家。与立法强度有所不同，绝大多数发达国家的执法强度都远远高于或接近平均水平，仅有部分发达国家（瑞士、西班牙）的执法强度偏低。绝大部分发展中国家的执法强度都处于平均水平之下。

（4）“专利基本成本”和“社会服务”与执法强度强弱有密切联系。各国在“经济发展水平”、“国际监督制衡”和“公众意识”三方面的得分差异并不显著，平均分值为0.98、0.962和0.981。造成执法强度巨大差别的主要原因在于“专利基本成本”和“社会服务”方面的差异，平均分值为0.843和0.553。尽管部分发展中国家（阿根廷、古巴、墨西哥）的人均 GDP 达到中等发达国家的水平，但专利申请费用的“水涨船高”使得人均专利基本费用的负担能力处于较低水平。相反，大部分发达国家（美国、德国、法国、英国）的专利申请费用与人均 GDP 相比处于较低水平，使得国民的负担能力大大增强。值得注意的是“社会服务”指标，并非所有的发达国家都为专利申请提供较多的社会服务，比利时、法国、瑞典和瑞士等发达国家的专利代理人比例较低，仅个别发达国家（英国、美国、日本、澳大利亚）有数量较多的专利代理人（或专利律师）。相比之下，“社会服务”程度在部分发展中国家（阿根廷、古巴）较高。

总的看来，人均 GDP 的快速增长、社会服务水平的不断提升和公众意识的提高，使得我国近年来加强专利执法力度的措施颇有成效。但就世界范围来说，仍处于较低水平，远远落后于我国的专利立法强度，造成“立法强、执法弱”的局面。这也与我国目前的实际情况相吻合，“假药劣药泛滥”、“药品专利质量下降”都是我国药品专利执法强度较弱的真实写照。

第三节　药品专利保护强度及样本特点

1. 纵向比较：我国保护强度不断加强

根据式（3.2）计算得 1986～2009 年我国药品专利保护强度参见表 3.17 和图 3.7。

表 3.17 1986～2009 年我国药品专利保护强度

年份	立法强度	执法强度	保护强度	年份	立法强度	执法强度	保护强度	年份	立法强度	执法强度	保护强度
1986	0.533	0.34	0.181	1994	2.933	0.379	1.112	2002	4.672	0.519	2.425
1987	0.533	0.327	0.174	1995	3.133	0.394	1.234	2003	4.672	0.537	2.509
1988	0.533	0.334	0.178	1996	3.133	0.407	1.275	2004	4.672	0.562	2.626
1989	0.533	0.34	0.181	1997	3.133	0.416	1.303	2005	4.672	0.604	2.822
1990	0.533	0.342	0.182	1998	3.133	0.418	1.310	2006	4.672	0.646	3.018
1991	0.533	0.351	0.187	1999	3.133	0.427	1.338	2007	4.672	0.649	3.032
1992	0.533	0.364	0.194	2000	3.133	0.428	1.341	2008	4.672	0.664	3.102
1993	2.533	0.369	0.935	2001	4.467	0.512	2.287	2009	4.277	0.67	2.866

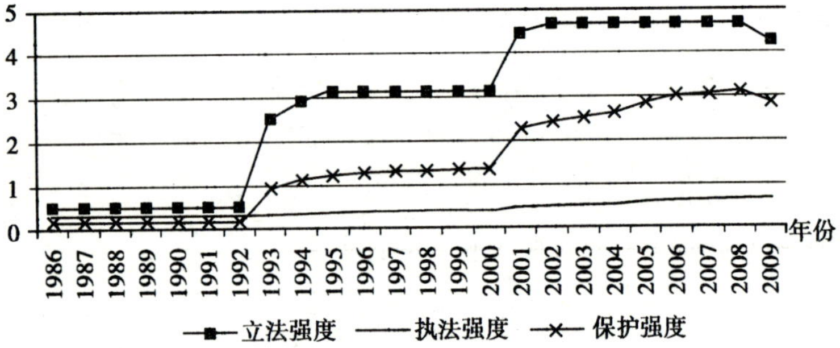

图 3.7 1986～2009 年我国药品专利保护强度

通过表 3.17 和图 3.7 可知，我国药品专利保护强度在过去 20 多年中一直保持不断上升的趋势。根据 TRIPs 协议的要求，我国自 1993 年开始对医药产品发明予以专利保护，《专利法》的不断修改和执法措施的不断完善，使保护强度从 0.181 提高到目前的 2.866，上涨了近 15 倍。大体上看，保护强度的变化与立法强度的变化趋势较为接近。随着立法强度的不断增强，保护强度也不断强化。与此相对应的是，执法强度的变化并不明显，专利基本费用的上涨在一定程度上抵消了经济水平的提高（人均 GDP 的增长）和社会服务质量（专利代理人比例）的提升，这就使得不断完善的执法措施“事倍功半”，对提高药品专利保护强度贡献不大。

2. 我国 31 个省份保护强度差异较大，呈“东高西低”趋势

根据式（3. 2）计算得 2007 年我国 31 个省份药品专利保护强度参见表 3. 18 和图 3. 8。

表 3. 18　2007 年我国 31 个省份药品专利保护强度

省份	立法强度	执法强度	保护强度	省份	立法强度	执法强度	保护强度	省份	立法强度	执法强度	保护强度
北京	4. 672	0. 857	4. 004	新疆	4. 672	0. 627	2. 929	陕西	4. 672	0. 591	2. 761
上海	4. 672	0. 867	4. 051	福建	4. 672	0. 634	2. 962	四川	4. 672	0. 584	2. 728
天津	4. 672	0. 727	3. 397	山西	4. 672	0. 626	2. 925	江西	4. 672	0. 58	2. 71
广东	4. 672	0. 685	3. 2	湖北	4. 672	0. 623	2. 911	青海	4. 672	0. 585	2. 733
辽宁	4. 672	0. 673	3. 144	重庆	4. 672	0. 617	2. 883	广西	4. 672	0. 58	2. 71
浙江	4. 672	0. 67	3. 13	湖南	4. 672	0. 62	2. 897	安徽	4. 672	0. 573	2. 677
江苏	4. 672	0. 655	3. 06	内蒙古	4. 672	0. 626	2. 925	云南	4. 672	0. 533	2. 49
吉林	4. 672	0. 645	3. 013	河南	4. 672	0. 618	2. 887	甘肃	4. 672	0. 526	2. 457
黑龙江	4. 672	0. 639	2. 985	海南	4. 672	0. 61	2. 85	西藏	4. 672	0. 504	2. 355
河北	4. 672	0. 627	2. 929	宁夏	4. 672	0. 595	2. 78	贵州	4. 672	0. 479	2. 238
山东	4. 672	0. 639	2. 985								

通过表 3. 18 和图 3. 8 可知，执法强度最高的是上海、北京和天津，分别为 4. 051，4. 004 和 3. 397，高于全国平均执法强度（2. 926）35%，超过同期瑞士、英国等发达国家。保护强度最低的地区甘肃、西藏和贵州，分值仅为全国平均水平的 2/3。高于全国平均保护强度的有 13 个地区，主要是直辖市和沿海发达地

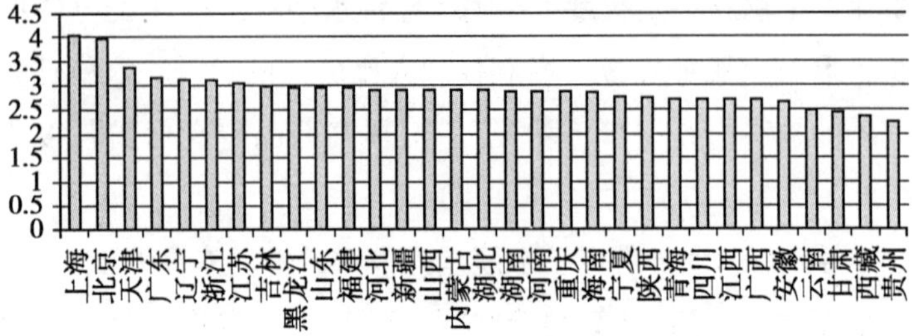

图 3.8　2007 年我国 31 个省份药品专利保护强度

区。低于全国平均保护强度的有 18 个地区，主要是中西部欠发达地区。

3. 横向比较：我国保护强度依然较弱

2007 年 27 个样本国家和地区药品专利保护强度见表 3.19 和图 3.9。

表 3.19　2007 年 27 个样本国家和地区药品专利药品专利保护强度

国家和地区	立法强度（排名）	执法强度（排名）	保护强度（排名）	国家和地区	立法强度（排名）	执法强度（排名）	保护强度（排名）
阿根廷	2.800（26）	0.965（7）	2.702（23）	墨西哥	2.967（25）	0.7（25）	2.077（26）
澳大利亚	4.492（12）	1（1）	4.492（7）	荷兰	4.667（9）	1（1）	4.667（5）
比利时	5.167（1）	0.95（8）	4.909（3）	波兰	3.250（22）	0.897（13）	2.915（22）
巴西	3.875（19）	0.807（20）	3.129（20）	葡萄牙	3.917（18）	0.841（16）	3.294（16）
加拿大	4.575（11）	0.946（9）	4.328（8）	俄罗斯	2.683（27）	0.772（23）	2.071（27）
古巴	3.133（24）	0.777（22）	2.434（24）	南非	3.992（17）	0.788（21）	3.146（19）
捷克	4.584（10）	0.907（11）	4.158（10）	西班牙	3.775（21）	0.836（18）	3.156（18）

续表

国家和地区	立法强度（排名）	执法强度（排名）	保护强度（排名）	国家和地区	立法强度（排名）	执法强度（排名）	保护强度（排名）
法国	4.892（4）	0.935（10）	4.574（6）	瑞典	4.484（13）	0.900（12）	4.035（11）
德国	4.917（2）	1（1）	4.917（1）	瑞士	4.850（5）	0.730（24）	3.540（13）
印度	4.450（14）	0.491（27）	2.185（25）	中国台湾	4.150（16）	0.819（19）	3.400（15）
以色列	4.234（15）	0.839（17）	3.552（12）	泰国	3.842（20）	0.897（13）	3.446（14）
意大利	4.850（5）	0.861（15）	4.176（9）	英国	3.209（23）	1（1）	3.209（17）
日本	4.710（7）	1（1）	4.71（4）	美国	4.917（3）	1（1）	4.917（1）
中国	4.672（8）	0.649（26）	3.032（21）	**平均水平**	**4.130**	**0.871**	**3.600**

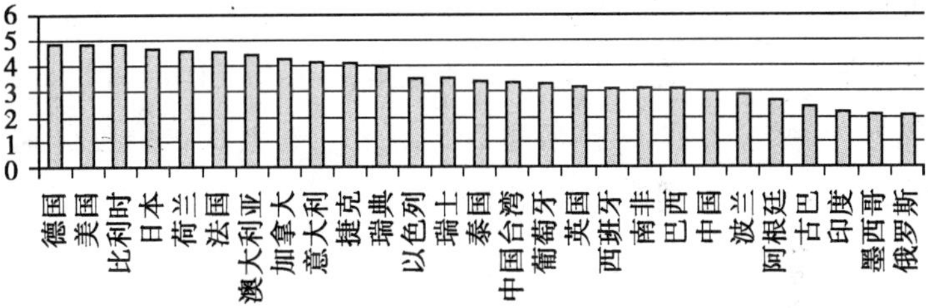

图 3.9　2007 年 27 个样本国家和地区药品专利保护强度

通过表 3.19 和图 3.9 可知，尽管我国药品专利保护强度有明显提高，但仍远远落后于发达国家，约为美国、德国、比利时分值的 60%，也低于平均水平（3.600）。与其他发展中国家相比，处于中等水平。整体看来，几乎所有发展中国家的保护强度都低于发达国家，少数发展中国家的保护水平接近或高于平均水平（捷克：4.158，以色列：3.552）。这也与学界通识大致吻合，即经济发展水平与药品专利保护强度有直接联系，掌握世界绝大部分药品专利的制药大国（德国、美国、日本、法国）的药品专利保护强度处于世界前列，而自主创新能力较低，主要依赖技术转移的制药大国（印度、中国）的药品专利保护强度较低。值得注意的是，英国、瑞典作为主要的药品专利大国，其药品专利保护强度却低于平均水平。

4. 执法强度对保护强度影响较大

相比较于立法强度，执法强度对保护强度的高低影响较大。尽管立法强度较低，但凭借较高的执法强度，一些国家的保护强度也能够接近或高于平均水平。以英国和泰国为例，他们的立法强度分别为3.209、3.842，排名第23、20位，执法强度分别为1、0.897，排名第1、13位，最终保护强度分别为3.209、3.446，排名第17、14位。由于执法水平较低，部分国家的立法强度优势并未得以充分体现，导致最终保护水平较低。中国和印度的立法强度分别为4.672、4.450，排名第8、14位，但执法强度仅为0.649、0.491，排名第26、27位，最终保护强度分别为3.032、2.185，位列第21、25位。

第四节　本章小结

构建一个药品专利保护强度指标体系，并对药品专利保护强度进行客观测量，不仅是对药品专利保护优化总模型加以验证的前提条件，也是研究药品专利制度对社会福利影响内在机制的基础。更为重要的是，可以借此进行药品专利保护强度的国际比较。

本章将保护期限、保护范围、国际条约成员、权利限制、司法适用原则和执行机制等因素作为药品专利保护立法强度指标，经计算，本研究获得的药品专利保护立法强度呈现以下特点：（1）我国药品专利保护立法强度显著提高；（2）我国立法强度处于世界前列；（3）“保护范围”和“权利限制”指标的差异是立法强度不同的主要原因。但在药品专利立法国际化的背景之下，仅仅将药品专利保护立法强度的测度结果作为评价一个国家或地区药品专利保护强度具有较大的失真度，也无实际意义，导致以此进行药品专利保护强度国际比较，必然得出令人困惑的结论，同时也影响到实证研究的可信度。

本章认为，药品专利保护强度应是立法强度与执法强度的综合，以此为设计框架的保护强度指标体系及其强度测度才能较为真实地反映药品专利保护水平。本研究选取专利基本成本、社会服务、经济发展水平、国际监督制衡和公众意识因素作为药品专利保护执法强度指标。经计算，本研究获得的药品专利执法强度，其呈现以下特点：（1）我国执法强度有一定程度提高，但提升速度远远落后于立法强度；（2）我国 31 个省份执法强度差别较大，呈“东高西低”趋势；（3）我国执法强度远远落后于其他国家；(4）“专利基本成本”和“社会服务”与执法强度强弱有密切联系。

本章计算了 1986～2009 年我国、2007 年我国 31 个省份以及 27 个国家和地区的药品专利保护强度，其呈现以下特点：(1）纵向比较，我国保护强度不断加强；（2）我国 31 个省份保护强度差异较大，呈“东高西低”趋势；（3）横向比较，我国保护强度依然较弱；（4）执法强度对保护强度影响较大。

本章所构建的药品专利保护强度指标体系和强度的测算，为后文所进行的药品专利保护对社会福利影响的实证研究奠定了坚实的基础。

第四章

药品专利保护重要性理论与实证分析

随着经济全球化和知识经济发展进程的加快，以药品专利制度为表现形式和重要手段的知识和智力资源的创造、占有、运用和保护已经成为国家和企业取得竞争优势的重要因素，亦成为国家经济发展和社会进步越来越重要的推动力量。近年来，国内外学者通过对药品专利保护与社会福利关系的实证研究，阐述了两者之间是否具有积极影响以及何处何时具有积极影响，但这些研究存在两方面不足：一是缺乏对两者之间内在机制的细致梳理；二是局限于以发达国家为背景，从发展中国家尤其是以我国为视角来评估药品专利保护效应的分析微乎其微。本章重点通过理论研究和实证分析来进一步阐释和解析药品专利保护优化总模型第一个基本假设（“对药品进行专利保护具有非常重要的意义”）的可信度。

本章研究思路框架见图 4.1。

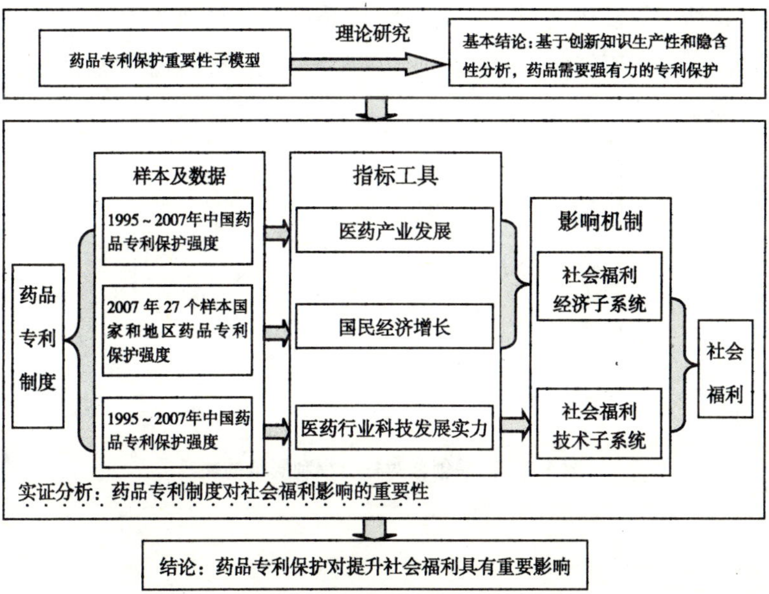

图 4.1　第四章研究思路框架

第一节　药品专利保护重要性子模型*

1. 基本假设

一般而言，药品创新对社会福利的贡献最终都是与药品的生产相联系的。假设初始药品具有简单的线性需求函数 $p = a_0 - q$ 和边际成本 c_0。医药技术创新使该药品更具有吸引力，需求曲线向右移动，故可用需求参数 α_0 的增大来表示。而在方法创新下，该药品的需求曲线不变，但单位成本却降低了，故可用边际成本 c_0 的降低来刻画。为避免由于引入剧烈创新和小幅创新而导致的复杂性，假设创新前 $\alpha_0 = c_0$，即该药品的生产刚好是无利可图的。这样，不管是药品过程创新还是产品创新，创新之后的情况见图 4.2。

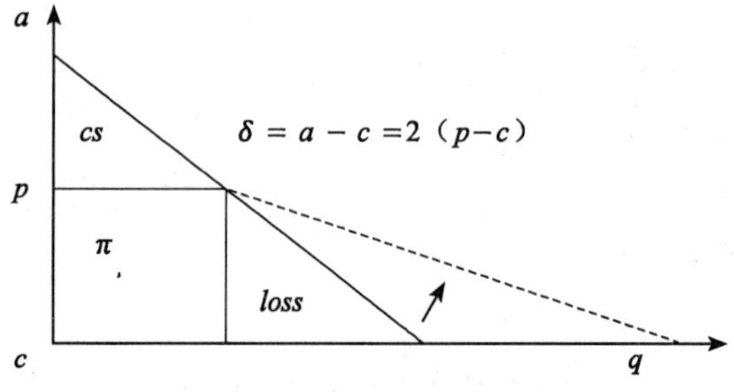

图 4.2　药品创新对社会福利影响的关系

* 参照寇宗来．商业机密约束下的最优专利设计［J］．南方经济，2009，Vol. 12：44 – 68. 在此表示感谢。

其结果都是导致差值 $a-c$ 的增加。从经济含义上看，$\delta(x)=a-c>0$ 可被理解为创新幅度，通常是创新投入 x 的递增凹函数。不失一般性，假设创新函数为

$$\delta(x)=\sqrt{hx} \tag{4.1}$$

式中，$h>0$ 可看作该项目的投资价值大小的一个量度；h 越大，则相同的投入可以取得更大的创新幅度，从而投资价值就更高。

假设创新成本函数为

$$C(x)=F+mx^2 \tag{4.2}$$

式中，$F>0$ 为固定成本；mx^2 表示创新的变动成本是创新投入的递增凸函数。

假定1，创新结果作为知识具有隐含性，而非公共知识。

由于创新成果是隐含知识，而非公共知识，故医药企业总可以选择商业秘密保护其对创新成果的可占有性。同时，医药企业亦可公开披露创新结果，申请专利。不管以何种方式，如果医药企业能够有效保护其药品的独占性，则在单位时间内，医药企业利润为 $\pi(\delta)=\delta^2/4$，消费者剩余为 $cs(\delta)=\delta^2/8$，但同时也会导致社会福利的净损失。

假定2，创新结果作为知识是具有生产性的。

通常认为，在单位时间内由于垄断定价而造成的社会福利净损失（Deadweight）为 $loss(\delta)=\delta^2/8$。但这是在忽略信息的生产作用下所得到的结果。从累计创新的角度看，任何创新都是“站在巨人的肩膀”的结果；反过来说，任何创新，如果其中包含的知识或者诀窍（know-how）可以被他人使用，这又将有利于后续创新的产生。这正是阿罗（Arrow）所强调的信息的“生产性”。但是，不管是在商业秘密还是专利，只要这种保护依然是有效的，则信息的这种生产性就无从谈起，或者在一定时间内无法

实现。

首先，在商业秘密保护下，如果医药企业依然能够获得垄断利润，这将必然意味着其他医药企业是无法获知其中的诀窍的；否则，由于商业秘密保护的非排他性，波特兰竞争必然导致创新者的利润为零。这意味着在商业秘密保护下，根本不存在信息的生产性问题，从而单位时间内导致的静态损失就等于 $loss(\delta)$。

其次，在专利保护下，创新变为公共知识，从而其他医药企业可以在此基础上进行累计创新。但是在专利保护期间，利用此信息所得到的累积创新是不能够进行商业化的。所以，从技术的角度看，知识的“生产性”已经实现了；但是，从市场的角度看，因为专利保护的排他性特征，知识的“生产性”却没有被商业化而被暂时搁置。这样，在单位时间内，由专利保护所导致的静态损失就不止 $loss(\delta)$，而应该更大，假设为

$$l(\delta) = (1+\theta)loss(\delta) \tag{4.3}$$

式中参数 $\theta \geqslant 0$ 度量了创新知识的“生产性”。如果 θ 很大，则表示该创新对于后续创新非常重要，从而因独占而导致的社会福利净损失就非常大。相反，如果 θ 比较小，则表明该创新对后续创新的贡献不大；如果 $\theta=0$，则完全退化到标准情况。

根据上面的分析，定义 $\Omega=\{(h, k, \theta): 0<h<\infty; 0<k<1; 0<\theta<\infty\}$，则任何创新项目都对应于三维空间 (h, k, θ) 中的一个点，其中 h 代表项目的价值；k 代表该项目创新知识的隐含程度；θ 代表了该药品技术的“生产性”。进一步假定 h、k、θ 是相互独立的，且服从一个三维累积分布 $F(h, k, \theta)=F_h(h)F_k(k)F_\theta(\theta)$，其中 F_j，$j=h, k, \theta$ 表示对维度 j 的边缘分布；累计分布的密集函数为 $f(h, k, \theta)=f_h(h)f_k(k)f_\theta(\theta)$。

2. 药品商业秘密保护模型

药品创新知识的隐含性使得商业秘密保护成为可能，但这种保护却不完全，随时有失效的可能。一般而言，如果创新知识的隐含性越高，则在任何时候被破解的可能性就越低。为简单起见，假设在商业秘密保护下，创新被破解的事件服从一个参数为 λ 的泊松过程，λ 越大，表示创新的知识隐含性越差。由于商业秘密保护具有排他性，一旦被破解，将无法阻止其他人也对该产品进行商业化。假设一旦创新知识泄露，则创新利润将为零。

这样，在商业秘密保护下，医药企业选择 x 或者等价地选择 δ 极大化其利润

$$\widehat{\Pi} = \int_0^\infty \pi(\delta)e^{-(\lambda+r)t}dt - C(x) = khx/4r - mx^2 - F \quad (4.4)$$

式中 $k = r/(\lambda + r) < 1$ 表示医药企业对创新成果的可占有程度（Appropriability）。由于 $k'(\lambda) < 0$，则由单调性，讨论 k 和讨论 λ 是等价的。

对式（4.4）求一阶条件，可得医药企业在商业秘密保护下的最优投资为

$$\hat{x} = kh/8mr \quad (4.5)$$

将式（4.5）代入式（4.4）中，可得医药企业在商业秘密保护下的最优利润为

$$\widehat{\Pi} = k^2h^2/64mr^2 - F \quad (4.6)$$

由式（4.6）可以发现，医药企业利润和 θ 无关；由此，可在 h 和 k 空间画出商业秘密保护下的创新项目的等利润曲线簇，其凸向原点，距原点越远，所代表的利润水平越高，见图 4.3。特别地，中粗实线代表零利润线 $\widehat{\Pi}(h, k) > 0$，即在商业保护

下只有那些位于粗实线右上方的项目才会被投资。

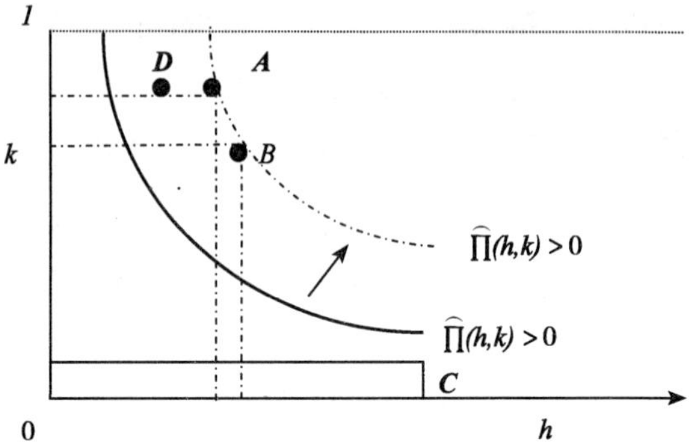

图 4.3　商业秘密保护下的创新项目等利润曲线簇

3. 药品专利保护模型

假设医药企业对创新成果总是申请专利保护，根据专利法，对创新结果公开披露是申请专利保护的前提条件；这样医药企业申请专利后，其创新结果的隐含性将降为 0，而创新的可占有性则由专利制度来保证。

与药品商业秘密保护下类似，假设在专利保护下，创新被周围创新替代的事件服从一个参数为 ζ 的泊松过程。ζ 越大，表示创新的专利保护宽度越小。

基于以上分析，将药品专利制度定义为 $\{\zeta, T\}$，则在药品专利保护下，医药企业利润为

$$\tilde{\Pi} = \int_0^T \pi(x)\, e^{-(\varsigma+r)t} dt - C(x)$$

$$= \Phi(\varsigma, T) hx/4r - mx^2 - F \qquad (4.7)$$

式中定义 $\Phi(T, \varsigma, r) \equiv \dfrac{r(1 - e^{-(\varsigma+r)T})}{\varsigma + r}$，它度量了药品专利制度的总保护度，也就是说，在专利保护下医药企业对创新成果的可占

有程度。

医药企业选择 x 对（4.7）进行极大化。由一阶条件可知，医药企业的最优投资和创新利润分别为

$$\tilde{x} = \frac{\Phi h}{8mr} \tag{4.8}$$

$$\tilde{\Pi} = \frac{\Phi^2 h^2}{64mr^2} - F \tag{4.9}$$

这表明，医药企业的投资激励和利润随着专利寿命和项目价值的提高而提高。如果 Φ 比较大，则看做是强药品专利保护的情况。相反，如果 Φ 比较小，则看做是弱药品专利保护的情况。由此，通过考察 Φ 的变化可以分析增强或者减弱专利保护对整个市场结果的影响。给定药品专利保护度 Φ，创新项目（h，k，θ）的利润只和 h 有关，而与隐含程度 k 无关，见图 4.4。在（h，k）空间中，等利润线簇为一簇垂线，越往右，其所代表的利润水平越高。特别地，图中的粗实线代表了零利润线 $\tilde{\Pi}=0$，只有那些 $h \geqslant h_0 = 8r\sqrt{mF}/\Phi$ 的项目才会被投资。

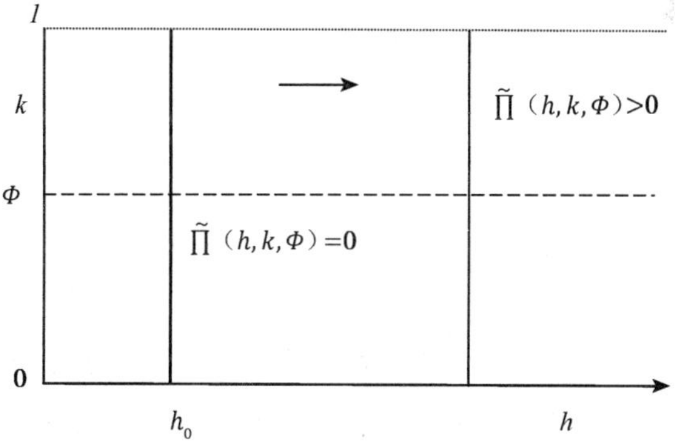

图 4.4　药品专利保护下的创新项目等利润曲线簇

4. 药品商业秘密和专利保护的策略选择

理论上，医药企业在取得创新之后，可以采用商业秘密保护，也可以申请专利保护；而究竟采取何种策略，就取决于在何种情况下其所获得的利润更高。对于药品创新项目 $\{k,h,\theta\}$ 而言，在商业秘密下其泄漏的概率由参数 λ 所度量，而只要没有泄露，则这种保护没有时间限制（即为 ∞ ），最终所得到的可占有程度为 k。若申请专利，则药品创新被替代的概率由参数 ζ 所度量，而无论如何，只要法定保护期 T 届满，则专利保护失效，最终所得可占有程度为 Φ 。专利制度 $\{\zeta,T\}$ 就可以看做是政府向潜在创新者提供的一个机密交换契约（ λ,∞ ）→（ ζ,T ），或者简写为 $k\to\Phi$ 。在专利保护下，$k=0$ 和 Φ 需要同时成立，这只能由法律的强制力来实现。

通过比较式（4.6）和式（4.9），可得：对于给定的药品专利制度 $\{\zeta,T\}$ ，则对于创新项目 $\{k,h,\theta\}$ ，只要 $h\max(\Phi,k) > 8r\sqrt{mF}$ ，就会投资。在此情况下的项目，如果 $\Phi > k$ ，医药企业申请专利；如果 $\Phi < k$ ，医药企业宁愿采用商业秘密。

这表明，专利制度对社会福利的贡献：如果没有专利保护，在商业秘密保护下，只有 $hk > 8r\sqrt{mF}$ 的项目才会被医药企业所采用。这样，一些 h 比较大，但隐含程度 k 的创新项目将被放弃。同时，也说明专利制度的作用是有限的，即秘密交换契约（ λ,∞ ）→（ ζ,T ）对某些项目有效，但对另一些项目无效。

定义 $\Pi^*=\max(\widehat{\Pi},\tilde{\Pi})$ 表示医药企业可在商业秘密保护和专利保护之间自由选择时最终所得利润，则在（h，k）平面上创新项目的零利润线 $\Pi^*=0$ 为图 4.5 中扭折的粗实线所示。

将项目集合 Ω 分解为子集合 Ω_X 、Ω_C 、Ω_M 和 Ω_N ，则可得到：

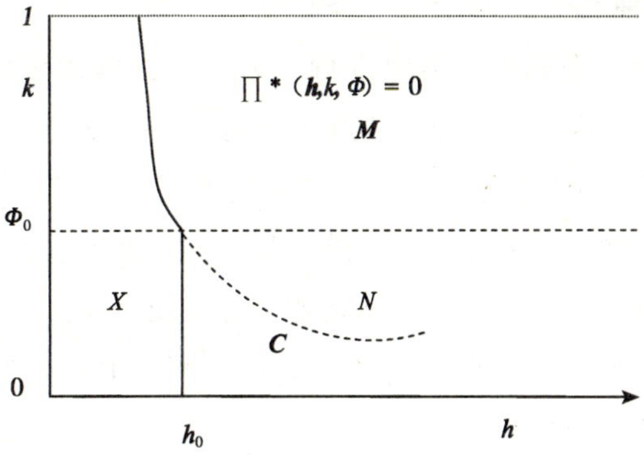

图 4.5　创新项目的零利润线

（1）位于集合 Ω_X 中的项目无论如何不会被投资。

（2）位于集合 Ω_C 中的项目，如果没有专利制度 $\{\zeta,T\}$，则不会被投资；但如果存在专利制度 $\{\zeta,T\}$，将会被投资并产生正利润。

（3）位于集合 Ω_M 中的项目，无论有无专利制度 $\{\zeta,T\}$，医药企业都采取商业秘密的方式进行保护。

（4）位于集合 Ω_N 中的项目，如果没有专利制度 $\{\zeta,T\}$，医药企业会进行投资，并采取商业秘密保护；如果存在专利制度 $\{\zeta,T\}$，医药企业依然投资，但转而采用专利保护。

5. 基本结论

（1）从创新知识“生产性”角度而言，药品需要专利制度的强有力保护。目前绝大多数国家都采取了加强药品专利保护的政策，其特点可概括为：药品专利是人们在智力活动中所创造的精神财富，是一种智力成果。智利成果的创造与开发，实际上也是一种生产活动，一种特殊的知识产品的生产活动，尤其是对药品而言，充分体现了一个周期长、费用大、失败风险高的过程。投资 R&D 一种新药（特别是一类新药）往往在数千万美元之上，而且在其开发完成后又需要进行一系列的试验方可投入临床应用，其间需要经历一个漫长的过程。同时，医药业是需求弹性很小的产业，各个医药企业都极力维护各自的创新成果，因此医药企业之间的知识溢出很少，具有较强的垄断性质。从这个角度而言，药品 R&D 的固定成本非常高，创新知识的生产性非常高（即 θ）。因此，必然要求对药品实行较严格的保护制度进行保护，如专利保护制度。

（2）从创新知识的“隐含性”角度而言，药品同样需要专利制度的强有力保护。商业秘密保护往往在缺乏保证知识的可占有性的法律机制条件下存在，而且往往随着创新者本身肉体的灭失而消亡，从而使得知识的累积性很差。而通过专利制度的信息披露功能能够使得披露的创新信息最终变为人人皆可获得的公共知识。绝大多数药品 R&D 创新呈现阶梯状的特征，每一个创新都建立在先前创新的基础之上，同时又是后续创新的起点，所有创新都是一条创新阶梯的组成部分。由于专利制度可在法律上保证药品创新的可占有性，这将更加有力地促使创新技术和商业资本的结合。从这个角度而言，专利制度保持了药品创新知识的累积性和创新活动的连贯性，从而更有可能导致更高价值的创新成果出现，从而避免了医药产业的“公地悲剧”。

第二节　药品专利保护重要性实证分析

本章实证部分以医药产业社会福利函数为基础，选取社会福利经济子系统的医药产业发展和国民经济增长，技术子系统的医药行业科技发展实力为指标，在此基础上，对药品专利保护重要性进行实证分析。

一、药品专利保护重要性对社会福利经济子系统影响的实证分析

（一）药品专利保护与医药产业发展

1. 计量模型

多年来，人们一直致力于研究知识特别是技术进步对产业经济增长所作的贡献，1957 年，索洛（Solow）发表的《技术进步与总生产函数》一文首次给出测度技术进步在经济增长中贡献份额的规范方法，提出了以增长速度为模型，用“余值法”测算技术进步的方法。

本书以“Solow 余值法”为基础探讨在一定的制度约束下药品专利制度对医药产业经济增长的影响[1]。将药品专利制度导致技术进步作为除劳动力和资本投入之外的一项要素投入，近似估算出药品专利制度对医药产业经济增长贡献度。

在已知生产函数的基础上引入药品专利制度导致的技术进步要素，建立以下生产函数

$$Y = A_t(N,I)f(K,L) \tag{4.10}$$

式中，Y 为产出量；A_t 为 t 时期的技术水平；N 代表除资本、劳动力以及药品专利制度导致的技术进步以外的导致医药产业经济增长的因素；I 代表药品专利技术导致的技术进步；K、L 分别为资

[1] 许春明．知识产权制度与经济增长的机制研究［D］．上海：同济大学经济与管理学院，2008．

本、劳动力投入，f 是可微分函数。该函数可调整为

$$Y = A_t(N)f(K,L,I) \tag{4.11}$$

假设式（4.11）函数可微分，上式两边同时对 t 求导数，得

$$\frac{dY}{dt} = \frac{dA_t}{dt}f(K,L,I) + A_t\frac{\partial f}{\partial K}\frac{dK}{dt} + A_t\frac{\partial f}{\partial L}\frac{dL}{dt} + A_t\frac{\partial f}{\partial I}\frac{dI}{dt}$$

两边同时除以 Y，得

$$\frac{dY_1}{dt}\frac{1}{Y} = \frac{dA_t}{dt}\frac{f(K,L,I)}{Y} + \frac{A_t}{Y}\frac{\partial f}{\partial K}\frac{dK}{dt} + \frac{A_t}{Y}\frac{\partial f}{\partial L}\frac{dL}{dt} + \frac{A_t}{Y}\frac{\partial f}{\partial I}\frac{dI}{dt}$$

由于

$$\frac{\partial Y}{\partial K} = A_t\frac{\partial f}{\partial K};\frac{\partial Y}{\partial L} = A_t\frac{\partial f}{\partial L};\frac{\partial Y}{\partial I} = A_t\frac{\partial f}{\partial I}$$

$$Y = A_tf(K,L,I)$$

因而上式为

$$\frac{dY}{dt}\frac{1}{Y} = \frac{1}{A_t}\frac{dA_t}{dt} + \frac{1}{K}\frac{\partial Y}{\partial K}\frac{dK}{dt}\frac{K}{Y} + \frac{1}{L}\frac{\partial Y}{\partial L}\frac{dL}{dt}\frac{L}{Y} + \frac{1}{I}\frac{\partial Y}{\partial I}\frac{dI}{dt}\frac{I}{Y}$$

令

$$\alpha = \frac{\partial Y}{\partial K}\frac{K}{Y};\beta = \frac{\partial Y}{\partial L}\frac{L}{Y};\gamma = \frac{\partial Y}{\partial I}\frac{I}{Y}$$

则上式为

$$\frac{dY}{dt}\frac{1}{Y} = \frac{1}{A_t}\frac{dA_t}{dt} + \alpha\frac{1}{K}\frac{dK}{dt} + \beta\frac{1}{L}\frac{dL}{dt} + \gamma\frac{1}{I}\frac{dI}{dt} \tag{4.12}$$

式（4.12）就是增长速度模型，等号左边是产出的增长速度，等号右边第二、三项分别是资本、劳动力投入量的增长速度与资本产出弹性 α、劳动力产出弹性 β 的乘积，第四项是药品专利制度导致的技术进步投入量与其产出弹性 γ 的乘积。

实际应用时，常以增量代替微分，则上式可写成

$$\frac{\Delta Y}{Y} = \frac{\Delta A}{A_t} + \alpha\frac{\Delta K}{K} + \beta\frac{\Delta L}{L} + \gamma\frac{\Delta I}{I}$$

令

$$y = \frac{\Delta Y}{Y};\ a = \frac{\Delta A}{A_t};\ k = \frac{\Delta K}{K};\ l = \frac{\Delta L}{L};\ i = \frac{\Delta I}{I}$$

则上式可写成

$$y = a + \alpha k + \beta l + \gamma i \qquad (4.13)$$

式（4.13）中，y 为产出增长速度；k 为资本投入量增长速度；l 为劳动力投入量增长速度；i 为药品专利制度导致的技术进步增长速度；α、β、γ 分别表示资本、劳动力以及药品专利制度的产出弹性。该公式表明产出的增长是由资本、劳动力以及药品专利制度投入的增加带来的。Y、K、l 都可以利用统计数据计算得出，因而，只要估算出参数 α、β、γ 再分别乘上它们的增长速度，就可以求出其对产出增长的贡献度。

综上，将药品专利制度导致技术进步内生化，引入药品专利制度变量，对柯布-道格拉斯生产函数进行改进，建立包含药品专利制度的经济增长函数

$$Y = A_t(N) K^{\alpha} L^{\beta} I^{\gamma} \qquad (4.14)$$

式中，Y 表示医药产业经济（工业增加值）；K 表示社会资本总量（固定资产和建设总规模投资额）；L 表示社会劳动力总量（从业人员年平均人数）；I 表示由药品专利制度引起的技术进步；A_t 表示全要素生产率；N 表示除资本、劳动力和药品专利制度引起的技术进步之外的能导致医药产业经济增长的因素；α、β、γ 分别表示资本、劳动以及药品专利制度的产出弹性系数。

对式（4.14）两边取自然对数，由此，获得线性计量模型

$$\mathrm{Ln}Y = \mathrm{Ln}A_t + \alpha \mathrm{Ln}K + \beta \mathrm{Ln}L + \gamma \mathrm{Ln}I \qquad (4.15)$$

式（4.15）中，$\mathrm{Ln}Y$ 为产出增长速度；$\mathrm{Ln}K$ 为资本投入量增长速

度；LnL为劳动力投入量增长速度；LnI为药品专利制度导致的技术进步的增长速度；α、β、γ分别表示资本、劳动力以及药品专利制度的产出弹性。因而，只要估算出参数α、β、γ分别乘上它们的增长速度，就可以求出它们对产出增长的贡献度。

本书利用1995～2007年我国时间序列数据，对药品专利保护强度与医药产业发展关系进行实证分析，以验证两者之间的关系。

借鉴前述计量模型式（4.15），建立如下线性计量模型

$$\mathrm{Ln}VA_i = \alpha + \beta_1 \times \mathrm{Ln}ST_i + \beta_2 \times \mathrm{Ln}FACI_i + \beta_3 \times \mathrm{Ln}NE_i + \varepsilon_i \tag{4.16}$$

式中，i为样本时间序列数据；LnVA为医药行业工业增加值的自然对数；LnST为药品专利保护强度的自然对数；Ln$FACI$为医药产业固定资产和建设总规模投资额的自然对数；LnNE为医药产业科技活动人员数量的自然对数；ε为随机误差项。

2. 相关数据

本研究所利用1995～2007年我国药品专利保护强度系第三章计算所得，其余数据来源于历年《中国统计年鉴》和《中国高技术产业统计年鉴》，并经作者整理和计算。具体数据参见表4.1。

3. 显著性检验

以各自变量的当期数据进行回归，结果列于表4.2第Ⅰ组。结果显示，LnST、Ln$FACI$和LnNE均与LnVA呈正相关关系，但LnST的回归系数未能通过显著性检验，其t统计值仅为0.232 843，需要进一步改进。考虑到药品专利制度对医药行业工业增加值影响的滞后性，将药品专利保护强度数据滞后六年进行回归，结果见表4.2第Ⅱ组。结果显示，LnST、Ln$FACI$和LnNE的回归系数分别在10%、1%、5%水平上显著（t统计值分别为2.116 745、4.880 015

表 4.1　1995～2007 年我国药品专利保护强度与医药产业发展相关数据统计表

年份	医药行业工业增加值 *VA*（亿元）	医药行业药品专利保护强度 *ST*	医药行业固定资产和建设总规模投资额 *FACI*（亿）	医药行业科技活动人员 *NE*（人）	年份	医药行业工业增加值 *VA*（亿元）	医药行业药品专利保护强度 *ST*	医药行业固定资产和建设总规模投资额 *FACI*（亿）	医药行业科技活动人员 *NE*（人）
1995	265	1. 234	20. 43	25 059	2002	835	2. 425	218. 17	53 055
1996	360	1. 275	52. 24	35 405	2003	1 025	2. 509	282. 18	44 561
1997	412	1. 303	50. 85	38 530	2004	1 173	2. 626	594. 5	46 594
1998	433	1. 31	52. 01	38 594	2005	1 530	2. 822	696. 1	51 832
1999	515	1. 338	66. 26	36 068	2006	1 808	3. 018	759. 92	64 278
2000	634	1. 341	91. 2	37 833	2007	2 286	3. 032	843. 49	73 408
2001	722	2. 287	130. 5	40 009					

和2.317 178)，回归系数分别为0.115 006、0.033 101和0.572 174。F统计值为173.474 6，P值为0.000 000，说明总体回归模型是显著的；调整后的R^2为0.977 334，模型模拟度很高。

表4.2　我国药品专利保护强度与医药产业经济增长关系回归分析结果

	第Ⅰ组	第Ⅱ组
常数项	−0.958 593 (−0.331 517)	−1.131 522 (−0.477 201)
Ln*ST*	0.067 216 (0.232 843)	(2.116 745)
Ln*FACI*	0.398 146 *** (3.584 346)	0.033 101 *** (4.880 015)
Ln*NE*	0.517 533 (1.722 902)	(2.317 178)
R^2	0.974 690	0.983 000
调整后的R^2值	0.966 253	0.977 334
F值	115.528 7	173.474 6
P值	0.000 000	0.000 000
样本数	13	13

注：表中括号内数值为该回归系数的t统计值；*** 表示该系数在1%的水平上显著。

回归模型为

$$\mathrm{Ln}VA = -1.132 + 0.115\mathrm{Ln}ST_{t-6} + 0.033\mathrm{Ln}FACI + 0.572\mathrm{Ln}NE \quad (4.17)$$

4. 模型相关检验

关于异方差性检验。利用Eviews软件进行White检验。其中，F值是辅助回归模型的F统计量值。选取显著性水平$\alpha = 0.05$，由于nR^2 3.230 882 $< \chi^2_{0.05}(6) = 12.592$，所以模型(4.17)不存在异方差现象。

关于自相关性检验。选择 D. W. 检验进行自相关性检验。因为 $n=13$，$k=3$，查 D. W. 检验上下界表，得 $d_U=1.79$，$d_L=0.74$，计算得到统计量 D. W. $=2.089\ 093$，而 $d_U < 4 < -d_U$，所以模型（4.17）不存在一阶自相关。

关于多重共线性检验。采用方差膨胀因子检验法，用 SPSS 软件包对模型进行检验，结果见表 4.3。

表 4.3　SPSS 软件方差膨胀因子检验输出结果

模型		非标准化系数		标准系数	*t*	*Sig.*	共线性统计量	
		B	标准误差	试用版			容差	*VIF*
1	（常量）	-1.132	2.371		-0.477	0.645		
	Ln*ST*	0.115	0.054	0.166	2.117	0.063	0.307	3.260
	Ln*FACI*	0.333	0.068	0.626	4.880	0.001	0.115	8.722
	Ln*NE*	0.572	0.247	0.241	2.317	0.046	0.174	5.733

a. 因变量：Ln*VA*

从输出结果可以看出，$VIF_{LnST}=3.260$、$VIF_{LnFACI}=8.722$ 和 $VIF_{LnNE}=5.733$，三者均小于 10，所以模型（4.17）不存在多重共线性。

5. 模型经济意义

（1）药品专利保护强度的滞后 6 年计算使得总体回归模型显著，这表明我国医药发明产业化进程缓慢，药品专利交易市场不健全以及保护强度较弱。

（2）回归结果表明，药品专利制度对医药产业经济增长的弹性系数是 0.115 006，即药品专利保护强度 1% 的增强将会导致医药产业经济增长 0.115 006%。按照 1995～2007 年我国医药行业工业增加值的平均增长率计算，药品专利制度的贡献率为

29.2%，资本的贡献率为13.0%，科技活动人员的贡献率为57.8%。这一实证结果与奥斯丁、布卢姆、麦克米伦、瑞克尼和雅各布松等人的研究结论相吻合，这说明在医药产业经济增长中，药品专利制度发挥着不可或缺的重要作用。

（二）药品专利保护与国民经济增长

1. 经济增长影响因素分析：以医药产业为视角

影响一个国家和地区国民经济增长的因素很多，从医药产业视角而言，至少包括以下五个方面。

（1）药品专利保护强度。药品专利的过弱保护会导致“公地悲剧”的出现，药品专利的过强保护则会产生“反公地悲剧”。这两种现象都不是值得期待的，在理论上难于确定药品专利保护通过医药产业这一环节间接影响到整个国民经济的确切关系，这需要通过实证分析加以确定。这也是本书需要实证的目标。

（2）医药产业人力资源水平。人是生产力最活跃的因素，国家的发展和经济的提升都要有相应的人才作支撑。而一个国家医药产业人力资源水平的提高在理论上会加快技术扩散程度，优化资源配置，增加整个国家的经济发展实力。理论上，人力资源水平与经济发展应呈正相关关系。

（3）医药产业贸易开放度。一个国家和地区医药产业开放程度具有“双刃剑”的作用，一方面会吸引更多的外资医药企业进入东道国，刺激经济发展；另一方面会减弱本地医药企业生产的激励，进而减少本土医药企业创造性。理论上，医药产业贸易开放程度与经济发展关系不明。

（4）医药产业贸易额。医药产业贸易额的增强对于提升整个国民经济的发展实力具有较为明显的作用，医药产业贸易越兴旺，越能促进经济增长。理论上，医药产业贸易额与经济发展应呈正相关关系。

（5）医药产业资本投入。医药产业作为一种高新技术产业，其运行和发展对于资本市场的依赖是十分明显的。因此，加大对医药产业的投入，就会直接影响到国家的经济增长。但由于一个时期内，社会所拥有的资金量是有限的，增加对医药产业的投入虽然有利于医药产业自身的壮大，但同时必然减少对其他产业的资助力度。理论上，医药产业资本投入与经济发展关系不明。

2. 计量模型

本书利用2007年27个样本国家和地区的截面数据，对药品专利保护强度与经济发展关系进行实证分析，以验证两者之间的关系。

借鉴前述计量模型（4.15），建立如下线性计量模型

$$\mathrm{Ln}GDP_i = \alpha + \beta_1 \times \mathrm{Ln}ST_i + \beta_2 \times \mathrm{Ln}HU_i + \beta_3 \times \mathrm{Ln}PC_i + \beta_4 \times \mathrm{Ln}TR_i + \beta_5 \times \mathrm{Ln}RD_i + \varepsilon_i \tag{4.18}$$

式中，i 为样本截面数据；Ln*GDP* 为样本国家和地区人均 GDP 的自然对数形式，是各国经济发展水平的衡量指标；Ln*ST* 为药品专利保护强度的自然对数形式；Ln*HU* 为医药行业从业人员数的自然对数形式，是医药市场人力资源水平的衡量指标；Ln*PC* 为人均医药制品贸易量与人均 GDP 之比的自然对数形式，是贸易开放度的衡量指标；Ln*TR* 为医药制品贸易额的自然对数形式，是医药产业贸易额的衡量指标；Ln*RD* 为医药产业人均 R&D 投入的自然对数形式，是医药市场资本投入的衡量指标；ε 为随机误差项。

3. 相关数据

本研究所利用样本国家和地区的药品专利保护强度系第三章计算所得；其他数据来源于 UNSD、OECD、World Bank 和 WIPO，并经作者整理和计算。具体数据参见表 4.4。

表 4.4　2007 年样本国家和地区药品专利保护强度与国民经济发展相关数据统计表

国家和地区	人均 GDP（美元）	药品专利保护强度 *ST*	医药行业从业人员（名）*HU*	人均贸易量与人均 GDP 之比 *PC*	医药行业贸易额 *TR*（10 万美元）	人均 R&D 投入（万美元）*RD*
阿根廷	6 636	2.702	15 300	55.646	144 508.7	2.503
澳大利亚	45 590	4.492	27 078	101.248	947 644.2	9.959
比利时	43 470	4.909	11 775	1 868.536	8 471 795	106.474
巴西	6 852	3.129	51 317	32.828	425 872	0.463
加拿大	43 368	4.328	27 078	115.531	1 632 221	34.05
古巴	4 641	2.434	3 920	66.318	34 677.19	6.15
捷克	16 881	4.158	5 842	408.037	701 826.9	7.819
法国	40 090	4.574	69 431	192.898	4 742 825	58.89
德国	40 165	4.917	46 953	275.727	9 152 142	51.565
印度	976	2.185	559 408	40.318	453 171.9	1.558
以色列	23 383	3.552	4 958	28.273	450 206.6	77.831
意大利	35 585	4.176	44 000	142.212	2 974 583	9.49
日本	34 225	4.71	241 369	24.582	1 076 483	73.994
中国	2 280	3.032	351 620	18.561	549 827.2	2.586
墨西哥	8 386	2.077	3 189	53.025	468 428.6	17.043
荷兰	46 669	4.667	2 842	384.852	2 941 774	37.824
波兰	11 008	2.915	21 971	130.765	549 010.1	2.655
葡萄牙	20 990	3.294	10 320	135.799	301 546.6	6.017
俄罗斯	9 050	2.071	11 521	53.843	697 894.3	0.064
南非	5 826	3.146	12 521	57.418	161 511.3	0.268
西班牙	32 451	3.156	39 900	145.065	2 065 977	21.576

续表

国家和地区	人均GDP（美元）	药品专利保护强度 *ST*	医药行业从业人员（名）*HU*	人均贸易量与人均GDP之比 *PC*	医药行业贸易额 *TR*（10万美元）	人均R&D投入（万美元）*RD*
瑞典	49 873	4.035	5 885	25.843	1 170 037	123.225
瑞士	56 579	3.54	4 269	113.392	4 782 819	269.41
中国台湾	33 270	3.4	4 230	77.406	197 525.6	5.48
泰国	3 841	3.446	15 480	49.768	121 277.2	1.328
英国	45 549	3.209	29 726	173.069	4 770 242	101.249
美国	45 047	4.917	249 642	57.783	7 882 809	128.974

4. 显著性检验

首先，分析药品专利保护强度与经济发展的相关关系，只选取 Ln*ST* 一个解释变量进行回归分析，以检验药品专利保护强度对经济的影响，检验结果见表 4.5 的第Ⅰ组。其次，为了详细度量每一解释变量的系数，引入计量模型中的所有五个解释进行回归，结果见表 4.5 的第Ⅱ组。再次，剔除第Ⅱ组中未能通过显著性检验的最不理想变量 Ln*RD* 后再重新进行显著性检验，结果见表 4.5 的第Ⅲ组。最后，剔除第Ⅲ组中未能通过显著性检验的变量 Ln*PC* 再重新进行显著性检验，结果见表 4.5 的第Ⅳ组。

表 4.5 样本国家的药品专利保护强度与经济发展的回归分析结果

	第Ⅰ组	第Ⅱ组	第Ⅲ组	第Ⅳ组
常数项	5.982 045 *** (8.278 004)	6.041 626 *** (5.045 133)	5.564 430 *** (5.125 031)	5.215 925 *** (4.720 510)
Ln*ST*	3.034 789 *** (5.354 526)	1.826 681 *** (3.378 268)	2.041 326 *** (4.160 550)	1.910 656 *** (3.803 504)

（续表）

	第Ⅰ组	第Ⅱ组	第Ⅲ组	第Ⅳ组
Ln*HU*	—	0. 352 750 *** (-4. 010 193)	-0. 386 504 *** (-4. 809 472)	-0. 321 294 *** (-4. 419 691)
Ln*PC*	—	-0. 182 140 (-1. 298 585)	-0. 221 692 (-1. 657 969)	—
Ln*TR*	—	0. 409 184 *** (3. 273 491)	0. 474 381 *** (4. 542 364)	0. 391 424 *** (4. 116 363)
Ln*RD*	—	0. 070 870 (0. 953 714)	—	—
R^2	0. 534 199	0. 826 157	0. 818 627	0. 795 965
调整后的 R^2 值	0. 515 567	0. 784 766	0. 785 650	0. 769 352
F 值	28. 670 95	19. 957 91	24. 824 28	29. 908 58
P 值	0. 000 015	0. 000 000	0. 000 000	0. 000 000
样本数	27	27	27	27

注：表中括号内数值为该回归系数的 *t* 统计值；*** 表示该系数在 1% 的水平上显著。

计量结果表明，在第Ⅰ组中，只选取药品专利保护强度一个解释变量，结果显示 Ln*ST* 与 Ln*GDP* 呈显著正相关关系，回归系数为 3. 034 789，*t* 值为 5. 354 526，通过 1% 水平上的显著性检验。该检验结果表明，在不考虑其他影响因素，2007 年 27 个样本国家的药品专利保护强度对经济发展具有非常显著的影响，其影响系数为 3. 034 789。

在第Ⅱ组中，引入计量模型中的所有五个解释变量，发现药品专利保护强度的系数有所降低（1. 826 681），但依然通过 1% 水平上的显著性检验（*t* 值为 3. 378 268），拟合程度也较高（0. 784 766）。该检验结果表明，在全面考虑医药产业对经济发展各影响因素的情况下，药品专利保护强度与经济发展依然呈显著正相关关系。但 Ln*RD* 的 *t* 值仅为 0. 953 714，未能通过显著性水平的检验。这表明医药产业的资本投入水平对经济发展没有显著影响。这一结果与前述理论分析一致。

在第Ⅲ组中，剔除未通过显著性检验的解释变量 Ln*RD*，以 Ln*ST*、Ln*HU*、Ln*PC* 和 Ln*TR* 为解释变量重新进行检验。检验结果显示，Ln*PC* 的 t 统计值虽有所提高，但仍未通过显著性检验。其原因在于，医药产业市场贸易开放度的提高在一个方面有利于吸收国外投资从而刺激经济发展，但另一方面也会在一定程度上遏制本土医药企业的生产热情，不利于经济增长，这两个方面的综合效果使得医药产业贸易开放度的增加并未显著地提高本国经济发展。

在第Ⅳ组中，以 Ln*ST*、Ln*HU* 和 Ln*TR* 为解释变量重新进行检验。检验结果为，Ln*ST*、Ln*HU* 和 Ln*TR* 的回归系数分别为 1.910 656、-0.321 294 和 0.391 424，并且均在 1% 水平上显著（t 统计值分别为 3.803 504、-4.419 691 和 4.116 363），而且，调整后的 R^2 值为 0.769 352，模型拟合度较好。因此，回归模型为

$$\mathrm{Ln}GDP = 5.216 + 1.911\mathrm{Ln}ST - 0.321\mathrm{Ln}HU + 0.391\mathrm{Ln}TR \tag{4.19}$$

5. 模型相关检验

关于异方差性检验。利用 Eviews 软件进行 White 检验。其中，F 值是辅助回归模型的 F 统计量值。选取显著性水平 $\alpha = 0.05$，由于 $nR^2 = 5.005\ 203\chi^2_{0.05}(6) = 12.592$，所以模型（4.19）不存在异方差现象。

关于自相关性检验。选择 D. W. 检验进行自相关性检验。因为 $n = 27$，$k = 3$，查 D. W. 检验上下界表，得 $d_U = 1.65$，$d_L = 1.16$，计算得到统计量 D. W. $= 2.438\ 013$，由于 $4 - d_U 4 - d_L$，

所以此时 D. W. 检验失效。采用偏相关系数检验的结果见表 4.6。表中偏相关系数方块均未超过虚线，所以模型（4.19）不存在自相关性。

表 4.6　模型（4.19）的偏相关系数检验

自相关	偏相关		AC	PAC	Q-Stat	Prob
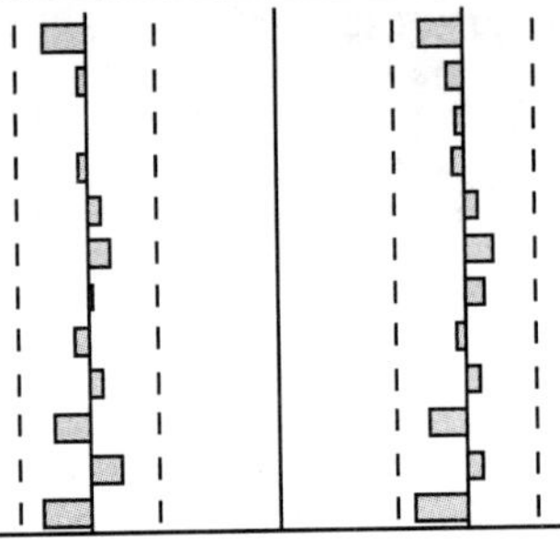		1	−0.225	−0.225	1.518 0	0.218
		2	−0.029	−0.084	1.544 7	0.462
		3	0.000	−0.027	1.544 7	0.672
		4	−0.031	−0.042	1.577 8	0.813
		5	0.082	0.068	1.816 8	0.874
		6	0.120	0.162	2.351 6	0.885
		7	0.018	0.103	2.364 0	0.937
		8	−0.080	−0.036	2.625 8	0.956
		9	0.074	0.062	2.867 1	0.696
		10	−0.186	−0.181	4.462 3	0.924
		11	0.777	0.077	5.995 9	0.874
		12	−0.253	−0.285	9.330 1	0.975

关于多重共线性检验。采用方差膨胀因子检验法进行检验，用 SPSS 软件包对模型进行检验，结果见表 4.7。

表 4.7　SPSS 软件方差膨胀因子检验输出结果

模型		非标准化系数		标准系数	*t*	*Sig.*	共线性统计量	
		B	标准误差	试用版			容差	*VIF*
1	（常量）	5.216	1.105		4.721	0.000		
	Ln*ST*	1.911	0.502	0.460	3.804	0.001	0.606	1.650
	Ln*HU*	−0.321	0.073	−0.431	−4.420	0.000	0.931	1.074
	Ln*TR*	0.391	0.095	0.512	4.116	0.000	0.574	1.742

a. 因变量：Ln*GDP*

从输出结果可以看出，VIF_{LnST} = 1.605、VIF_{LnHU} = 1.074 和 VIF_{LnTR} = 1.742，三者均小于 10，所以模型（4.19）不存在多重共线性。

6. 模型经济意义

该检验结果表明，药品专利保护强度、人力资源水平和医药产业的贸易额对经济发展具有显著影响。其中，药品专利保护强度与经济发展呈正相关关系，这一实证结果与埃瓦尔（Kanwar）、埃旺松（Evenson）、科、埃尔普曼和施奈德（Schneider）等人的实证研究相符，再次印证了药品专利保护制度重要性的理论分析结论。医药产业贸易额与经济发展呈正相关关系，这与前述理论分析相符。而人力资源水平与经济发展呈负相关关系，究其原因在于，目前国际上医药产业从业人员主要还是集中于劳动密集型项目之中，导致人力资源水平的增加对经济发展产生负面效应。当然，随着医药产业中人力资源知识水平的提高和劳动技能的增强，将会对经济发展起到重要的推动作用。

比较医药产业中药品专利保护强度、人力资源水平和医药产业的贸易额对国民经济发展的影响系数可知，药品专利保护强度的弹性大于人力资源水平和医药产业贸易额的弹性，故药品专利保护强度对经济发展的影响强于医药产业人力资源水平和医药产业贸易额对经济发展的作用。

二、药品专利保护重要性对社会福利技术子系统影响的实证分析

1. 医药行业科技发展实力影响因素分析

影响一个国家和地区医药行业科技发展实力的因素至少包括以下五个方面。

（1）药品专利保护强度。药品专利的过弱保护会导致“公地悲剧”，药品专利的过强保护则会产生“反公地悲剧”。这两种现象都不是值得期待的，在理论上难于确定药品专利保护对医药行

业科技发展实力的确切关系，这需要通过实证分析加以确定。这也是本书需要实证的目标。

（2）药品专利资源水平。医药行业科技发展实力提升的前提是拥有大批高质量的药品专利资源，通过提升药品专利资源水平能够为科技实力发展提供保障。理论上，药品专利资源水平与医药行业科技发展实力应呈正相关关系。

（3）医药产业技术改造和技术获取能力。即使拥有高质量的药品专利技术，如果缺乏有效的技术转化能力，也无法使先进技术转变为现实生产力，具备高水平的技术改造和技术获取能力能够有效加快技术扩散，优化资源配置。理论上，医药产业技术改造和技术获取能力与医药行业科技发展实力应呈正相关关系。

（4）医药产业科技人力资源。人是生产力最活跃的因素，产业的发展和经济的提升需要有相应的人才作支撑，而一个国家和地区医药产业人力资源水平的提高会增加整个医药产业的科技发展实力。理论上，医药产业科技人力资源与医药行业科技发展实力应呈正相关关系。

（5）医药行业 R&D 资本投入。一个产业的发展，离不开资本的运作。医药行业作为一种高新技术产业，其运行和发展，对于资本的依赖是十分明显的。增加 R&D 资本投入有利于提升科技创新能力。理论上，医药行业 R&D 资本投入与医药行业科技发展实力应呈正相关关系。

2. 计量模型

本书将利用 1995 ~2007 年我国时间序列数据，对药品专利保护强度与科技发展实力关系进行实证分析，以验证两者之间的关系。

根据上述分析，建立线性计量模型如下

$$\text{Ln}NV_i = \alpha + \beta_1 \times \text{Ln}ST_i + \beta_2 \times \text{Ln}IP_i + \beta_3 \times \text{Ln}DE_i + \beta_4 \times \text{Ln}TS_i + \beta_5 \times \text{Ln}RD_i + \varepsilon_i \quad (4.20)$$

式中，i 为样本时间序列数据；LnNV 为医药新产品产值的自然对数形式，是科技发展实力水平的衡量指标；LnST 为药品专利保护强度的自然对数形式；LnIP 为医药行业发明专利数的自然对数形式，是药品专利资源水平的衡量指标；LnDE 为医药行业消化吸收经费支出的自然对数形式，是技术改造和技术获取能力的衡量指标；LnTS 为医药行业科技活动人员数量的自然对数形式，是科技人力资源的衡量指标；LnRD 为医药行业 R&D 经费支出的自然对数形式，是资本投入的衡量指标；ε 为随机误差项。

3. 相关数据

本研究所利用样本国家的药品专利保护强度系第三章计算所得；其他数据来源于历年《我国工业经济统计年鉴》，并经作者整理和计算。具体数据参见表 4.8。

表 4.8　1995～2007 年我国药品专利保护强度与科技发展实力相关数据统计表

年份	新产品产值 NV（亿）	药品专利保护强度 ST	拥有发明专利数 IP（万项）	消化吸收经费支出 DE（亿）	科技活动人员 TS（万人）	R&D 经费支出 RD（亿）
1995	202.65	1.234	0.018	0.402	2.506	4.279
1996	84.777	1.275	0.011	0.409	3.541	5.627
1997	113.284	1.303	0.013	0.315	3.853	6.616
1998	125.297	1.31	0.022	0.229	3.859	7.645
1999	145.868	1.338	0.023	0.913	3.607	9.259

续表

年份	新产品产值 *NV*（亿）	药品专利保护强度 *ST*	拥有发明专利数 *IP*（万项）	消化吸收经费支出 *DE*（亿）	科技活动人员 *TS*（万人）	R&D 经费支出 *RD*（亿）
2000	220.438	1.341	0.041	1.204	3.783	13.467
2001	220.438	2.287	0.031	0.763	4.001	19.254
2002	258.29	2.425	0.048	1.167	5.306	21.636
2003	331.078	2.509	0.046	1.917	4.456	27.668
2004	419.168	2.626	0.09	2.349	4.659	28.181
2005	511.902	2.822	0.113	3.497	5.183	39.951
2006	604.886	3.018	0.197	3.49	6.428	52.586
2007	788.736	3.032	0.248	4.254	7.341	65.884

4. 显著性检验

首先，分析药品专利保护强度与科技发展实力的相关关系，只选取 Ln*ST* 一个解释变量进行回归分析，以检验药品专利保护强度对科技发展实力的影响，检验结果见表 4.9 第Ⅰ组。其次，为了详细度量每一解释变量的系数，引入计量模型中的所有五个解释进行回归，结果见表 4.9 第Ⅱ组。再次，剔除第Ⅱ组中未能通过显著性检验的最不理想变量 Ln*DE* 后重新进行显著性检验，结果见表 4.9 第Ⅲ组。最后，剔除第Ⅲ组中未能通过显著性检验的变量 Ln*RD*，再重新进行显著性检验，结果见表 4.9 第Ⅳ组。

表 4.9 1995~2007 年药品专利保护强度与医药行业科技发展实力的回归分析结果

	第Ⅰ组	第Ⅱ组	第Ⅲ组	第Ⅳ组
常数项	4.488 394*** (24.272 71)	8.906 116*** (10.326 41)	8.910 501*** (10.917 55)	8.758 171*** (15.311 20)
Ln*ST*	1.596 406*** (6.420 954)	0.655 043 (1.840 178)	0.626 936* (1.897 099)	0.556 755** (2.764 116)
Ln*IP*	—	-0.711 399*** (-5.233 351)	0.730 284*** (6.040 141)	0.706 792*** (8.645 664)
Ln*DE*	—	0.053 517 (0.406 564)	—	—
Ln*TS*	—	-0.809 085* (-2.039 778)	-0.889 263** (-2.730 257)	-0.936 852*** (-3.571 888)
Ln*RD*	—	-0.138 636 (-0.441 629)	-0.069 116 (-0.277 408)	—
R^2	0.789 388	0.978 214	0.977 699	0.977 485
调整后的 R^2 值	0.770 241	0.962 652	0.966 549	0.969 980
F 值	41.228 65	62.860 46	87.682 93	130.242 7
P 值	0.000 049	0.000 012	0.000 001	0.000 000
样本数	13	13	13	13

注：表中括号内数值为该回归系数的 *t* 统计值；***、**、* 分别表示该系数在 1%、5%、10% 的水平上显著。

计量结果表明，在第Ⅰ组中，只选取药品专利保护强度一个解释变量，结果显示 Ln*ST* 与 Ln*NV* 呈显著正相关关系，回归系数为 1.596 406，*t* 值为 6.420 954，通过 1% 水平上的显著性检验。该检验结果表明，不考虑其他影响因素，1995~2007 年我国药品专利保护强度对科技发展实力具有非常显著的影响，其影响系数为 1.596 406。

在第Ⅱ组中，引入计量模型中的所有五个解释变量，发现药品专利保护强度的系数有所降低（为 0.655 043），未能通过 10% 水平上的显著性检验（t 值为 1.840 178）。该检验结果表明，在全面考虑医药产业科技发展实力各影响因素的情况下，药品专利保护强度对科技发展实力的影响有待进一步验证。Ln*DE* 和 Ln*RD* 也未能通过 10% 水平上的显著性检验，其中 Ln*DE* 的显著性水平最低，这表明技术改造和技术获取能力对科技创新能力的提高没有显著影响。这一结果与前述理论分析相悖。究其原因在于，这应该是由我国医药产业科技创新能力的特点决定的。早期我国医药产业科技创新的技术含量不高，技术改造和技术获取能力的增强并未对医药产业科技创新能力的提升发挥显著影响，但随着科技的发展，技术改造和技术获取能力的提升，将更能带动科技实力的发展。

在第Ⅲ组中，Ln*RD* 的 t 值仅为 -0.277 408，未能通过显著性水平的检验。表明 R&D 资本投入对科技创新能力的提高没有显著影响，这一结果与前述理论分析相悖。究其原因在于，完整的医药 R&D 资本投入目标应该包括投入总量目标（R&D 经费总量指标），投入增长速度目标（R&D 经费增长率指标）、投入结构目标（经费来源结构指标）、投入强度目标（R&D 经费与 GDP 的比例指标）和人均投入强度目标（人均 R&D 经费指标）。而我国早期的医药产业 R&D 资本投入缺乏系统考虑和精细规划，R&D 资本投入的提高并未对医药产业科技创新能力的提升发挥显著影响，但随着管理水平的提高，R&D 资本投入的增强将更能带动科技实力的发展。

在第Ⅳ组中，剔除未通过显著性检验的解释变量 Ln*RD*，以 Ln*ST*、Ln*IP* 和 Ln*TS* 为解释变量重新进行检验。检验结果为，Ln*ST*、Ln*IP* 和 Ln*TS* 的回归系数分别为 0.556 755、0.706 792 和 -0.936 852，分别在 5%、1% 和 1% 水平上显著（t 统计值分别为 2.764 116、8.645 664 和 -3.571 888），而且，调整后的 R^2 值为 0.969 980，模型拟合度非常好。其中，Ln*TS* 的回归系数为负数，出现这一现象的原因在于，我国早期的医药产业人力资源素质不高，缺乏对高新技术的掌控能力，低素质人员的增加不仅没有促进科学技术的发展，反而成为医药产业科技发展的桎梏和羁绊。随着全方位人力资源开发，丰富的科技人力资源将更能带动医药产业科技实力的发展。因此，回归模型为

$$\mathrm{Ln}NV = 8.758 + 0.557\mathrm{Ln}ST + 0.707\mathrm{Ln}IP - 0.937\mathrm{Ln}TS \tag{4.21}$$

5. 模型相关检验

关于异方差性检验。利用 Eviews 软件进行 White 检验。其中，F 值是辅助回归模型的 F 统计量值。选取显著性水平 $\alpha = 0.05$，由于 $nR^2 - 4.783\ 779 < \chi^2_{0.05}(6) = 12.592$，所以模型（4.21）不存在异方差现象。

关于自相关性检验。选择 D. W. 检验进行自相关性检验。因为 $n = 13$，$k = 3$，查 D. W. 检验上下界表，得 d_U 1.79，d_L 0.74，计算得到统计量 D. W. = 2.493 006，由于 $4 - d_U 4 - d_L$，所以此时 D. W. 检验失效。采用偏相关系数检验的结果见表 4.10。表中偏相关系数方块均未超过虚线，所以模型（4.21）不存在自相关性。

表 4.10　模型（4.21）的偏相关系数检验

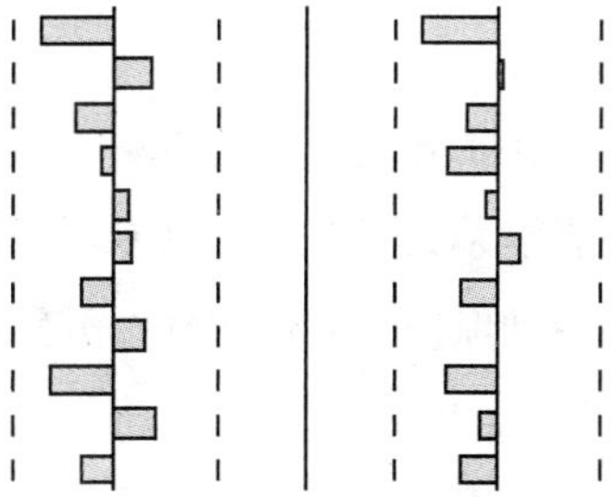

自相关	偏相关		AC	PAC	Q-Stat	Prob
		1	−0.407	−0.407	2.689 8	0.101
		2	0.182	0.019	3.275 5	0.194
		3	−0.208	−0.153	4.119 7	0.249
		4	−0.071	−0.255	4.228 7	0.376
		5	0.059	−0.053	4.314 7	0.505
		6	0.097	0.125	4.579 0	0.599
		7	−0.168	−0.194	5.497 3	0.600
		8	0.160	0.001	5.497 7	0.592
		9	−0.344	−0.268	12.271	0.198
		10	0.218	−0.083	15.352	0.120
		11	−0.178	−0.193	18.451	0.072

关于多重共线性检验。采用方差膨胀因子检验法进行检验，用 SPSS 软件包对模型进行检验，结果见表 4.11。

表 4.11 SPSS 软件方差膨胀因子检验输出结果

模型		非标准化系数		标准系数	t	*Sig.*	共线性统计量	
		B	标准误差	试用版			容差	*VIF*
1	（常量）	8.758	0.572		15.311	0.000		
	Ln*ST*	0.557	0.201	0.310	2.764	0.022	0.199	5.023
	Ln*IP*	0.707	0.082	1.029	8.646	0.000	0.176	5.667
	Ln*TS*	-0.937	0.262	-0.384	-3.572	0.006	0.217	4.609

a. 因变量：Ln*NV*

从输出结果可以看出，$VIF_{LnST}=5.023$、$VIF_{LnIP}=5.667$ 和 $VIF_{LnTS}=4.609$，三者均小于10，所以模型（4.21）不存在多重共线性。

6. 模型经济意义

实证表明，药品专利保护强度、药品专利资源水平和科技人力资源都对科技发展实力具有显著影响。其中，药品专利保护强度对科技发展实力具有正相关关系，这一实证结果与泰勒（Taylor）、曼斯菲尔德（Mansfield）、科亨（Cohen）、莱文（Levin）和夏克曼（Schankerman）等人的实证研究相符，再次印证了药品专利保护制度重要性的理论分析结论。

同时，比较医药产业中药品专利保护强度、药品专利资源水平和科技人力资源对科技发展实力的影响系数可知，药品专利资源水平和科技人力资源的弹性大于药品专利保护强度的弹性（分别是药品专利保护强度的 1.27 倍和 1.68 倍），即日益增强的药品专利保护强度、逐渐丰富的药品专利资源水平以及劳动密集型的人力资源水平的降低是我国医药行业科技实力发展的主要原因。

第三节　本章小结

为进一步分析药品专利保护优化总模型的第一个基本假设（“对药品进行专利保护具有非常重要的意义”）的可信度，以避免药品专利保护“公地悲剧”，本章建立了药品专利保护重要性子模型，并对此进行实证分析。

在理论研究部分，本章通过对药品发明创新之后的商业秘密保护与专利保护两种策略的对比，得出以下结论：①从创新知识生产性角度而言，药品需要专利制度的强有力保护；②从创新知识的隐含性角度而言，药品同样需要专利制度的强有力保护。

在实证分析部分，本章进行了三个层面的定量评价：

（1）药品专利保护对经济子系统医药产业发展的影响评价。以1995～2007年我国时间序列数据为样本，考察药品专利制度与医药行业工业增加值的关系。结果显示，按照1995～2007年我国医药行业工业增加值的平均增长率计算，药品专利制度的贡献率为29.2%，资本的贡献率为13.0%，科技活动人员的贡献率为57.8%。

（2）药品专利保护对经济子系统国民经济增长的影响评价。以2007年27个样本国家和地区截面数据为样本，考察药品专利制度与国民经济增长的关系。结果显示，药品专利保护强度对国民经济发展具有显著影响，其影响系数为1.911。

（3）药品专利保护对技术子系统医药行业科技发展实力的影

响评价。以 1995 ~ 2007 年我国时间序列数据为样本，考察药品专利制度与医药行业科技发展实力的关系。结果显示，药品专利保护强度对医药行业科技发展实力具有显著影响，其影响系数为 0. 557。

本章研究印证了药品专利保护重要性的可信度。

第五章

药品专利保护有限性理论与实证分析

相比与其他产品，药品肩负着更为艰巨的社会责任，因此药品专利制度自从建立以来就面临“垄断”和“共享”的矛盾。一方面药品采取专利保护固然能够起到鼓励发明人进行技术创新，使更多有效药物能够尽早面世，但由另一方面所引发的负面影响也令人无法忽视，若这种负面影响扩展到导致整个社会或对公民的影响超过了可以容忍的程度，那么这一制度必将导致社会福利下降。因此，关于“药品专利制度到底能否提高社会福利？在多大程度上能够提升社会福利？”的诘问一直不绝于耳。本章重点是通过理论和实证研究进一步阐释药品专利保护优化总模型第二个基本假设（“有限的药品专利保护强度是最优的”）的可信度。

本章研究思路见图 5.1。

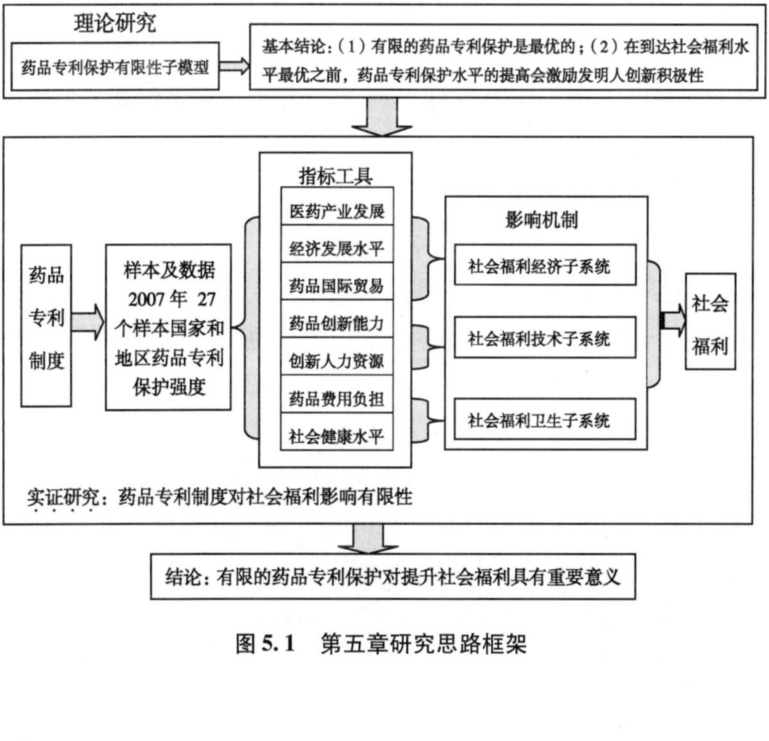

图 5.1　第五章研究思路框架

第一节　药品专利保护有限性子模型*

一、外溢效应及其影响

在某些情况下，某个个体的一项经济活动能够给社会上的其他成员带来好处，而这个个体本身不能够由此而得到补偿，此时，这个个体从其经济活动中所得到的个体利益就小于该经济活动所带来的社会利益，这种经济活动所形成的效应被称为外溢效应❶。

从社会和经济的发展角度来说，技术创新的外溢效应具有积极推动和消极阻碍两方面作用。一方面，由于技术创新外溢效应的存在，获得溢出收益的企业可以减少技术创新成本，提高技术水平，从而能够为社会提供更多质优价廉的创新产品，增加整个社会的财富，具有较好的社会收益；另一方面，技术创新的外溢效应使得创新型企业不能得到全部的创新收益，这在很大程度上影响了企业的发展速度。如果企业能够获得全部的创新收益，会刺激其继续进行技术创新，以获得更多的超额收益，使得企业规模快速膨胀，提高企业的竞争力。而当企业的创新收益小于创新成本时，企业将会失去创新的动力，不再进行创新。对于无偿获

* 参照张秀峰，聂鸣．基于创新型企业与模仿型企业协调发展的知识产权保护强度分析，载《科技管理研究》2007，Vol．9：239－241．在此表示感谢。

❶ 平狄克·鲁宾菲尔德．微观经济学［M］．高远等译．第七版．北京：中国人民大学出版社，2003．

得溢出效益的企业来说，等待其他企业创新的动机加强，从而从根本上抑制了企业技术创新的积极性，最终导致整个社会创新能力的下降，降低整个社会的福利。

二、药品专利保护强度对外溢效应的影响

根据药品专利保护优化总模型的研究结果显示，药品专利制度为创新型医药企业保护自身的技术创新成果提供了有效的法律工具，使得技术创新的私人收益率向社会收益率逼近，保证了创新型医药企业能从自己的创新成果中获得与付出相应的收益。但同时也会带来由垄断而产生的社会福利损失。因此，药品专利保护制度会产生外溢效益，主要表现为以下两个方面的影响：一方面，如果药品专利保护强度过弱，在这种情况下就会存在较强的外溢效应，企业进行技术创新极易被竞争对手所模仿，使得创新成本支出者无法全部甚至大部分地获得创新收益，无法对创新者利益进行有效的保护，从而弱化创新者创新的积极性。另一方面，如果药品专利保护强度过高，同样不利于整个社会的技术进步，对于许多模仿型医药企业来说，它们的生存和发展在很大程度上依赖于对创新型医药企业技术的模仿，如果药品专利保护强度过高，会在很大程度上限制了模仿型医药企业的发展。同时，创新型医药企业也会因为潜在竞争对手的减少而形成技术创新的惰性。从这个角度而言，政府有必要制定合理的药品专利保护强度，以实现技术创新整体水平不断提高。

三、基本模型

为便于分析，本书中的医药创新型企业是指完全依靠自身的研发投入进行技术创新的企业，医药模仿型企业是指以模仿创新

为主，并同时进行少量自主创新的企业。

创新型医药企业的技术总量生产函数可以表示为

$$T_{n+1} = \lambda T_n + \xi_1 I_1(\lambda T_n) \qquad (0 < \lambda < 1) \tag{5.1}$$

式中，T_{n+1} 表示创新型医药企业在第 $n+1$ 的技术总量，它由两部分组成，一部分是继承了本企业第 n 年的没有外溢的技术总量，由 λT_n 表示。另一部分由基于原有技术和 R&D 投入所生产出来的新技术所组成，由 $\xi_1 I_1(\lambda T_n)$ 表示。λ 表示技术溢出程度，遵循以往的研究，将技术溢出程度作为药品专利保护强度的度量指标，λ 越大表示药品专利保护强度越大，则技术溢出就越少。$\xi_1 I_1(\lambda T_n)$ 中 I_1 表示创新型医药企业在人力资本和研发资本方面的研发投入；ξ_1 表示创新型医药企业的生产转换效率参数，即能够将研发投入和知识投入转换成新技术的效率参数。

与创新型企业不同的是，模仿型医药企业可以通过自主创新和模仿创新获得新技术，其技术总量生产函数有如下形式

$$T_{n+1} = \lambda T_n + \theta\xi_2 I_2(\lambda T_n) + (1-\theta)\,\xi_2 I_2(1-\lambda)(T_n - T_n') \qquad (0 < \theta < 1, 0 < \lambda < 1) \tag{5.2}$$

式中，$\lambda T_n + \theta\xi_2 I_2(\lambda T_n)$ 表示模仿型医药企业通过自主创新而获得新技术的生产函数；$(1-\theta)\,\xi_2 I_2(1-\lambda)(T_n - T_n')$ 表示模仿型医药企业通过模仿创新而获得新技术的生产函数；I_2 表示模仿型医药企业在技术生产方面总的投入；θI_2 表示模仿型医药企业在自主创新方面的投入；$(1-\theta)\,I_2$ 则表示其在模仿创新方面的投入，对于模仿型医药企业来说，它只对本企业没有而创新型医药企业拥有的技术 $T_n - T_n'$ 进行模仿；ξ_2 表示模仿型医药企业的生产转换效率参数；$1-\lambda$ 为由于药品专利保护不力导致技术知识溢出的部分；$\lambda = 1$ 表示创新型医药企业没有技术知识溢出，模仿型医药企业不能模仿创新型医药企业的技术，技术进步只能完全依靠自主

创新；$\lambda = 0$ 表示创新型医药企业的研发部门的技术知识完全溢出，在这种情况下，创新型医药企业便缺乏自主创新的动力，所有的医药企业都会选择等待策略，而不进行自主创新。

根据式（5.1）、式（5.2）可以分别得出创新型医药企业和模仿型医药企业的技术进步率

$$R_1 = T_n + 1/T_n = \lambda + \xi_1 I_1 \lambda$$

$$\begin{aligned} R_2 &= T_{n+1}/T_n \\ &= \lambda + \theta\xi_2 I_2 \lambda + (1-\theta)\ \xi_2 I_2(1-\lambda)(T_n/T_n{}' - 1) \end{aligned}$$

假定两种类型医药企业的生产转换效率参数和研发投入相同，分别为 ξ 和 I，在这种情况下比较两者的技术进步率。

$$\begin{aligned} R_2 - R_1 &= \lambda + \xi\theta I\lambda + \xi(1-\theta)I(1-\lambda)(T_n/T_n{}' - 1) - \\ &\quad (\lambda + \xi I\lambda) \\ &= (1-\theta)\xi I(T_n/T_n{}' - 1 - \lambda T_n/T_n{}') \end{aligned}$$

在 $(1-\theta)\xi I(T_n/T_n{}' - 1 - \lambda T_n/T_n{}')$ 中，因为 $(1-\theta) > 0$，$\xi I > 0$，所以，$R_2 - R_1$ 是小于零还是大于零取决于 $(T_n/T_n{}' - 1 - \lambda T_n/T_n{}')$。当 $(T_n/T_n{}' - 1 - \lambda T_n/T_n{}') > 0$ 时，即 $\lambda < (T_n - T_n{}')/T_n{}'$，在这种情况下 $R_2 > R_1$，反之，当 $(T_n/T_n{}' - 1 - \lambda T_n/T_n{}') < 0$ 时，即 $\lambda > (T_n - T_n{}')/T_n$，则 $R_2 < R_1$。

这表示在药品专利保护强度设定的情况下，模仿型医药企业的技术进步率是否快于创新型医药企业取决于两者之间的技术差距。在药品专利保护强度较强的情况下（图 5.2），即 λ 较大时，只有当模仿型医药企业与创新型企业医药之间的技术差距较大时，模仿型医药企业的技术进步率才会快于创新型企业，一旦两者之间的技术差距缩小到一定程度，$\lambda <（T_n - T_n{}'）/T_n$ 将转变为 $\lambda >（T_n - T_n{}'）/T_n$，此时就有 $R_2 < R_1$，两者之间的技术差距将会扩大。

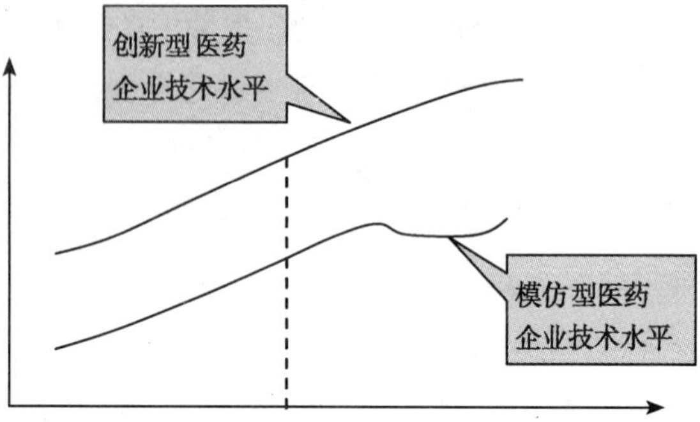

图 5.2 高强度药品专利保护对医药企业技术进步的影响

注：纵坐标表示医药企业的技术水平，横坐标表示药品专利保护强度。

在药品专利保护强度较弱的情况下（图 5.3），即 λ 较小时，也会出现随着模仿型医药企业与创新型医药企业之间技术差距的不断缩小，当缩小到一定程度时 $\lambda < (T_n - T_n')/T_n$ 将转变为 $\lambda > (T_n - T_n')/T_n$，两者的技术差距将由缩小转变为扩大。

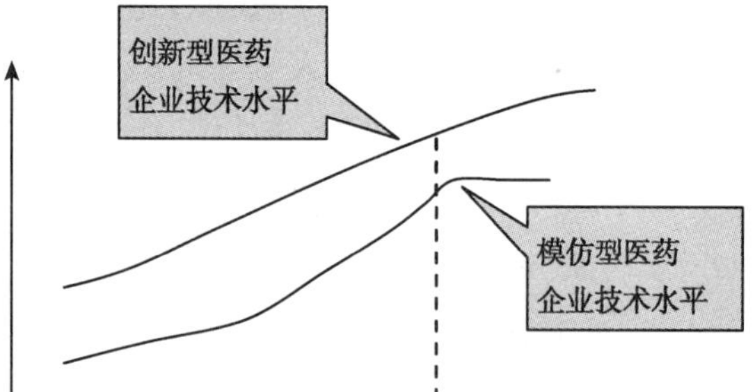

图 5.3 低强度药品专利保护对医药企业技术进步的影响

注：纵坐标表示医药企业的技术水平，横坐标表示药品专利保护强度。

两种情况的不同之处在于，在第一种情况下，由于 λ 较大，在模仿型医药企业与创新型医药企业的技术差距仍然很大时，$\lambda <$

$(T_n - T_n')/T_n$ 就转变为了 $\lambda > (T_n - T_n')/T_n$，$R_2 > R_1$ 转变为 $R_2 < R_1$，这就意味着两种医药企业的技术差距进一步扩大。在第二种情况下由于 λ 较小，当模仿型医药企业与创新型医药企业的技术差距变得较小时，$\lambda < (T_n - T_n')/T_n$ 才转变为 $\lambda > (T_n - T_n')/T_n$，$R_2 > R_1$ 转变为 $R_2 < R_1$，在这种情况下有利于缩小两种医药企业间的技术差。

以上分析表明，模仿型医药企业对创新型医药企业的技术追赶在很大程度上与国家的药品专利保护强度相关：若药品专利保护强度较高，则当模仿型医药企业与创新型医药企业之间的技术差距仍然很大时，模仿型医药企业的技术进步率就开始低于创新型医药企业，两者的技术差距将进一步扩大；若药品专利保护强度较低，则在两种医药企业的技术差距较小时，模仿型医药企业的技术进步率才开始低于创新型企业。这就意味着较高的药品专利保护强度将倾向于扩大模仿型医药企业与创新型医药企业之间的技术差距，较低的药品专利保护强度将倾向于缩小两者之间的技术差距。

$\partial R_1/\partial\lambda = T_{n+1}/T_n = 1 + \xi_1 I_1$，由于 $\xi_1 > 0$、$I_1 < 0$，所以 $\partial R_1/\partial\lambda > 1$，这表示创新型医药企业的技术进步率与药品专利保护强度成正比，药品专利保护强度越大，越有利于创新型医药企业的技术进步。$\partial R_2/\partial\lambda = (1 + \xi_2 \theta I_2) - \xi_2(1 - \theta) I_2(T_n/T_n' - 1)$，从中可以看出随着药品专利保护强度的增大，模仿型医药企业的自主创新部分对医药企业的技术进步逐渐增强，而模仿部分则随之减少，达到一定程度之后甚至会抑制医药企业的技术进步，所以模仿型医药企业应当充分利用现有条件，在药品专利保护强度较低时，应充分利用模仿优势，在模仿的基础之上再进行模仿创新，逐步增强自身的创新能力，并且随着药品专利保护强度的加大，逐步从模仿转移

到依靠自主创新促进医药企业技术进步的轨道上来

四、模型基本结论

（1）有限的药品专利保护强度是最优的。在达到社会整体福利水平最优点之前，药品专利保护强度的增加会通过维护创作者的物质和精神利益，激发研发热情，促进研发创新，但同时也会拉大创新型企业与仿制型企业的技术差距，造成医药市场资源扭曲，但整体而言，社会整体福利水平会得以稳步提升；但当药品专利保护强度超过最优值，前者的效应开始逐步消失，不利于医药技术的传播与扩散，造成社会福利水平的下降和消费者福利的恶化，而适当地降低药品专利保护强度则可以缩小创新型企业与仿制型企业的技术差距。从这个角度而言，有限的药品专利保护强度是最优的。

（2）要结合实际情况制定适度的药品专利保护制度。采用药品专利保护制度的根本目的在于激励医药产业的技术创新，因此，从整个社会的技术进步考虑，政府应当在充分考虑创新型医药企业和模仿型医药企业的技术创新状况的基础之上设定合理的药品专利保护强度，并且要随着医药企业技术创新的发展而不断改进，以逐步形成公平的竞争机制，使之能够起到促进技术创新进步的作用。

第二节　药品专利保护有限性实证分析

本章实证部分以医药产业社会福利函数为基础，选取（1）社会福利经济子系统的医药产业发展、经济发展水平和药品国际贸易；(2) 社会福利技术子系统的药品创新能力和创新人力资源；(3) 社会福利卫生子系统的药品费用负担和社会健康水平为指标。在此基础上，对药品专利保护有限性进行实证分析。

一、药品专利保护有限性对社会福利经济子系统影响的实证分析

(一) 药品专利保护与医药产业发展

1. 相关数据和回归模型

选取“医药行业工业增加值”作为27个样本国家和地区“医药产业发展”的测量指标（表5.1），作为量化药品专利制度与医药产业发展关系的计算依据。

表5.1　2007年样本国家和地区药品专利保护强度和医药行业工业增加值

国家和地区	保护强度 *ST*	医药行业工业增加值 *VA*（亿美元）	国家和地区	保护强度 *ST*	医药行业工业增加值 *VA*（亿美元）	国家和地区	保护强度 *ST*	医药行业工业增加值 *VA*（亿美元）
阿根廷	2.702	1.389	印度	2.185	3.217	俄罗斯	2.071	3.159
澳大利亚	4.492	9.671	以色列	3.552	3.189	南非	3.146	5.692
比利时	4.909	38.628	意大利	4.176	19.676	西班牙	3.156	14.048
巴西	3.129	5.632	日本	4.710	33.398	瑞典	4.035	10.167
加拿大	4.328	39.890	中国	3.032	2.642	瑞士	3.540	61.075
古巴	2.434	1.735	墨西哥	2.077	1.793	中国台湾	3.400	1.034
捷克	4.158	10.345	荷兰	4.667	12.559	泰国	3.446	1.791
法国	4.574	19.100	波兰	2.915	3.511	英国	3.209	15.357
德国	4.917	21.650	葡萄牙	3.294	4.561	美国	4.917	66.186

注：药品专利保护强度来自第三章计算所得，医药行业工业增加值数据来源于UNSD、OECD。

以药品专利保护强度 *ST* 为被解释变量，以医药行业工业增加值 *VA* 及其平方 *SQ* 为解释变量进行线性回归，显著性检验结果见表 5.2。

表 5.2　回归分析显著性检验结果

常数项	2.673 350*** (13.362 95)	*VA*	0.106 430*** (4.835 784)
SQ	−0.001 288*** (−3.623 821)	R^2	0.587 270
调整后的 R^2	0.552 876	*F* 值	17.074 68
P 值	0.000 024	样本数	27

注：表中括号内数值为该回归系数的 *t* 统计值；*** 表示该系数在 1% 的水平上显著。

由此可知，总体回归模型是显著的，即 *ST* 与 *VA* 和 *SQ* 之间的线性关系是显著的，即药品专利保护强度与医药行业工业增加值之间的二次非线性关系（倒 U 型关系）是显著的。同时，解释变量 *VA* 和 *SQ* 对被解释变量 *ST* 的影响是显著的。通过显著性检验的二次回归模型可表示为

$$ST = 2.673 + 0.106VA - 0.001(VA)^2 \tag{5.3}$$

2. 模型分析

模型（5.3）拐点为 $VA = 41.316$，即医药行业工业增加值小于41.316 亿美元时，药品专利保护强度随着医药行业工业增加值的提高而增强，当医药行业工业增加值大于41.316 亿美元时，药品专利保护强度随着医药行业工业增加值的提高而降低。这一拐点远远高于 27 个样本国家和地区的平均工业增加值 15.226 亿美元。这说明大多数国家药品专利保护强度是随着医药行业工业增加值的提高而提高。

从这个角度而言，一个国家和地区的最优药品专利保护强度

并非单调性地取决于其医药行业产业的发展水平，而是起初提高然后降低。换言之，存在着一个理论上的拐点，当医药行业工业增加值小于该拐点时，加强药品专利保护强度能够促进工业增加值的增长，当工业增加值大于该拐点时，加强药品专利保护强度只会阻碍工业增加值的增长。

同时，根据该二次回归模型中医药行业工业增加值的拐点值（41.316 亿美元），可以计算获得该点的药品专利保护强度值（4.872），即在以工业增加值为考量的情况下，药品专利保护强度存在理论上的最优值。这一回归模型的计算结果再次验证了前述结论，即最优药品专利保护强度是有限的。过强或过弱的药品专利保护并不必然能够促进医药产业发展的结果。最优药品专利保护强度应与本国、本地区特定时期的医药产业发展状况相一致。

对于发展中国家而言，维持低水平的药品专利保护的确有利于对外国先进技术的模仿，削弱外国医药公司的市场竞争力，有益于本国消费者。但是，为了鼓励本国制药公司的创新，发展中国家又需要强化药品专利保护。发展中国家加强药品专利保护有助于其促进创新的内在动力，而非仅仅是因为来自发达国家的压力而强化药品专利保护，上述实证分析有力支撑了这一观点。

（二）药品专利保护与经济发展水平

1. 相关数据和回归模型

选取“人均 GNI”作为 27 个样本国家和地区“经济发展水平”的测量指标，见表 5.3，作为量化药品专利制度与经济发展水平关系的计算依据。

表 5.3　2007 年样本国家和地区药品专利保护强度和人均 GNI

国家和地区	保护强度 ST	人均 GNI（美元）	国家和地区	保护强度 ST	人均 GNI（美元）	国家和地区	保护强度 ST	人均 GNI（美元）
阿根廷	2.702	6 050	印度	2.185	950	俄罗斯	2.071	7 560
澳大利亚	4.492	35 960	以色列	3.552	21 900	南非	3.146	5 760
比利时	4.909	40 710	意大利	4.176	33 540	西班牙	3.156	29 450
巴西	3.129	5 910	日本	4.710	37 670	瑞典	4.035	46 060
加拿大	4.328	39 420	中国	3.032	2 360	瑞士	3.540	59 880
古巴	2.434	11 455	墨西哥	2.077	8 340	中国台湾	3.400	17 299
捷克	4.158	14 450	荷兰	4.667	45 820	泰国	3.446	3 400
法国	4.574	38 500	波兰	2.915	9 840	英国	3.209	42 740
德国	4.917	38 860	葡萄牙	3.294	18 950	美国	4.917	46 040

注：药品专利保护强度来自第三章计算所得的，人均 *GNI* 数据来源于 World Bank。

以药品专利保护强度 *ST* 为被解释变量，人均国民收入自然对数的倒数 1/Ln*GNI* 及其平方 *SQ* 为解释变量进行线性回归，显著性检验结果见表 5.4。

表 5.4　回归分析显著性检验结果

常数项	23.087 55 *** (3.328 585)	1/Ln*GNI*	−309.463 0 ** (−2.501 537)
SQ	1 157.631 ** (2.131 190)	R^2	0.547 715
调整后的 R^2	0.510 025	*F* 值	14.531 94
P 值	0.000 073	样本数	27

注：表中括号内数值为该回归系数的 *t* 统计值；*** 和 ** 分别表示该系数在 1%、5% 的水平上显著。

由此可知，总体回归模型是显著的，即 ST 与 $1/\mathrm{Ln}GNI$ 和 SQ 之间的线性关系是显著的，即药品专利保护强度与人均国民收入之间的二次非线性关系（U 型关系）是显著的。同时，解释变量 $1/\mathrm{Ln}GNI$ 和 SQ 对被解释变量 ST 的影响是显著的。通过显著性检验的二次回归模型可表示为

$$ST = 23.088 - 309.463/\mathrm{Ln}GNI + 1157.631/(\mathrm{Ln}GNI)^2 \tag{5.4}$$

2. 模型分析

模型（5.4）拐点为 $1/\mathrm{Ln}GNI = 0.134$，换算为人均 GNI 为 1 774.971美元，即人均国民收入小于 1 774.971美元时，药品专利保护强度随着人均国民收入的提高而降低。而当人均国民收入大于 1 774.971美元时，药品专利保护强度随着人均国民收入的提高而提高。这一拐点的人均国民收入远远低于 27 个样本国家和地区的平均人均国民收入值 24 773.11美元。这说明大多数国家药品专利保护强度是随着人均国民收入的提高而提高。

从这个角度而言，一个国家和地区的最优药品专利保护强度并非单调性地取决于经济发展水平，而是起初下降然后提高。换言之，存在一个理论上的拐点，当人均国民收入小于该拐点时，加强药品专利保护强度只会阻碍经济发展，当人均国民收入大于该拐点时，加强药品专利保护强度能够促进经济发展。

另外，根据该二次回归模型中人均国民收入的拐点值（1 774.971美元），可以计算获得该点的药品专利保护强度值（2.406），即在以人均国民收入为考量的情况下，药品专利保护强度存在理论上的最优值。这一回归模型的计算结果再一次验证了前述结论，即最优药品专利保护强度是有限的。过强或过弱的

药品专利保护并不必然能够实现促进经济发展水平提高的目标。最优药品专利保护强度应与本国和本地区特定时期的经济发展状况相吻合。

(三) 药品专利保护与药品国际贸易

1. 相关数据和回归模型

选取“医药制品贸易额”作为27个样本国家和地区“药品国际贸易”的测量指标，见表5.5，作为量化药品专利制度与药品国际贸易关系的计算依据。

表5.5　2007年样本国家和地区药品专利保护强度和医药制品贸易额

国家和地区	保护强度 *ST*	医药制品贸易额 *DT*（亿美元）	国家和地区	保护强度 *ST*	医药制品贸易额 *DT*（亿美元）	国家和地区	保护强度 *ST*	医药制品贸易额 *DT*（亿美元）
阿根廷	2.702	36.584	印度	2.185	4.034	俄罗斯	2.071	49.272
澳大利亚	4.492	450.830	以色列	3.552	627.903	南非	3.146	33.938
比利时	4.909	7 969.704	意大利	4.176	501.025	西班牙	3.156	460.334
巴西	3.129	22.227	日本	4.710	84.252	瑞典	4.035	1 278.729
加拿大	4.328	494.912	中国	3.032	4.165	瑞士	3.540	6 334.860
古巴	2.434	30.797	墨西哥	2.077	44.494	中国台湾	3.400	86.331
捷克	4.158	679.406	荷兰	4.667	1 795.955	泰国	3.446	19.000
法国	4.574	768.567	波兰	2.915	144.249	英国	3.209	781.622
德国	4.917	1 112.452	葡萄牙	3.294	284.210	美国	4.917	261.349

注：药品专利保护强度来自第三章计算所得的，医药制品贸易额数据来源于UNSD、OECD。

以药品专利保护强度 *ST* 为被解释变量，医药制品贸易额自然对数的倒数 1/Ln*DT* 及其平方 *SQ* 为解释变量进行线性回归，显著性检验结果见表 5.6。

表 5.6　回归分析显著性检验结果

常数项	5.918 581 *** (9.264 379)	1/Ln*DT*	−14.323 45 (−3.356 737)
SQ	13.628 10 ** (2.667 152)	R^2	0.449 013
调整后的 R^2	0.403 097	*F* 值	9.799 101
P 值	0.000 783	样本数	27

注：表中括号内数值为该回归系数的 *t* 统计值；*** 和 ** 分别表示该系数在 1%、5% 的水平上显著。

由此可知，总体回归模型是显著的，即 *ST* 与 1/Ln*DT* 和 *SQ* 之间的线性关系是显著的，即药品专利保护强度与医药制品贸易额之间的二次非线性关系（U 型关系）是显著的。同时，解释变量 1/Ln*DT* 和 *SQ* 对被解释变量 *ST* 的影响是显著的。通过显著性检验的二次回归模型可表示为

$$ST = 5.919 - 14.323/\mathrm{Ln}DT + 13.628/(\mathrm{Ln}DT)^2 \qquad (5.5)$$

2. 模型分析

模型（5.5）拐点为 $1/\mathrm{Ln}DT = 0.526$，换算为医药制品贸易额为 6.705 亿美元，即医药制品贸易额小于 6.705 亿美元时，药品专利保护强度随着医药制品贸易额的提高而降低。而当医药制品贸易额大于 6.705 亿美元时，药品专利保护强度随着医药制品贸易额的提高而提高。这一拐点的医药制品贸易额远远低于 27 个样本国家和地区的平均医药制品贸易额 902.267 亿美元。这说明大多数国家药品专利保护强度是随着医药制品贸易额的提高而提高。

从这个角度而言，一个国家和地区的最优药品专利保护强度

并非单调性地取决于其药品国际贸易量，而是起初下降然后提高。换言之，存在着一个理论上的拐点，当医药制品贸易额小于该拐点时，加强药品专利保护强度只会阻碍药品国际贸易；当医药制品贸易额大于该拐点时，加强药品专利保护强度能够促进药品国际贸易的增长。

另外，根据该二次回归模型中医药制品贸易额的拐点值（6.705 亿美元），可以计算获得该点的药品专利保护强度值（2.155），即在以医药制品贸易额为考量的情况下，药品专利保护强度存在理论上的最优值。这一实证结果与马斯库斯、潘努帕蒂、芬克和布拉加等人的实证研究相符，并再一次验证了前述结论，即最优药品专利保护强度是有限的。过强或过弱的药品专利保护并不必然能够实现促进药品国际贸易提高的目标。最优药品专利保护强度应与本国和本地区特定时期的药品国际贸易状况相吻合。

二、药品专利保护有限性对社会福利技术子系统影响的实证分析

（一）药品专利保护与药品创新能力

1. 相关数据和回归模型

选取“人均药品专利申请量”作为 27 个国家和地区“药品创新能力”的测量指标，见表 5.7，作为量化药品专利制度与药品创新能力关系的计算依据。

表 5.7　2007 年样本国家和地区药品专利保护强度和人均药品专利申请量

国家和地区	保护强度 ST	人均药品专利申请量 DA (/亿人)	国家和地区	保护强度 ST	人均药品专利申请量 DA (/亿人)	国家和地区	保护强度 ST	人均药品专利申请量 DA (/亿人)
阿根廷	2.702	127.766	印度	2.185	5.001	俄罗斯	2.071	86.929
澳大利亚	4.492	498.782	以色列	3.552	102.349	南非	3.146	22.161
比利时	4.909	693.193	意大利	4.176	189.864	西班牙	3.156	122.815
巴西	3.129	7.131	日本	4.710	570.835	瑞典	4.035	179.114
加拿大	4.328	361.605	中国	3.032	411.896	瑞士	3.540	354.259
古巴	2.434	28.402	墨西哥	2.077	47.085	中国台湾	3.400	168.188
捷克	4.158	639.906	荷兰	4.667	571.463	泰国	3.446	27.741
法国	4.574	468.286	波兰	2.915	12.061	英国	3.209	588.478
德国	4.917	747.45	葡萄牙	3.294	220.248	美国	4.917	823.402

注：药品专利保护强度来自第三章计算所得的，人均药品专利申请量数据来源于 UNSD、OECD。

以药品专利保护强度 *ST* 为被解释变量，人均药品专利申请量自然对数的倒数 1/Ln*DA* 及其平方 *SQ* 为解释变量进行线性回归，显著性检验结果见表 5.8。

表 5.8　回归分析显著性检验结果

常数项	6.655 345*** (7.711 338)	1/Ln*DA*	−19.282 08*** (−3.184 962)
SQ	21.122 72** (2.484 598)	R^2	0.470 858
调整后的 R^2	0.426 762	*F* 值	10.678 21
P 值	0.000 482	样本数	27

注：表中括号内数值为该回归系数的 *t* 统计值；*** 和 ** 分别表示该系数在 1%、5% 的水平上显著。

由此可知，总体回归模型是显著的，即 ST 与 $1/\text{Ln}DA$ 和 SQ 之间的线性关系是显著的，即药品专利保护强度与人均药品专利申请量之间的二次非线性关系（U 型关系）是显著的。同时，解释变量 $1/\text{Ln}DA$ 和 SQ 对被解释变量 ST 的影响是显著的。通过显著性检验的二次回归模型可表示为

$$ST = 6.655 - 19.282/\text{Ln}DA + 21.123/(\text{Ln}D)^2 \quad (5.6)$$

2. 模型分析

模型（5.6）拐点为 $1/\text{Ln}DA = 0.456$，换算为人均药品专利申请量为 8.943 件/亿人，即人均药品专利申请量小于 8.943 件/亿人时，药品专利保护强度随着人均药品专利申请量的提高而降低。而当人均药品专利申请量大于 8.943 件/亿人时，药品专利保护强度随着人均药品专利申请量的提高而提高。这一拐点的人均药品专利申请量远低于 27 个样本国家和地区的平均人均药品专利申请量 299.126 件/亿人。这说明大多数国家药品专利保护强度是随着人均药品专利申请量的提高而提高。

从这个角度而言，一个国家和地区的最优药品专利保护强度并非单调性地取决于其药品创新能力，而是起初下降然后提高。换言之，存在着一个理论上的拐点，当人均药品专利申请量小于该拐点时，加强药品专利保护强度只会阻碍药品创新能力，当人均药品专利申请量大于该拐点时，加强药品专利保护强度能够促进药品创新能力的增长。

另外，根据该二次回归模型中人均药品专利申请量的拐点值（8.943 件/亿人），可以计算获得该点的药品专利保护强度值（2.255），即在以人均药品专利申请量为考量的情况下，药品专利保护强度存在理论上的最优值。这一回归模型的计算结果再一次验证了前述结论，即最优药品专利保护强度是有限的。过强或

过弱的药品专利保护并不必然能够实现促进药品创新能力提高的目标。最优药品专利保护强度应与本国和本地区特定时期的药品创新能力状况相吻合。

（二）药品专利保护与创新人力资源

1. 相关数据和回归模型

选取医药产业的“R&D 人员投入强度”作为 27 个国家和地区医药产业“创新人力资源”的测量指标，见表 5.9，作为量化药品专利制度与创新人力资源关系的计算依据。

表 5.9　2007 年样本国家和地区药品专利保护强度和 R&D 人员投入强度

国家和地区	保护强度 *ST*	R&D 人员投入强度 *EI*（/百万时）	国家和地区	保护强度 *ST*	R&D 人员投入强度 *EI*（/百万时）	国家和地区	保护强度 *ST*	R&D 人员投入强度 *EI*（/百万时）
阿根廷	2.702	1.512	印度	2.185	15.161	俄罗斯	2.071	0.163
澳大利亚	4.492	2.576	以色列	3.552	1.849	南非	3.146	0.946
比利时	4.909	2.688	意大利	4.176	1.895	西班牙	3.156	1.96
巴西	3.129	0.565	日本	4.710	3.764	瑞典	4.035	1.296
加拿大	4.328	1.605	中国	3.032	0.457	瑞士	3.540	1.036
古巴	2.434	0.805	墨西哥	2.077	0.074	中国台湾	3.400	0.411
捷克	4.158	1.187	荷兰	4.667	0.342	泰国	3.446	0.417
法国	4.574	2.716	波兰	2.915	1.442	英国	3.209	1.022
德国	4.917	1.23	葡萄牙	3.294	1.996	美国	4.917	1.709

注：药品专利保护强度来自第三章计算所得的，R&D 人员投入强度数据来源于国际劳工组织（OIT）。

以药品专利保护强度 *ST* 为被解释变量，R&D 人员投入强度

EI 及其平方 *SQ* 为解释变量进行线性回归，显著性检验结果见表 5.10。

表 5.10　回归分析显著性检验结果

常数项	2.769 102 *** (9.971 299)	*EI*	0.745 279 *** (3.747 163)
SQ	−0.051 707 *** (−4.072 689)	R^2	0.417 038
调整后的 R^2	0.368 458	*F* 值	8.584 525
P 值	0.001 541	样本数	27

注：表中括号内数值为该回归系数的 *t* 统计值；*** 表示该系数在 1% 的水平上显著。

由此可知，总体回归模型是显著的，即 *ST* 与 *EI* 和 *SQ* 之间的线性关系是显著的，即药品专利保护强度与 R&D 人员投入强度之间的二次非线性关系（倒 U 型关系）是显著的。同时，解释变量 *EI* 和 *SQ* 对被解释变量 *ST* 的影响是显著的。通过显著性检验的二次回归模型可表示为

$$ST = 2.769 + 0.745EI - 0.052(EI)^2 \tag{5.7}$$

2. 模型分析

模型（5.7）拐点为 $EI = 7.207$，即 R&D 人员投入强度小于 7.207 人/百万时，药品专利保护强度随着 R&D 人员投入强度的提高而增强，但当 R&D 人员投入强度大于 7.207 人/百万时，药品专利保护强度随着 R&D 人员投入强度的提高而降低。这一拐点的 R&D 人员投入强度远远高于 27 个样本国家和地区的平均 R&D 人员投入强度值 1.882 人/百万时。这说明大多数国家药品专利保护强度是随着 R&D 人员投入强度的提高而提高。

从这个角度而言，一个国家和地区的最优药品专利保护强度并非简单地取决于其 R&D 人员投入强度的发展水平，而是起初提高然后降低。换言之，存在着一个理论上的拐点，当 R&D 人员投入强度小于该拐点时，加强药品专利保护强度能够促进 R&D 人员投入强度的增长；当 R&D 人员投入强度大于该拐点时，加强药品专利保护强度只会阻碍 R&D 人员投入强度的增长。

同时，根据该二次回归模型中 R&D 人员投入强度的拐点值 (7.207 人/百万时)，可以计算获得该点的药品专利保护强度值 (5.455)，即在以 R&D 人员投入强度为考量的情况下，药品专利保护强度存在理论上的最优值。这一回归模型的计算结果与查科、瓦克尔、纳尔逊和科等人的实证研究大致相符，即最优药品专利保护强度是有限的。过强或过弱的药品专利保护并不必然能够产生提高 R&D 人员投入强度的结果。最优药品专利保护强度应与本国和本地区特定时期的 R&D 人员投入强度状况相协调。

三、药品专利保护有限性对社会福利卫生子系统影响的实证分析

（一）药品专利保护与药品费用负担

1. 相关数据和回归模型

选取“人均药品费用支出”作为 27 个样本国家和地区“药品费用负担”的测量指标，见表 5.11，作为量化药品专利制度与药品费用负担关系的计算依据。

表 5.11 2007 年样本国家和地区药品专利保护强度和人均药品费用支出

国家和地区	保护强度 ST	人均药品费用支出 BD（美元）	国家和地区	保护强度 ST	人均药品费用支出 BD（美元）	国家和地区	保护强度 ST	人均药品费用支出 BD（美元）
阿根廷	2.702	87	印度	2.185	59	俄罗斯	2.071	239
澳大利亚	4.492	415	以色列	3.552	206	南非	3.146	59
比利时	4.909	561	意大利	4.176	469	西班牙	3.156	428
巴西	3.129	78	日本	4.710	429	瑞典	4.035	438
加拿大	4.328	530	中国	3.032	90	瑞士	3.540	351
古巴	2.434	95	墨西哥	2.077	112	中国台湾	3.400	127
捷克	4.158	185	荷兰	4.667	384	泰国	3.446	96
法国	4.574	502	波兰	2.915	243	英国	3.209	342
德国	4.917	518	葡萄牙	3.294	441	美国	4.917	792

注：药品专利保护强度来自第三章计算所得的，人均药品费用支出数据来源于 WHO。

以药品专利保护强度 ST 作为被解释变量，人均药品费用支出自然对数的倒数 $1/LnBD$ 及其平方 SQ 作为解释变量进行线性回归。显著性检验结果见表 5.12。

表 5.12 回归分析显著性检验结果

常数项	22.320 89*** (3.165 518)	$1/LnBD$	−174.759 7** (−2.388 641)
SQ	389.899 5** (2.098 884)	R^2	0.569 929
调整后的 R^2	0.534 090	F 值	15.902 35
P 值	0.000 040	样本数	27

注：表中括号内数值为该回归系数的 t 统计值；*** 和 ** 分别表示该系数在 1%、5% 的水平上显著。

由此可知，总体回归模型是显著的，即 ST 与 $1/LnBD$ 和 SQ

之间的线性关系是显著的，也即药品专利保护强度与人均药品费用支出之间的二次非线性关系（U 型关系）是显著的。同时，解释变量 $1/\mathrm{Ln}BD$ 和 SQ 对被解释变量 ST 的影响是显著的。通过显著性检验的二次回归模型可表示为

$$ST = 22.321 - 174.760/\mathrm{Ln}BD + 389.900/(\mathrm{Ln}BD)^2 \quad (5.8)$$

2. 模型分析

模型（5.8）拐点为 $1/\mathrm{Ln}BD = 0.224109$，换算为人均药品费用支出为 86.67 美元，即人均药品费用支出为小于 86.67 美元时，药品专利保护强度随着人均药品费用支出的增加而降低。而当人均药品费用支出为大于 86.67 美元时，药品专利保护强度随着人均药品费用支出的提高而提高。这一拐点的人均药品费用支出远远低于 27 个样本国家和地区的人均药品费用支出的平均值为 306.519 美元。这说明大多数国家药品专利保护强度是随着人均药品费用支出的提高而提高。

从这个角度而言，一个国家和地区的最优药品专利保护强度并非单调性地取决于其人均药品费用支出，而是起初下降然后提高。换言之，存在着一个理论上的拐点，当人均药品费用支出小于该拐点时，加强药品专利保护强度能够降低人均药品费用支出，当人均药品费用支出大于该拐点时，加强药品专利保护强度就会导致人均药品费用支出的增长。

同时，根据该二次回归模型中人均药品费用支出的拐点值（86.67 美元），可以计算获得该点的药品专利保护强度值（2.738），即在以药品费用负担为考量的情况下，药品专利保护强度存在理论上的最优值。这一回归模型的计算结果与全球健康运动（Health Action International），MSF、贾克布宗恩（Jacob-zone）、当宗、富鲁卡瓦、加拉蒂尼、墨特里尼和科尔纳戈等的实

证研究大致相符，即最优药品专利保护强度是有限的。过强或过弱的药品专利保护并不必然能够实现降低药品费用负担的目标。最优药品专利保护强度应与本国和本地区特定时期的药品费用负担水平相关联。

（二）药品专利保护与社会健康水平

传统衡量公共健康水平的三大指标主要是平均预期寿命、孕产妇死亡率和婴儿死亡率。随着科学技术的不断进步，生活水平的不断提高，“三大指标”已经不能全面地反映某一国家或地区的人口健康水平，人们已经不再单纯地畏惧疾病和死亡，患病时的生存质量逐渐成为人们关注的重点，因此 2000 年 WHO 首次引入新的健康综合衡量指标——“伤残调整寿命”（Disability-Adjusted Life Expectancy，DALE）。DALE 亦称失能调整期望寿命，是以寿命表为基础，根据一套完整的健康状态表及各健康状态相应的权重，计算得到的完全健康（或等价完全健康）期望寿命[1]。

同时，DALE 也是一种对人群存活率、死亡率、不同健康状况的流行率和严重程度都很敏感的健康综合衡量指标。利用 DALE 可进行不同人群或同一人群不同时期健康状况的比较，从而评价不同国家或地区卫生系统绩效；结合成本效果分析确定重点人群和重点疾病，为卫生决策提供政策性支持；衡量人群健康水平的公平性；提供测量非死亡健康状况的有效方法，引起人们对非死亡健康状况的关注。因而，用 DALE 指标来检验一国或地区的公共健康水平具有较强的可比性和可信性。从这个角度而言，研究药品专利保护与社会健康水平的实证关系，可以检验药

[1] 刘宝，胡善联．伤残调整寿命研究［J］．中国卫生经济．2001，20（7）：34～35.

品专利保护与 DALE 的关系。

1. 相关数据和回归模型

选取“DALE”作为27个样本国家和地区“社会健康水平”的测量指标，见表5.13，作为量化药品专利制度与社会健康水平关系的计算依据。

表5.13　2007年样本国家和地区药品专利保护强度和伤残调整寿命

国家和地区	保护强度 *ST*	伤残调整寿命 *DALE*（年）	国家和地区	保护强度 *ST*	伤残调整寿命 *DALE*（年）	国家和地区	保护强度 *ST*	伤残调整寿命 *DALE*（年）
阿根廷	2.702	66.7	印度	2.185	53.2	俄罗斯	2.071	61.3
澳大利亚	4.492	73.2	以色列	3.552	70.4	南非	3.146	39.8
比利时	4.909	71.6	意大利	4.176	72.7	西班牙	3.156	72.8
巴西	3.129	59.1	日本	4.710	74.5	瑞典	4.035	73
加拿大	4.328	72	中国	3.032	62.3	瑞士	3.540	72.5
古巴	2.434	68.4	墨西哥	2.077	65	中国台湾	3.400	69
捷克	4.158	68	荷兰	4.667	72	泰国	3.446	60.2
法国	4.574	73.1	波兰	2.915	66.2	英国	3.209	71.7
德国	4.917	70.4	葡萄牙	3.294	69.3	美国	4.917	70

注：药品专利保护强度来自第三章计算所得的，DALE 数据来源于 WHO。

以药品专利保护强度 *ST* 作为被解释变量，伤残调整寿命的自然对数 Ln*DALE* 及其平方 *SQ* 作为解释变量进行线性回归。显著性检验结果见表5.14。

表 5.14　回归分析显著性检验结果

常数项	254.833 8*** (3.215 868)	Ln*DALE*	−128.379 3*** (−3.265 078)
SQ	16.307 63*** (3.349 931)	R^2	0.474 696
调整后的 R^2	0.430 920	*F* 值	10.843 90
P 值	0.000 362	样本数	27

注：表中括号内数值为该回归系数的 *t* 统计值；*** 表示该系数在 1% 的水平上显著。

由此可知，总体回归模型是显著的，即 *ST* 与 1/Ln*DALE* 和 *SQ* 之间的线性关系是显著的，即药品专利保护强度与伤残调整寿命之间的二次非线性关系（U 型关系）是显著的。同时，解释变量 1/Ln*DALE* 和 *SQ* 对被解释变量 *ST* 的影响是显著的。通过显著性检验的二次回归模型可表示为

$$ST = 15.701 - 0.504\mathrm{Ln}DALE + 0.005(\mathrm{Ln}DALE)^2 \quad (5.9)$$

2. 模型分析

模型（5.9）拐点为 Ln*DALE* = 3.936，换算为 *DALE* 是 51.222，即当伤残调整寿命小于 51.222 年时，药品专利保护强度随着伤残调整寿命的提高而降低。当伤残调整寿命大于 51.222 年时，药品专利保护强度随着伤残调整寿命的提高而提高。这一拐点的伤残调整寿命远远低于 27 个样本国家和地区的伤残调整寿命 67.34815 年。这说明大多数国家药品专利保护强度是随着伤残调整寿命的提高而提高。

同时，根据该二次回归模型中伤残调整寿命的拐点值(51.222)，可以计算获得该点的药品专利保护强度值(2.172)，即在以伤残调整寿命为考量的情况下，药品专利保护强度存在理论上的最优值。这一回归模型的计算结果再一次

验证了前述结论，即最优药品专利保护强度是有限的。换言之，存在着一个理论上的拐点，当伤残调整寿命小于该拐点时，加强药品专利保护强度只会阻碍社会健康水平的提高，当伤残调整寿命大于该拐点时，加强药品专利保护强度能够促进社会健康水平的提高。

这一实证分析结果与戈斯坦（Gostin）、曼（Mann）和卡斯（Kass）等人的实证研究大致相符，即最优药品专利保护强度是有限的。过强或过弱的药品专利保护并不必然能够达致促进社会健康水平提高的目标。最优药品专利保护强度应与本国和本地区特定时期的社会健康水平状况相契合。

四、模型相关检验

关于异方差性检验。利用 Eviews 软件对 2007 年 27 个样本国家和地区药品专利保护强度和社会福利各要素回归分析结果进行 White 检验，结果见表 5.15。由于当显著性水平 $\alpha = 0.05$，药品专利保护强度与社会福利的 *VA*、*GNI*、*DT*、*BD*、*DALE*、*DA* 和 *EI* 各要素回归模型的 nnR^2 值均小于 $\chi^2_{0}.05$（3） =7.81，所以 2007 年 27 个样本国家和地区药品专利保护强度与社会福利各要素的回归模型中均不存在异方差现象。

关于自相关性检验。选择 D. W. 检验进行自相关性检验，结果见表 5.15。由于 $d_U < d < 4 - d_U$，所以 2007 年 27 个样本国家和地区药品专利保护强度与社会福利 *GNI*、*DT*、*BD*、*DALE*、*DA* 和 *EI* 等各指标的回归模型中均不存在自相关性。由于 $4 - d_U < d < 4 - d_L$，所以药品专利保护强度与社会福利 VA 的回归模型中不能确定是否存在自相关，此时 D. W. 检验失效。采用偏相关系数检验的结果见表 5.16。表 5.16 中偏相关系数方块均未超过虚线，

表 5.15　回归分析结果的相关检验

		医药产业发展（Ⅰ）	经济发展水平（Ⅱ）	药品国际贸易（Ⅲ）	药品创新能力（Ⅳ）
		医药行业工业增加值（*VA*）	人均（*GNI*）	医药制品贸易额（*DT*）	人均药品专利申请（*DA*）
异方差性检验	nR^2	4.72	1.93	1.81	0.37
	$\chi^2_{0.05}$（3）	7.81	7.81	7.81	7.81
自相关性检验	d_L	1.24	1.24	1.24	1.24
	d_U	1.56	1.56	1.56	1.56
	D. W.	2.69	2.33	2.02	2.09
	所在区域	$4-d_U<d<4-d_L$	$d_U<d<4-d_U$	$d_U<d<4-d_U$	$d_U<d<4-d_U$
		创新人力资源（Ⅴ）	药品费用负担（Ⅵ）	社会健康水平（Ⅶ）	
		R&D 人员投入强度（*EI*）	人均药品费用支出（*BD*）	伤残调整寿命（*DALE*）	
异方差性检验	nR^2	2.19	5.93	4.02	
	$\chi^2_{0.05}$（3）	7.81	7.81	7.81	
自相关性检验	d_L	1.24	1.24	1.24	
	d_U	1.56	1.56	1.56	
	D. W.	2.18	2.04	2.13	
	所在区域	$d_U<d<4-d_U$	$d_U<d<4-d_U$	$d_U<d<4-d_U$	

所以该模型不存在自相关性。

表 5.16　2007 年 27 个样本国家和地区 *ST* 与 *VA* 回归模型的偏相关系数检验

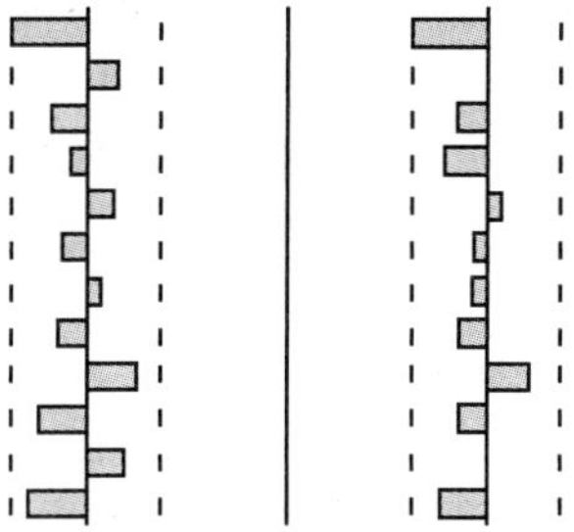

自相关	偏相关		AC	PAC	Q-Stat	Prob
		1	−0.378	−0.378	4.508 3	0.034
		2	0.154	0.005	5.252 1	0.072
		3	−0.175	−0.134	6.256 9	0.100
		4	−0.067	−0.214	6.408 7	0.171
		5	0.144	0.071	7.143 3	0.210
		6	−0.116	−0.055	7.648 7	0.265
		7	0.063	−0.066	7.803 2	0.350
		8	−0.146	−0.141	8.676 7	0.370
		9	0.263	0.212	11.680	0.232
		10	−0.241	−0.137	14.351	0.158
		11	0.182	0.017	15.976	0.142
		12	−0.296	−0.223	20.557	0.057

五、模型经济意义

通过计量经济学分析，本章认为对于大多数国家而言，药品专利制度有利于医疗产业发展、经济水平提升、医药国际贸易融合、社会健康水平改善、药品创新能力加速和创新人力资源整合，从而产生更多的“正”的社会福利。正是基于这一考虑，自 20 世纪 90 年代以来，我国已逐步建立了比较完善的药品专利法律和管理体系，取得了举世瞩目的显著进步，2008 年 4 月 9 日国务院原则通过《国家知识产权战略纲要》，6 月 5 日国务院发布《国家知识产权战略纲要》，这将为我国创新型国家建设提供强有力的制度保障。

与此同时，药品专利本身具有垄断性质，权利人在行使权利过程中为追求利润最大化，极有可能以牺牲社会公共利益为代价来扩张垄断权利，影响全社会知识资源的增长，加重药品费用负担，从而产生“负”的社会福利。本章的实证分析揭示了加强药品专利保护导致药品费用负担增长的内在关系，这一结果与绝大多数国家和地区面临药品费用支出负担过巨的情形相吻合。目前掌握世界绝大部分药品专利的美国、德国、英国、日本、瑞士等发达国家在维持较高药品专利保护水平的同时，还面临人均药品费用激增、政府卫生支出比例上升的困境。与此相类似的，对于药品专利保护水平不高的部分发展中国家（阿根廷、印度、墨西哥、俄罗斯、波兰），尽管人均药品费用支出与发达国家相比较低，但人均药品费用支出占人均 GNI 的较高比例也使得这些国家面临负担过重的困境。❶ 具体数据见图 5.4。

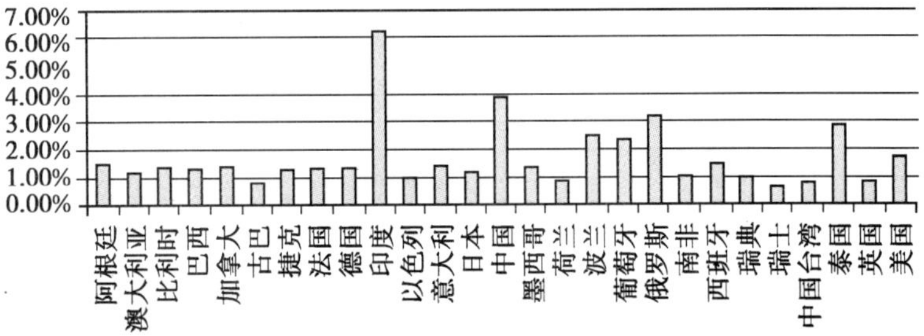

图 5.4　主要国家人均药品费用支出占人均 GNI 比例示意

正因为药品专利保护制度的“双面刃”性质，在加强药品专利保护的同时不可避免地带来一定的消极影响，为此，世界各国制定和颁布药品专利法律政策时慎之又慎，过强或过弱的药品专利保护强度并不必然有利于社会福利的提升。在最优药品专利有限性的条件下，药品专利保护强度应与本国和本地区特定时期的发展状况相协调、相匹配，有所选择、循序渐进，适度地保护药

❶ Jonathan D. Ensuring Access to Essential Medicines in the Developing Countries: A Framework for Action [J]. Clinical Pharmacology & Therapeutics, 2003, (73): 279 ~ 283.

品专利，尽可能产生多的“正”社会作用的同时，抑制其“负”社会作用，以实现药品专利制度收益的最大化，促进社会经济稳步发展。

第三节 本章小结

为进一步分析药品专利保护优化总模型的第二个基本假设（“有限的药品专利保护是最优的”）的可信度，以规避药品专利保护“反公地悲剧”，本章建立了药品专利保护有限性子模型，并对此进行了实证分析。

在理论研究部分，通过建立技术生产函数模型，以分析创新型医药企业和模仿型医药企业的技术进步率，解析过高和过低强度药品专利保护对医药企业技术进步的不同影响，结果表明：(1) 有限的药品专利保护强度是最优的；(2) 要结合实际情况制定适度的药品专利保护制度。

在实证研究部分，以医药产业社会福利函数经济子系统的医药产业发展、国民经济增长和医药制品国际贸易，技术子系统的药品创新能力和创新人力资源，卫生子系统的药品费用负担和社会健康水平为指标基础，探讨了药品专利保护与社会福利的内在关系。结果显示：在以社会福利为背景的考量下，最优药品专利保护强度是有限的。一个国家和地区的最优药品专利保护强度并非单调性地取决于其社会福利，而是存在一个理论上的拐点，在拐点两侧，采用不同的药品专利保护强度政策会对社会福利产生不同的影响。具体而言，药品专利保护与医药产业发展和创新人力资源呈倒U型关系，拐点分别为医药行业工业增加值41.316亿美元（该点药品专利保护强度为4.872）和研发人员投入强度为7.207人/百万时（该点药品专利保护强度为5.455）。药品专利保护与经济发展水平、药品国际贸易、药品费用负担、社会健康水平和药品创新能力呈U型关系，拐点分别为人均GNI为1774.971美元（该点药品专利保护强度为2.406）、医药制品贸易额为6.705亿美元（该点药品专利保护强度为2.155）、人均药品费用支出为86.67美元（该点药品专利保护强度为2.738），伤残调整寿命为51.222年（该点药品专利保护强度为2.172）和人均药品专利申请量为8.943件/亿人（该点药品专利保护强度为2.255）。

本章研究印证了药品专利保护有限性的可信度。

第六章

药品专利保护多维性理论与实证分析

一般而言，药品专利制度可以从药品专利长度维度和宽度维度加以刻画，或许正是由于药品专利的多重维度混合保护导致了社会福利损失。本章重点在于通过理论研究和实证分析进一步阐释和解析药品专利保护第三个基本假设（“通过对药品专利保护长度或宽度的调整能够优化药品专利保护，提高社会福利”）的可信度。基于此，在社会福利最大化条件下探求药品专利保护长度和宽度的最佳组合方向，以提高药品专利制度的激励效应。

本章研究思路如图 6. 1。

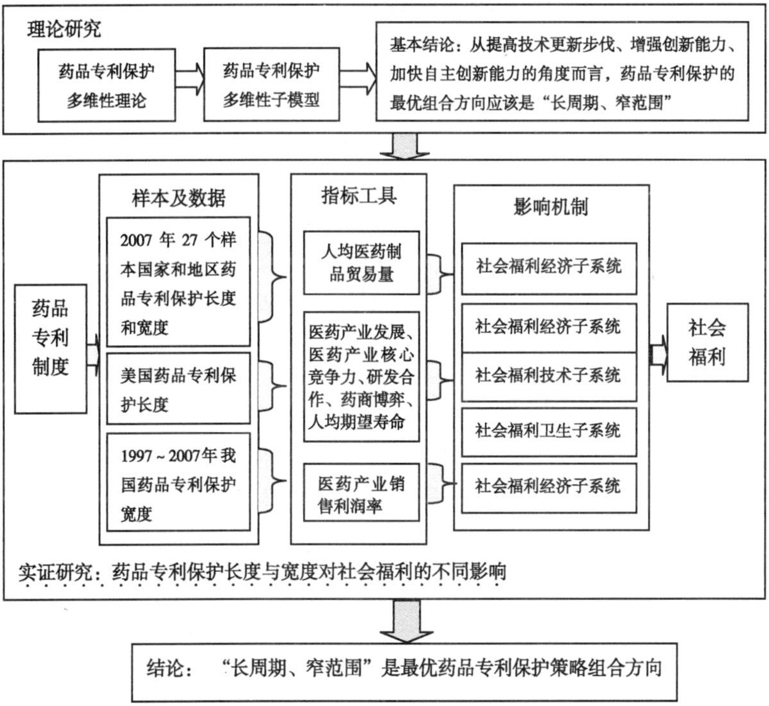

图 6. 1　第六章研究思路框架

第一节　药品专利保护多维性子模型

从本质上理解，药品专利制度是要在创新者和使用者之间建立一种最优的均衡关系，而这种均衡关系的维系在很大程度上依赖于药品专利长度和宽度的调节，故本章首先在一个离散的框架内分别探讨药品专利保护长度与宽度的正、负效应，然后在统一的框架内同时研究药品专利保护长度和宽度的最优组合，以实现社会福利最大化。

一、药品专利保护长度的正、负效应分析*

假定药品市场中存在若干均可独立承担某创新项目研究的医药企业。每家医药企业的研究成本为 m，因此如果有 n 家医药企业参与研究，则社会总成本为 mn，至少有一家医药企业成功的概率用 $\rho(n)$ 表示，$\rho(n)$ 关于 n 是递增的，即致力于创新研究的医药企业越多，研究成功的概率就越大。设研究发生在 0 时期，如果在这时期内有所发现，成功的医药企业及社会将在随后时期内获益。假定成功后，医药企业在专利期内将获得每期为 b 的收益，当药品专利失效时，由于“扩散效应”的存在，经过一段时间（设为 t_0 ）的学习模仿后，全社会可获得每期为 d（$d>b$）的收益。

---

* 参照刘春林，彭纪生．基于专利期限的技术创新激励模型研究．科研管理，2004，Vol. 25（1）：29－33．在此表示感谢。

共有三个方面因素影响社会净收益（福利）：（1）医药企业由于成功创新而产生的收益；（2）溢出与扩散效应而产生的福利（或称“扩散收益”）；（3）社会总成本（等于所有参与竞赛的医药企业的成本之和，即 mn）。前两者之和再减去第三者即为“社会净收益”。

当医药专利期满后，新药品价格并不会发生变化，创新企业的垄断还要持续一段时间，因为其他医药企业在专利失效后需要一定时间学习和模仿，才能进入该医药市场。如果设专药品利期限为 $t-t_0$（>0），“成功医药企业”的收益现值由两部分构成，即药品专利期限（$t-t_0$）的收益以及医药企业竞争对手模仿期间（t_0）的收益，表示如下

$$\int_0^{t-t_0} b.\,e^{-rs}ds + \int_{-t_0}^{t} b.\,e^{-rs}ds = \int_0^{t} b.\,e^{-rs}ds = \frac{b}{r}(1-e^{-rt}) \tag{6.1}$$

医药企业的收益关于专利期限是递增的；当医药专利期限为无穷大时，即医药专利是永久的，最先成功的医药企业收益现值为 b/r。另一方面，药品专利期限同时也会影响到由于扩散效应而产生的社会福利现值（扩散收益），扩散收益可以表示为

$$\int_t^{\infty} d.\,e^{-rs}ds = \frac{d}{r}e^{-rt} \tag{6.2}$$

由式（6.2）可知，当药品专利期增加 Δt 时，创新成功者的排他性收益会增加 $b/r\,(e^{-rt}-e^{-r(t+\Delta t)})$，同时由于扩散效应而产生的社会福利会减少 $d/r\,(e^{-rt}-e^{-r(t+\Delta t)})$，显然后者大于前者（因为 $b<d$）。因此，增加医药专利保护期限将会提高成功医药企业的排他性收益，但同时减少了由于扩散效应而产生的社会福利，并且后者的下降值要大于前者的增加值，所以，医药创新在

全社会所产生的总福利下降。

在完全竞争的医药市场环境下，医药企业从事创新研究的条件就是预期收益不低于投入成本。因为每个企业成功的机会相等，所以每个企业预期收益等于 $\frac{\rho(n)}{n}.\int_0^t b.e^{-rs}ds$，化简后为 $\frac{\rho(n)b}{nr}(1-e^{-rt})$（如果医药专利是永久的，则每个医药企业预期收益等于 $\frac{\rho(n)b}{nr}$）。所以参与同一项目研究的医药企业数目，是满足下面不等式的最大的 n。

$$\frac{\rho(n)b}{nr}(1-e^{-rt})\geqslant m \tag{6.3}$$

设任意两个医药专利期 t_1 和 t_2，$t_1<t_2$，并设 n^* 是满足 $\frac{\rho(n)b}{nr}(1-e^{-r(t_1+t_0)})$ 的最大的 n，那么显然有 $\frac{\rho(n^*)}{na^*r}(1-e^{-r(t_2+t_0)})\geqslant m$ 的 n 的最大取值一定不小于 n^*，即医药专利期越长，医药竞争企业数目 n 就会增加，见图 6.2。

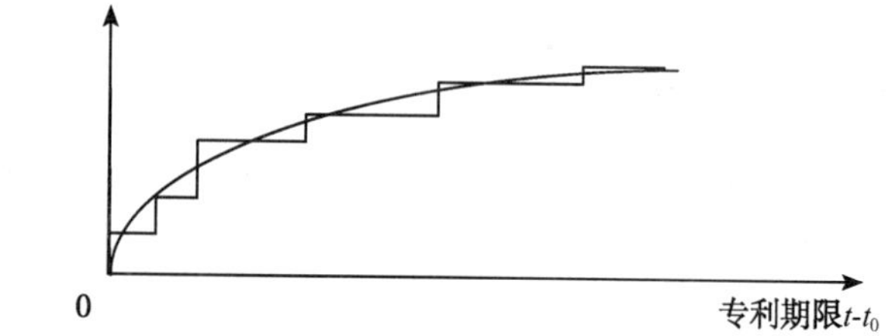

图 6.2　专利期延长对竞争企业数目的影响

n 和 t 之间存在一个数学关系，不妨设 $n=f(t)$，$f(t)$ 关于 t 是递增的，导致同一医药项目的社会的重复投资就越大。

社会预期净收益函数（NSB）可以表示如下

$$NSB(t) = \rho(n).[\int_0^t b.e^{-rs}ds + \int_t^{\infty} b.e^{-rs}ds] - mn \qquad (6.4)$$

式中，$n=f(t)$。

由于 $NSB(t) = \rho(n).[\int_0^t b.e^{-rs}ds + \int_t^{\infty} b.e^{-rs}ds] - mn$

$$= \rho(n).[\frac{b}{r} + \int_t^{\infty} b.e^{-rs}ds] - mn$$

$$= \rho(n).\frac{b}{r} + \rho(n).(d-c).e^{-rs} - mn \qquad (6.5)$$

于是社会净福利最大化问题，可以表示成如下优化形式

$$\max_t \rho(n).\frac{b}{r} + \rho(n).(d-c).e^{-rt} - mn \qquad (6.6)$$

通过以上研究，医药专利期限对竞赛企业的数目有影响，那么社会可以通过缩短医药专利期来控制竞赛企业的数目，以消除社会资源的浪费；通过缩短医药专利期限还可以加快医药创新成果的扩散，使社会福利增加。但是，医药竞赛企业数目的减少又会影响到医药 R&D 成功的概率，具体而言，相关影响见表 6.1。

表 6.1　药品专利期限变化对社会福利的影响

	成功医药企业收益	成功后的扩散收益	竞赛医药企业数目	成功概率	社会成本
专利期延长	增加	减少	增加	增加	增加
专利期缩短	减少	增加	减少	减少	减少

二、药品专利保护宽度的正、负效应分析❶

考察二阶段药品创新过程。设第一代创新药品的品质（Qual-

❶ 参照骆品亮，郑绍濂. 专利的保护年限与保护宽度之优化确定. 系统工程理论方法应用，1997，Vol. 6（2）：49－53. 在此表示感谢。

ity）为 x，成本为 C_1；第二代药品的品质为 $x+y$，成本为 C_2，其中 y 为第二代药品对第一代药品创新深化程度。一般地，y 与 C_2 是随机变量，设（y，C_2）服从（G，H）。若第一代创新者垄断经营第一代药品，收益为 $\pi(x, T)$；若它是第二代药品创新者并进行经营，收益为 $\pi(x+y, T)$。若两代产品由不同的创新者竞争经营，其收益分别为 $\pi_c(x, T)$ 与 $\pi_c(y, T)$。一般地，$\pi_c(x, T) \leqslant \pi(x, T)$；$\pi_c(x, T) + \pi_c(y, T) \leqslant \pi(x+y, T)$，且 π 与 π_c 均为药品专利年限 T 的增函数。因为垄断利润不会超过社会剩余，因此，在社会决策者看来，如果存在某个年限 T，使得 $\pi(x, T) - C_1 + E_{G,H}[\pi(x+y, T) - \pi(x, T) - C_2]^+ > 0$，则第一代药品创新是有效的；若 $\pi(x+y, T) - \pi(x, T) - C_2 > 0$，则第二代药品创新是有效的，其中 $A^+ = \max\{A, 0\}$。

设定药品专利保护宽度为不侵权下创新深化的最小值 $y^\#$，即若第二代药品的品质低于 $x+y^\#$，被认为是侵犯第一代药品的专利权。如果通过事后许可证（ex post licensing）的方式来转移利润，在 $y < y^\#$ 下，由鲁宾施泰因（Rubinstein）的讨价还价过程[1]，第二代药品创新者获利为 $1/2[\pi(x+y,T) - \pi(x,T)] - C_2$，从社会角度看来，其创新动力是不足的。若第二代药品创新者从不侵权（$y^\# = 0$），其创新动力必会陡增，但第一代创新者积极性受挫。一种折衷的解决方法是让双方达成事前协议（ex ante agreement）。在事前协议下，各方获利比事后许可证下多出事前协议提供的可瓜分剩余的一半。可见，在激励双方的创新积极性

[1] Rubinstein. A. Perfect Equilibrium in A Bargaining Model [J]. Econometrica, 1982, Vol. 12: 97~110.

上，事前协议优于事后许可证；只要能增加共同利润，第二代药品创新者进会进入。值得指出的是，第二代药品创新者往往具有较强的讨价还价能力，因而第一代药品创新者不可能获得创新的全部利润。事实上，格林等❶证明了第一代创新者获利不超过 $\pi(x+y,T)-(C_1+C_2)$。

如果（y，C_2）是确定的，假设双方可以进行事前协议。若第二代药品侵犯第一代药品的专利权，第一代创新者的获利为：$[\pi(x, T)-C_1]+1/2[\pi(x+y, T)-\pi(x, T)]=1/2[\pi(x, T)+\pi(x, y, T)]-C_1$。否则，第一代药品创新者将获利 $\pi_c(x, T)-C_1$。显然，前者大于后者。可见，对于第一代药品创新者而言，给予最大宽度的专利保护（即 $y^{\#}=\infty$）是最优的。但太宽的药品专利保护宽度会抑制第二代创新者的积极性，不利于累积创新。对于第二代药品是第一代药品的推广应用，或是作为副产品在另外一个不相关的市场上销售的创新，如果第二代药品创新者只知道它应为创新深化付出成本 C_2，在创新投入时并不知道该深化有多少价值（即随机变量 y 不能确定），此时对第一代创新者的最优激励并不是 $y^{\#}=\infty$，而是 $y^{\#}<\infty$，更一般地，有下面结论：若药品创新深化成本为 C_2，深化程度 y 服从于 G，且

（1）$E_G 1/2[\pi(x+y)-\pi(x,T)]\leqslant 0$

（2）$\pi(x+y,T)=\pi(x,T)+\pi_c(y,T)=\pi_c(x,T)+\pi_c(y,T)$

则可确定 $y^*<\infty$，使 y^* 对利润在两代药品创新者之间的分配优于 $y^{\#}=\infty$。

---

❶ Terry R. Green, Suzanne Scothmer. on the Division of Profit in Sequential Innovation [J]. RAND Journal of Economic, 1995, Vol. 26 (1): 20~33.

证明：若在没有事前协议下，第二代药品创新者进入，则其期望利润为

$$\int_{y^{\#}}^{\infty}\pi_c(y,T)dG + \int_0^{y^{\#}}\frac{1}{2}[\pi(x+y,T)-\pi(x,T)]dG - C_2$$

$$= \int_{y^{\#}}^{\infty}\pi_c(y,T)dG + \int_0^{y^{\#}}\frac{1}{2}\pi_c(y,T)dG - C_2 \tag{6.7}$$

令 $C_{inf} = \inf\{C_2 \in \sup H\}$，其中 $\sup H$ 表示分布函数 H 的支集，则 $C_{inf} < E_G\pi_c(y, T) < 2C_{inf}y^{\#}$。故有 $y^{\#} < \infty$，使得

$$\int_{y^{\#}}^{\infty}\pi_c(y,T)dG + \int_0^{y^{\#}}\frac{1}{2}\pi_c(y,T)dG - C_{inf} = 0 \tag{6.8}$$

对于 $C_2 > C_{inf}$ 的创新，药品专利保护宽度 $y^* < \infty$ 与 $y^{\#} = \infty$ 给予第一代同样的利润

$$1/2\max\{E_G[\pi_c(y,T) - C_2],0\} \tag{6.9}$$

对于 $C_2 = C_{inf}$ 的创新，当药品专利保护宽度为 $y^{\#} = \infty$ 时，可供讨价还价的剩余为 $E_G[\pi_c(y, T) - C_{inf}]$，而药品专利保护宽度为 y^* 下，由（6.9）式可知，不再有可供瓜分之剩余。此时，有限的药品专利保护宽度（$y^* < \infty$）比起无限的药品专利保护宽度（$y^{\#} = \infty$）转移更多的创新利润给第一代创新者。

通过以上研究，在累积创新中，后续创新药品往往对前面的创新药品形成竞争性威胁，而且由于汇漏（leak-out）现象普遍存在，创新者不能收取其创新的全部社会利益，因而对在先创新的激励动力不足。在对累积创新的激励上，药品专利保护宽度扮演着重要角色，决定了后继创新是否对其产生侵权，发挥在前后创新者中分配利润，进而对社会福利产生重要影响的作用，相关影响见表 6.2。

表 6.2 药品专利保护宽度对社会福利的影响

	垄断利润	专利产出激励	改进创新活动	市场资源扭曲	市场壁垒	技术改进速度
宽度增加	增加	增加	增加	增加	增加	降低
宽度减小	降低	降低	降低	降低	降低	增加

三、药品专利保护长度和宽度的最优组合分析

1. 创新风险及创新环境

创新是始于对技术商业潜力的认识而终于将其完全转化为商业产品的整个过程，包括创新机会的识别、创新层次的选择、资本投入的保证、组织建立、计划制定、员工招用和市场开辟等。成功后的创新是否符合新颖性、创造性要求，能否按照“先申请原则、优先权原则”获得专利，都具有一定的不确定性。创新并获得专利的风险包括创新成功风险、符合创新高度风险和申请成功风险。这里将总和创新过程中的各种风险为创新风险，定量为创新专利申请成功率。创新风险越小，成功率越大；反之，则成功率越小。

创新环境决定一个行业或国家产生并且应用创新能力的大小。它是一个国家或行业创新特征以及一切制度、政策和策略的集合。行业或国家的创新制度、政策策略是外部的创新激励，特别是专利制度能提供有效的创新激励，促使更多创新厂商愿意从事更高层次的创新活动，从而影响创新厂商的收益和社会福利，促进社会的技术进步。行业或国家的创新特征包括技术的层次、创新技术衔接程度、厂商的创新偏好、模仿或侵权偏好、产权保护程度和创新空间等因素。一定时期内创新流量强度反映了该行业或国家创新环境的优劣——创新流量强度越强，创新空间越

大，创新专利申请成功率越高，创新环境越好；反之，创新环境越差。良好的创新环境有利于创新活动的进行，提高创新的成功率，进而作用于专利制度本身（图 6.3）。

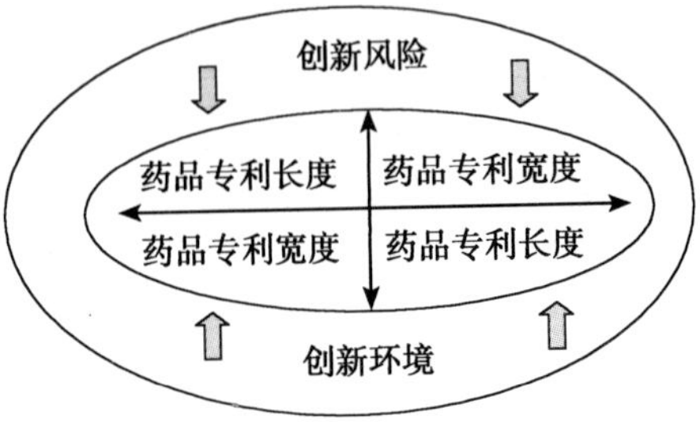

图 6.3　药品专利保护制度与创新风险及创新环境的关系

2. 模型假设*

假设在完全竞争的产品市场上，医药企业进行两代（不影响分析）持续创新活动，医药企业通过成功的创新来提高技术，从而降低自己医药产品的价格。当药品专利保护期限过后，其他医药企业可以通过模仿同样的技术，获得同样的降价能力。设创新成功前的均衡价格 $P=C$，成功后获得药品专利保护。药品专利保护长度为 T，宽度为 α。在第一代药品专利保护期内，药品专利拥有者的边际成本降低一个单位的 α，该创新医药企业同时进行持续创新。假设在第一代专利保护期结束时获得第二代专利保护权，同时边际成本又降低 α 单位，为 $C-2\alpha$。该医药产品反需求函数为：$P=A-Q$。其中 P 为该医药市场上药品的价格，Q 是药品的需求量。医药企业创新的研发成本为：C

* 参照李敏，刘和东．持续创新中最优专利长度和宽度设计．科技进步与对策，2009，Vol. 26（22）：46－48．在此表示感谢。

（α）$=\alpha^2/2$，$C(\alpha)'>0$，$C(\alpha)''<0$，即研发成本随着药品专利保护宽度的加大而增加，研发投入收益递减。创新医药企业创新前社会福利（消费者剩余）为 CS_0，在第一代和第二代药品专利保护期限内，创新医药企业的生产者剩余分别为 M_1 和 M_2。第一代专利带来的消费者剩余为 CS_1；第二代药品专利带来的消费者剩余为 DL。具体见图 6.4。

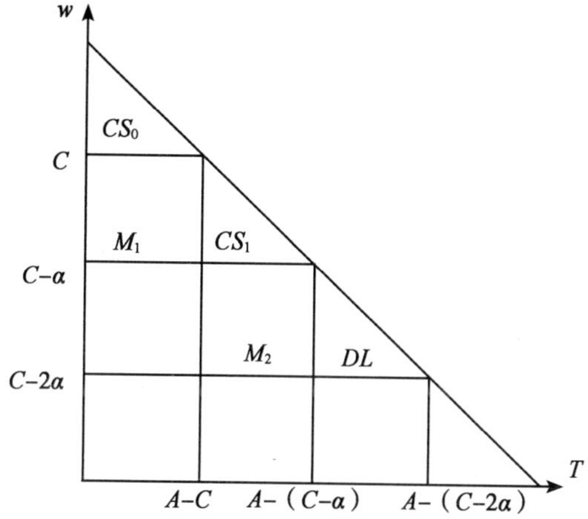

图 6.4　持续创新收益与社会福利关系

3. 药品专利保护长度一定时的药品专利保护宽度

对于医药企业来说，专利保护期限是给定的，即在专利保护长度一定的条件下，医药企业的收益函数为

$$\begin{aligned}\pi(T,\alpha) &= \int_0^T M_1 e^{-rt}dt - TC_1 + \int_T^{2T} M_2 e^{-rt}dt - TC_2 \\ &= \int_0^T \alpha(A-c)\,e^{-rt}dt - \frac{\alpha^2}{2} + \int_T^{2T}\alpha^2\,e^{-rt}dt - \frac{\alpha^2}{2} \\ &= \frac{1-e^{-rT}}{r}(A-c)\alpha + \alpha^2\,\frac{e^{-rT}-e^{-2rT}}{r} - \alpha^2 \qquad (6.10)\end{aligned}$$

医药企业是否对宽度为 α 的专利进行开发，取决于其收益函数（6.10）的最大化，因此对式（6.10）进行 α 的一阶求导，并令其为0，得

$$\alpha^* = \frac{(1 - e^{-rT})(A - c)}{2(-e^{-rT} + e^{-2rT})^2} \tag{6.11}$$

由式（6.11）看出专利保护宽度受利率 r、药品专利保护长度 T 和市场初始容量 $A-c$ 等因素的影响。对各因素影响分析如下

（1）$\frac{d\alpha^*}{dT} = \frac{r\ (A-c)\ e^{-rT}\ [r-\ (1-e^{-rT})^2]}{2\ (r-e^{-rT}+e^{-2rT})^2}$，当 $0 < T < \frac{\ln\frac{1}{1-\sqrt{r}}}{r}$ 时，$\alpha^* > 0$；当 $T > \frac{\ln\frac{1}{1-\sqrt{r}}}{r}$ 时，$\alpha^* < 0$；当 $T = \frac{\ln\frac{1}{1-\sqrt{r}}}{r}$ 时，$\alpha^* = 0$。即 α^* 随着 T 的增大而增加，当 T 超过 $\frac{\ln\frac{1}{1-\sqrt{r}}}{r}$ 时，随着 T 的增加而减少。

（2）$\frac{d\alpha^*}{dr} = \frac{t(A-c)\ e^{-rT}(3-2e^{-rt})}{2(r-e^{-rT}+e^{-2rT})^2} > 0$，即利率越大，因药品专利带来的利润现值也越大，创新激励越大，持续创新医药企业愿意接受的专利保护宽度越大，研发投入越大。

（3）$\frac{d\alpha^*}{d(A-c)} = \frac{(1-e^{-rT})}{2(r-e^{-rT}+e^{-2rT})^2} > 0$，随着市场容量变大，医药产品消费者愿意支付的价格降低，即消费者效用减少，对医药产品质量层次需求变大，药品专利保护宽度随之增大。因此，可得

命题1：医药企业接受的专利保护宽度随着专利保护长度先增加后减少；专利保护宽度随着利率增加而增加；专利保护宽度与初始创新前市场容量成正比。

4. 药品专利保护宽度一定时的药品专利保护长度

政府制定最优药品专利制度的目标：保证持续创新医药企业获得足够创新激励的基础上使社会福利最大化。医药企业持续创新成功前社会福利：$CS_0+M_1+M_2$，保护期限终止后的社会福利为：$CS_0+CS_1+M_1+M_2+DL$，政府目标是社会福利最大化，即

$$\max W(T)=max\Big[\int_0^T(CS_0+M_1)e^{-rt}dt+\int_T^{2T}(CS_1+M_2)e^{-rt}dt+\int_{2T}^{\infty}DLe^{-rt}dt-\frac{\alpha^2}{2}\Big] \tag{6.12}$$

$$W(T)=\int_0^T\Big[\frac{(A-c)^2}{2}+(A-c)\alpha\Big]e^{-rt}dt+\int_T^{2T}\Big[\frac{\alpha^2}{2}+\alpha^2\Big]e^{-rt}dt+\int_{2T}^{\infty}\frac{\alpha^2}{2}e^{-rt}dt-\frac{\alpha^2}{2}$$
$$=\frac{1-e^{-rt}}{r}\Big[\frac{3\alpha^2e^{-rt}+(A-c)^2}{2}+(A-c)\alpha\Big]+\frac{\alpha^2e^{-2rT}}{2r}-\frac{\alpha^2}{2} \tag{6.13}$$

$W(T)$ 最大，其一阶导数为0，即

$$W'(T)=\Big[\frac{(A-c)^2}{2}+(A-c)\alpha\Big]e^{-rt}+2\Big[\frac{\alpha^2}{2}+\alpha^2\Big]e^{-2rT}-\Big[\frac{\alpha^2}{2}+\alpha^2\Big]e^{-rt}-2\,\frac{\alpha^2}{2}e^{-2rT}=0$$

也即

$$\left[\frac{(A-c)^2}{2}+(A-c)\alpha-\frac{3\alpha^2}{2}+2\alpha^2e^{-rt}\right]e^{-rt}=0 \quad (6.14)$$

解式（6.14）得

$$T=\frac{1}{r}\ln\left[\frac{4\alpha^2}{3\alpha^2-2\alpha(A-c)-(A-c)^2}\right] \quad (6.15)$$

分别对式（6.15）中各因素求导。证明：$\frac{dT}{dr}=-\frac{1}{r^2}\ln\frac{4\alpha}{3\alpha^2-2\alpha\ (A-c)^2-\ (A-c)}<0$，利率越大，弥补药品专利的研发成本的时间变短，出于保证药品专利开发者弥补研发成本的专利保护长度变小。$\frac{dT}{\alpha^*}=-\frac{3\alpha^2+A-c}{\alpha r\ [3\alpha^2-2\alpha\ (A-c)^2-\ (A-c)]}<0$，$\frac{dT}{d\ (A-c)}=\frac{4\alpha\ (A-c)\ +1}{r\ [3\alpha^2-2\alpha\ (A-c)^2-\ (A-c)]}>0$。因为药品专利保护宽度的加大，投入研发成本增多，弥补研发成本的周期自然变长。由此，可得

命题2：药品专利保护长度随着利率的增加、专利保护宽度增大而减少，随着初始创新前市场容量增加而增加。

5. 基本结论

本书基于持续创新构建了最优药品专利保护长度和宽度多维性子模型。研究表明：药品专利保护长度和宽度不是无限、固定的，而是随着创新风险和创新环境的不同而不同，受利率和初始市场容量、消费者消费行为或效用等因素的影响。具体表现为：医药企业能接受的专利保护宽度随着利率增大而增大，随着专利保护长度先增加后减少；产品初始效用越大，市场容量越大，随着消费的增加，对原有专利产品的效用减少，因此对宽度的专利产品需求增大，专利保护长度随之增加；利率变大，专利保护长

度变短。专利保护长度和宽度的最优组合方向必然是（长周期，窄范围）或者（短周期，宽范围），而不可能二者同时增大或减小。需要强调的是，本书的模型只能提供药品专利保护的最优化方向，对于确切的专利保护长度或宽度无法准确计算出来。

6. 结论运用分析

上述结论对于当前的药品专利制度具有重要的借鉴意义。从提高技术更新步伐、增强创新能力、加快自主创新能力的角度而言，药品专利保护的最优组合方向应该是“长周期，窄范围”。具体分析阐述如下。

（1）药品专利保护长度的保护现状分析。从研发成果法定公开时间来看，由于药品发明的创造、利用与人类的生存、健康联系密切，直接影响人类的生活和生存质量，因而药品发明的公益性意义重大。在极端情况下，例如在一些传染性疾病暴发时，重大的药品发明甚至能够挽救整个民族的生存。基于这一特性，法律规定研制治疗人类疾病药品的科学家有义务与其他研究者尽快分享研究成果，决定了药品专利在上市销售之前必须早期公开（Early Disclosure）的特点。从有效保护期限来看，由于政府对制药产业的监管要严于其他工业领域。政府机构必须保证药品的安全性和有效性，因此，药品专利申请从申请之日起到最后上市销售需要较长时间（一般为 5 ~ 7 年，在美国这一时间甚至长达 10 ~ 15 年[1]），期间历经复杂而繁琐的新单体筛选、临床前动物试验及临床研究等阶段，而与新药相关的专利通常在新单体筛选

[1] 在 1960 ~ 1969 年，耗时为 8.3 年；1970 ~ 1979 年，耗时为 11.6 年；1980 ~ 1989 年，耗时为 13.9 年；1990 ~ 1999 年，耗时为 14.2 年。资料来源 http://www.p5w.net/newfortune/fxs/baogao/yysw/200809/P020080921647530198686.ppt. 2009 - 10 - 15.

时就已申请，药品专利往往在新药开发的早期就被授予，远远早于药品批准上市的时间。也就是说，政府药监部门对药品的注册管理使得创新药品实际独占药品市场的期限，即“有效专利期”大为缩短，制药领域的企业实际上只能获得比其他领域生产者短的专利保护期（一项药品专利的平均生命是 11 ~ 12 年，而非法定的 20 年）。

从这个角度而言，在这种情况下再实施“短周期”的药品专利保护政策，可能产生较大的沉没成本，造成创新激励不足、创新后劲不强。

（2）药品专利保护宽度的保护现状分析。从药品专利保护对象来看，目前，创造性标准的技术要求日益降低，使得药品新的用途、剂量形式、旧药的组合，甚至药丸的包装和颜色都能申请专利❶。以美国为例，1998 ~ 2002 年被美国 FDA 批准的 415 种新药中，只有 14% 的药物是真正算得上创新的，还有 9% 是在旧药基础上作了改进，在美国专利局看来，这些改进能够显著提高疗效，而剩下的 77% 的药物都是仿制药，与已上市的同类药物相比，疗效并无显著的区别，其中一些药物含有与旧药不同的化学成分，而大部分药物的成分与旧药几乎相同❷。药品专利保护范围的日益扩张无疑将专利制度基本上变成了发明创造者的“赏金游戏”，阻碍着科学技术的进步。更多的与创新无关的药品获得专利保护，也就意味着社会公众需要支付更多健康费用的同时受益却依然没有改观，这无疑会造成公共利益保护的失利。WHO

❶ ［美］玛西娅·安吉尔著. 制药业的真相［M］. 续芹译. 北京：北京师范大学出版社，2006.

❷ 同上。

也指出，现有的专利授予标准可能导致永久（ever-greening）专利，亦即对已有专利稍加改进便可有效延长20年的专利保护期。这有可能影响国家根据《经济、社会和文化权利国际公约》所承担的尊重科学研究和创造性活动自由的义务。从维护药品研发的创新积极性来看，当前的药品专利保护范围已经拓展得过于宽泛，多个药品专利权利人分别对其权利客体享有个人财产权，但各个权利客体如果单独存在并不具有商业上的使用价值，只有组合在一起才具有商业上的使用价值。对于“客体的集合”，各个权利人享有排他权，但都不享有使用权，导致对“客体的集合”的使用不足。在这种情况下，当一种药品发明涉及多项专利权且专利授权难以进行的情况下，将降低达成有效使用多方药品专利协议的可能性，导致药品研发出现断层，从而影响医药产业的快速发展。

从这个角度而言，在这种情况下再实施“宽范围”的药品专利保护策略，有可能导致医药领域的创新研发被堵塞，损害医药公司、研究机构和整个社会公益之间的利益平衡。

第二节 药品专利保护多维性实证分析

根据药品专利保护多维性的理论研究可知，药品专利保护的最优组合方向应该是“长周期，窄范围”。因此本节实证分析以医药产业社会福利函数为基础，选取医药制品国际贸易量为指标，分析药品专利保护长度和宽度的不同变化是如何对社会福利产生影响的。由于药品贸易量越多，药品专利权人可能获得的经济利润也越多，因此药品贸易量是衡量权利人获得经济收益的指标，同时药品贸易量的提高意味着患者能够获得的有效药物随之增多，社会健康水平也随之提高。因此，研究药品专利保护长度和宽度与社会福利水平的实证关系，可以检验药品专利保护长度和宽度与药品贸易量的关系。由于直接采用一国或地区药品贸易量的绝对值往往会忽略各国或各地区规模大小的差异，导致数据失真，因此，采用人均药品贸易量进行修正。

1. 计量模型

以样本国家和地区医药产业为基础，选取药品专利作为研究对象，构建如下计量分析模型，考察药品专利保护长度和宽度变量与社会福利的关系。

$$\begin{aligned} \mathrm{Ln}Trade_i &= \alpha + \beta_1 \times (Lg_i \times Ex_i) + \beta_2 \times (Wdn_i \times Ex_i) \\ &\quad + \beta_3 \times \mathrm{Ln}GDP_i + \varepsilon_i \end{aligned} \tag{6.16}$$

式中，i 为样本截面数据；被解释变量 Ln*Trade* 表示样本国家或地区人均药品贸易量的自然对数；*Lg* 表示药品专利的保护期限，是对专利保护长度的衡量；*Wdn* 表示药品专利保护范围，是对专利保护宽度的衡量；由于药品专利立法水平需要结合执法水平考虑，执法水平的高低直接决定了立法是否能够得以切实的执行，因此选用执法强度（*Ex*）分别与专利保护长度 *Lg* 和宽度 *Wdn* 乘积的自然对数作为解释变量；Ln*GDP* 表示人均国民生产总值的自然对数，考虑到样本国家或地区的经济发展水平不同，加入 GDP 解释变量，以控制专利保护长度和宽度对社会福利的影响；ε 为随机误差项。

2. 变量数据

计量模型的研究样本为 2007 年 27 个样本国家和地区的数据资料。样本数据的主要来源为：WIPO、OECD、UNSD 和各国专利局（知识产权局）网站等统计数据库。选取27类❶“人均药品贸易量”（进口、出口、复进口、复出口）作为测算指标，该数据和人均GDP数据见表6.3。关于药品专利保护的长度和宽度数据的取得作如下说明。

（1）专利保护长度 *Lg*。根据本书第三章“立法强度”中“保护期限”部分的计算方法，2007年样本国家和地区药品专利保护长度数据见表6.3。

（2）专利保护宽度 *Wdn*。根据本书第三章“立法强度”中“药品专利保护范围”的计算方法，2007年样本国家和地区药品专利保护宽度数据见表6.3。

（3）执法强度 *Ex*。为了更为真实反映立法层面的法律制度目标在司法实践中所能达致的具体效果，这里引入执法强度，表示样本国家和地区的执法状况。相关数据系第三章中“执法强度”计算所的，见表6.3。

---

❶ 样本药品及贸易编码如下：Extracts of glands etc.（300120），Heparin（200190），Antisera and other blood fractions（300210），Vaccines，human use（300220），Vaccines，veterinary use，except foot and mouth（300239），Blood，0toxins（300290），Penicillins or streptomycins and derivatives（300310），Antibiotics nes（300320），Hormones nes（300339），Alkaloids（300340），Medicaments nes（300390），Penicillins and streptomycins（300410），Antibiotics nes（300420），Insulin（300431），Adrenal cortical hormones（300432），Hormones nes（300439），Alkaloids（300440），Vitamins（300450），Medicaments nes（300490），Medical dressings etc. having an adhesive layer（300510），Medical dressings etc except those with adhesive laye（300590），Suture materials，sterile surgical and dental goods（300610），Blood-grouping reagents（300620），Opacifying preparations，x-ray，diagnostic reagents（300630），Dental cements and other dental fillings，bone cement（30040），First – aid boxes and kits（300650）Contraceptive preps based on hormones or spermicides（300660）.

表 6.3　2007 年 27 个样本国家和地区药品专利保护多维度分析变量统计表

国家和地区	人均贸易量（百万美元）*Trade*	*Lg*	*Wdn*	*Ex*	*Lg* × *Ex*	*Wdn* × *Ex*	人均 GDP（美元）
阿根廷	0. 369 266	0. 6	0. 500	0. 965	0. 579	0. 483	6 636
澳大利亚	4. 615 9	0. 75	0. 875	1	0. 75	0. 875	45 590
比利时	81. 225 27	0. 967	0. 750	0. 95	0. 919	0. 713	43 470
巴西	0. 224 945	0. 6	0. 375	0. 807	0. 484	0. 303	6 852
加拿大	5. 010 347	0. 65	0. 625	0. 946	0. 615	0. 591	43 368
古巴	0. 307 777	0. 45	0. 250	0. 777	0. 350	0. 194	4 641
捷克	6. 888 085	0. 967	0. 750	0. 907	0. 877	0. 680	16 881
法国	7. 733 287	0. 967	0. 625	0. 935	0. 904	0. 584	40 090
德国	11. 074 58	0. 967	0. 750	1	0. 967	0. 750	40 165
印度	0. 039 346	0. 6	0. 750	0. 491	0. 295	0. 368	976
以色列	0. 661 096	0. 717	0. 750	0. 839	0. 602	0. 629	23 383
意大利	5. 060 621	0. 8	0. 750	0. 861	0. 689	0. 646	35 585
日本	0. 841 311	0. 76	0. 750	1	0. 76	0. 750	34 225
中国	0. 042 321	0. 705	0. 750	0. 649	0. 458	0. 487	2 280
墨西哥	0. 444 674	0. 7	0. 500	0. 7	0. 49	0. 350	8 386
荷兰	17. 960 64	0. 867	0. 500	1	0. 867	0. 500	46 669
波兰	1. 439 46	0. 967	0. 750	0. 897	0. 867	0. 673	11 008
葡萄牙	2. 850 426	0. 967	0. 750	0. 841	0. 813	0. 631	20 990
俄罗斯	0. 487 285	0. 7	0. 750	0. 772	0. 540	0. 579	9 050
南非	0. 334 517	0. 6	0. 625	0. 788	0. 473	0. 493	5 826
西班牙	4. 707 491	0. 7	0. 625	0. 836	0. 585	0. 523	32 451
瑞典	1. 288 871	0. 967	0. 750	0. 900	0. 870	0. 675	49 873
瑞士	6. 415 586	0. 8	0. 750	0. 730	0. 584	0. 548	56 579
中国台湾	2. 575 301	0. 75	0. 750	0. 819	0. 614	0. 614	33 270
泰国	0. 191 156	0. 6	0. 625	0. 897	0. 538	0. 561	3 841
英国	7. 883 134	0. 817	0. 625	1	0. 817	0. 625	45 549
美国	2. 602 953	0. 95	1. 000	1	0. 95	1. 000	45 047

3. 显著性检验

针对给定的截面数据和计量模型进行回归分析，得出包含不同解释变量的回归结果如表6.4。设计了两个计量模型，在模型Ⅰ中引入药品专利保护长度（$Lg \times Ex$）变量；在模型Ⅱ中进一步引入药品专利保护宽度（$Wd \times Ex$）变量。模型回归结果见表6.4。根据现有的模型诊断指标，可以认为模型Ⅱ比模型Ⅰ更具解释力。根据模型Ⅱ的回归结果显示，药品专利保护长度和宽度都对人均药品的贸易量产生重要影响。

表6.4　药品专利保护长度和宽度与人均药品贸易量回归结果

	模型Ⅰ	模型Ⅱ
常数项	-12.007 56*** (-7.042 238)	-12.050 15*** (-7.486 755)
$Lg \times Ex$	2.639 983* (1.983 717)	4.347 698*** (2.855 464)
$Wdn \times Ex$	—	-2.961 659* (-1.984 651)
LnGDP	1.093 929*** (4.728 958)	1.157 774*** (5.245 910)
R^2	0.791 554	0.822 032
调整后的 R^2 值	0.774 184	0.798 819
F 值	45.568 95	35.412 24
P 值	0.000 000	0.000 000
样本数	27	27

注：括号内为 t 统计值，***、**、* 表示在1%、5%、10%的水平上显著。

在模型Ⅱ中，药品专利保护长度与人均医药制品贸易量呈正相关关系，并且在统计上存在相关关系。这也表明，药品专利保护长度的延长对人均医药制品贸易量的增加是有利的；药品专利保护宽度与人均医药制品贸易量呈负相关关系，即随着药品专利保护宽度的增加，人均医药制品贸易量将随之下降。

回归模型为

$$\mathrm{Ln}\mathit{Trade} = -12.050 + 4.348(\mathrm{Lg} \times \mathit{Ex}) - 2.962(\mathit{Wdn} \times \mathit{Ex}) + 1.158\mathrm{Ln}\mathit{GDP} \quad (6.17)$$

4. 模型相关检验

关于异方差性检验。利用 Eviews 软件进行 White 检验。其中，F 值是辅助回归模型的 F 统计量值。选取显著性水平 $\alpha = 0.05$，由于 $nR^2 = 4.167463 < \chi^2_{0.05}(6) = 12.59$，所以模型（6.16）不存在异方差现象。

关于自相关性检验。选择 D. W. 检验进行自相关性检验。因为 $n = 27$，$k = 3$，查 D. W. 检验上下界表，得 $d_U = 1.65$，$d_L = 1.16$，计算得到统计量 D. W. = 2.422 830，由于 $4 - d_U < d < 4 - d_L$，所以此时 D. W. 检验失效。采用偏相关系数检验的结果见表 6.5。图中偏相关系数方块均未超过虚线，所以模型（6.16）不存在自相关性。

表 6.5　模型(6.16)的偏相关系数检验

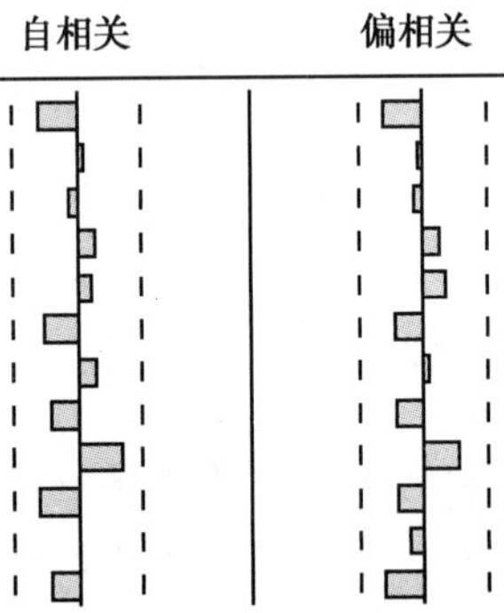

	AC	PAC	Q-Stat	Prob
1	−0.223	−0.223	1.503 7	0.220
2	0.034	−0.017	1.540 0	0.463
3	−0.031	−0.029	1.572 2	0.666
4	0.107	0.099	1.962 0	0.743
5	0.090	0.144	2.249 9	0.814
6	−0.187	−0.148	3.558 6	0.736
7	0.105	0.036	3.992 6	0.781
8	−0.163	−0.154	5.083 1	0.749
9	0.267	0.198	8.186 1	0.516
10	−0.237	−0.139	10.773	0.375
11	−0.006	−0.060	10.775	0.462
12	−0.153	−0.213	11.992	0.446

关于多重共线性检验。采用方差膨胀因子检验法进行检验，

用 SPSS 软件包对模型进行检验，从输出结果可以看出，$VIF_{Lg \times Ex} = 3.322$，$VIF_{Wd \times Ex} = 2.451$ 和 $VIF_{LnGDP} = 2.310$ 均小于 10，所以模型（6.16）不存在多重共线性。

5. 模型经济意义

通过对样本国家和地区药品专利保护长度、宽度与人均医药制品贸易量的关系统计，能够初步证明：（1）药品专利保护长度与社会福利呈正相关关系，这一实证结果与上述理论假设相符，并与格罗顿达斯特（Grootendorst）和马泰奥（Matteo）等人的实证研究大致相符；（2）药品专利保护宽度与社会福利呈负相关关系。这一实证结果与上述理论假设相符，并与马斯库斯（Markus）等人的实证研究大致相符。

比较药品专利保护长度和宽度对人均医药制品贸易量的影响系数可知，药品专利保护长度弹性是保护宽度弹性的近 1.5 倍，也即药品专利保护长度的扩大和保护宽度的缩小是各国人均医药制品贸易量增长的主要原因。

第三节　药品专利保护“长周期”分析：以美国延长期制度为切入点

在药品专利保护多维性的实证分析中，揭示了药品专利保护长度与社会福利呈正相关关系，但缺乏对两者之间的内在机制进行深入挖掘。从这个角度而言，有必要对药品专利保护长度作用于社会福利的内在路径作更为详尽和细致的解读。本节以美国药品专利保护延长期制度为样本展开定量评价，剖析药品专利保护长度对社会福利影响的传导方式。

一、延长期制度背景及主要内容

药品研发不仅具有先期投入成本大、技术含量高、参与人数多、R&D 周期长等特点，而且由于药品发明的公益性和专利申请模式的特殊性，造成了药品研发成果法定公开时间早和实际保护期限短的现状。这在客观上减损了药品专利保护的作用，降低了医药企业活力的可能性，甚至影响到 R&D 成本的回收，从而大大阻碍了制造商 R&D 新药的积极性。对此有学者尖锐地指出，“此问题的存在并不在于司法机关适用法律不明确，或对法律的解释偏离了立法的宗旨。问题的根本症结在于立法者没有在专利有效期的开始[1]时……排除其他因素对专利权的干扰。”[2] 基于这个重要的理由，创新能力较强的医药企业强烈要求对“浪费”了的药品专利保护期予以补偿。从 20 世纪 80 年代开始，美国相继出台了相关政策，制定了一系列的药品专利延长制度。具体而言，1984 年出台了《Hatch-Waxman 法案》，规定专利期最长可延长 5 年。1995 年签订了 TRIPs 协议，药品专利基本保护期由 17 年延长至 20 年，1997 年《联邦食品、药品和化妆品法案》［25 USC 305（C）（D）（ii & iii）］规定了 5 年的新药数据排他期以及 3 年的新指征数据排他期，1983 年通过《罕用药法案》（*Orphan Drug Act*）规定了罕用药延长期 7 年，1997 年通过《现代化法案》（*Modernisation Act*）和《儿童最佳药物法案》（*Best Pharmaceuticals for Children Act*）规定了 6 个月儿童用药排他期。总而

---

[1] 这里指由于复杂而繁琐的申请程序致使药品专利期未能充分而有效的享有。

[2] Kamerstucken，13 209（R967），Nr. 3，S. 831 ff.

言之，美国药品专利保护期限保持持续增长趋势。

制度创新促进绩效提升。美国在药品专利延长期制度上一系列创新，不仅平衡了政府、医药公司和患者各方的利益，提高了整个药品专利管理体系的效率，更重要的是，它使得美国药品专利制度与新科技革命背景下的知识经济和经济全球化相适应，为充分发挥其知识创新优势，增强本国医药产业国际竞争力提供了可能。本节以医药产业社会福利函数为基础，选取经济子系统的医药产业发展，技术子系统的医药产业核心竞争力和 R&D 合作量，卫生子系统的医药市场竞争环境和社会健康水平为指标，对美国药品专利延长期制度与社会福利的相关性进行检验，以此进一步深化对“药品专利保护长度与社会福利呈正相关关系”这一结论的认知。

二、延长期制度对社会福利经济子系统影响的实证分析

1. 美国医药产业发展趋势分析

从延长期制度运作来看，医药企业申请热情高涨。《Hatch-Waxman 法案》颁布后，专利药的平均有效专利期由 9 年延长至 11.5 年。专利期延长 5 年（最长延长期）的专利药品占全部新药申请的 9%，延长 3 年以上的达 34%[1]。如美国礼莱公司“百忧解”（Prozac）于 1986 年上市，其专利在 1995 年初到期后又获得专利期限的延长，而该药约有 80% 的销售额是在专利延长期内获得的。

---

[1] Wendy H. Schacht，John R. Thomas. Patent Law and Its Application to the Pharmaceutical Industry［EB/OL］. http：//www. ipmall. info/hosted - resources/crs/RL30756 - 050110. pdf. 2009 - 03 - 20.

从投资回报的角度来看，投资收益较高。延长期制度通过确保专利人能够在合理长的期限内获得尽可能多的经济利益以促进和激励医药企业加大对专利药的研发热情，使得制药公司获得了高额利润回报，由此也惠及了其各个股东。据统计，美国医药行业的平均股东回报率是22%，排名前20位制药公司的平均股东回报率是29%，远远高于其他行业的利润水平。

从专利药品的生命周期和盈利能力来看，增加医药产品国际竞争力。药品专利的保护期限直接影响了产品的生命周期和盈利能力。美国与欧洲（不包括德国和英国）新药的生命周期存在显著差异。在美国，新药获得批准后销售额很快进入快速上升阶段，但到后期，受仿制药等竞争因素的影响，销售收入迅速下降，销售收入水平明显低于欧洲。欧洲则在药品被批准后有一段时间的上市延迟，同时价格受政府控制，加之新药使用的平均速率也低于美国，因此营利缓慢，但其在生命周期中曲线变化较小，仿制药进入市场后，仍有较高的营利水平。但总体而言，美国的专利药品盈利水平高于欧洲，见图6.5。

2. 延长期制度与医药产业发展关系的相关性检验

“工业增加值”是“医药产业发展”的重要衡量指标。工业增加值的增加意味着企业所获利润增多，先期投入的巨额资本得到回报将促使企业投资积极性的提高。因此，“工业增加值”指标能够更加真实地体现医药产业增长的变迁。因而，可以通过检验药品专利保护长度与工业增加值的关系，揭示药品专利保护长度与医药产业增长的内在机制。

（1）显著性检验。根据第三章“药品专利保护指标体系构建及强度测算”的方法，将1980～2008年美国药品专利立法长度 Lg 与执法强度 Ex 的乘积，作为在实践中具体的药品专利长度

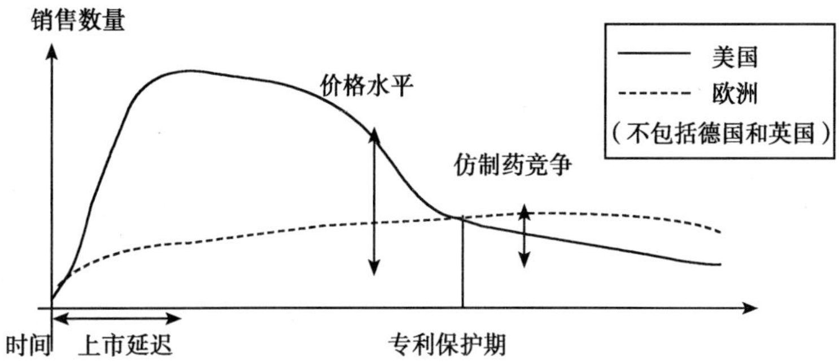

图 6.5 美国与欧洲（不包括德国和英国）新药生命周期比较

资料来源：Andrew Witty. Factors Driving Pharmaceutical Innovation. http：//www. innovationseries. com/Anthens/Athens_ downloads/Andrew_ witty_ presentation. ppt. 2008-10-13.

$Lg \times Ex$。1980 ~ 2008 年美国医药行业工业增加值的数据见表 6. 6。

表 6. 6 美国药品专利长度与工业增加值

年份	药品专利长度（$Lg \times Ex$）	工业增加值 VA（百亿美元）	年份	药品专利长度（$Lg \times Ex$）	工业增加值 VA（百亿美元）	年份	药品专利长度（$Lg \times Ex$）	工业增加值 VA（百亿美元）
1980	0. 345	1. 592	1990	0. 524	2. 446	2000	0. 767	5. 503
1981	0. 353	1. 632	1991	0. 525	2. 830	2001	0. 767	6. 362
1982	0. 356	1. 658	1992	0. 525	3. 126	2002	0. 767	6. 709
1983	0. 433	1. 704	1993	0. 525	3. 303	2003	0. 767	7. 707
1984	0. 444	1. 763	1994	0. 525	3. 703	2004	0. 767	7. 820
1985	0. 524	1. 873	1995	0. 645	3. 796	2005	0. 767	7. 643
1986	0. 524	1. 963	1996	0. 645	4. 119	2006	0. 767	9. 149
1987	0. 524	2. 069	1997	0. 766	4. 304	2007	0. 767	9. 357
1988	0. 524	2. 298	1998	0. 766	4. 714	2008	0. 767	9. 875
1989	0. 524	2. 362	1999	0. 767	5. 248	—	—	—

注：工业增加值来源于 FDA，USCB，USPTO，UNSD。

为验证两者线性关系和解释变量的显著性，以工业增加值的自然对数 Ln*VA* 作为被解释变量，以药品专利保护长度 $Lg \times Ex$ 作为解释变量进行一元线性回归，分析结果见表 6.7。

表 6.7　美国药品专利期延长制度实证研究回归分析结果

常数项	$Lg \times Ex$	$Lg \times Ex$	调整后的 R^2 值	F 值	P 值	样本数
-0.995 785 *** (-5.446 483)	3.763 300 *** (12.901 70)	0.860 432	0.855 263	166.453 9	0.000 000	29

注：表中括号内数值为该回归系数的 t 统计值；*** 表示该系数在 1% 的水平上显著。

（2）模型相关检验。关于异方差性检验。利用 Eviews 软件进行 White 检验，当显著性水平 $\alpha = 0.05$ 时，由于 $nR^2 = 2.77 < \chi^2_{0.05}(2) = 5.99$，所以回归模型中不存在异方差现象。

关于自相关性检验。选择 D. W. 检验进行自相关性检验，由于 $0 < d < d_L$，所以回归模型中存在自相关性。对此，可通过 Cochrane-Orcutt 迭代法来进行处理，消除模型的自相关性，调整后的回归模型如下

$$\mathrm{Ln}VA = -1.428961 + 4.391638(Lg \times Ex) \qquad (6.18)$$

从模型结果可知，总体回归模型、工业增加值与药品专利保护长度之间的线性关系以及解释变量药品专利保护长度对被解释变量工业增加值的影响是显著的，也就是说，1980～2008 年美国药品专利期的延长促进了工业增加值的增加。这一实证结果与施瓦茨曼（Schwartzman）、斯塔特曼（Statman）、埃斯曼（Eisman）、沃德尔（Wardell）、格拉博夫斯基（Grabowski）、韦尔农（Vernon）、乔格勒卡尔（Joglekar）和帕特松（Paterson）等人的实证研究大致相符。

三、延长期制度对社会福利技术子系统影响的实证分析

（一）延长期制度促进了医药产业核心竞争力的强化和提升

1. 医药产业核心竞争力发展趋势分析

从医药产业利润增长情况来看，市场创新回报丰厚。由于美国是一个政府不控制药价的国家，美国医药企业的创新药依靠专利保护实施市场垄断定价。同一药品，美国市场上的零售价格要比加拿大高38%，比英国高37%，比意大利高51%，比墨西哥高70%，比中国、印度等发展中国家高150%～300%。药品定价的完全市场化，使得美国医药创新企业获得了丰厚的市场创新回报。以2008年净利润为例，瑞辉为81亿美元、默克78亿美元、施贵宝52亿美元、雅培48亿美元、安进42亿美元。美国医药产业利润增长率与GDP增长率见图6.6，可见由于强劲的发展态势和良好的抵御风险能力，医药行业的快速发展业已成为美国社会经济发展的重要引擎。

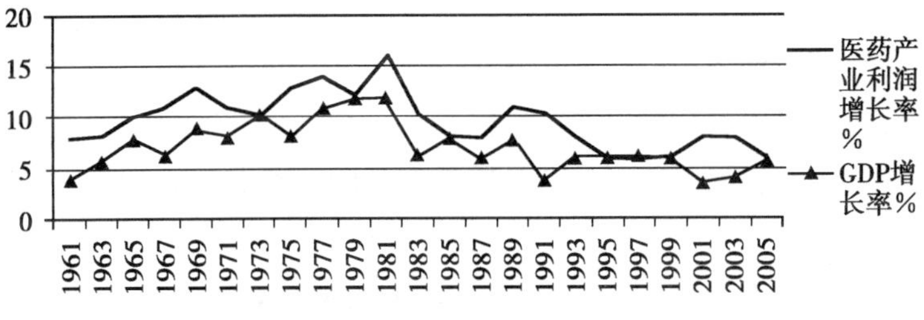

图6.6　1960～2006年美国医药产业利润增长率与GDP增长对比示意图

数据来源：FDA、USCB，经作者整理计算。

从医药市场规模排序情况来看，美国成为国际医药界的翘楚。美国多年来稳居世界第一，截至2007年，美国医药产业总收入达3 150亿美元，占全球市场份额超过40%，遥遥领先于其

他国家。在全球生物技术药物市场828亿美元的销售额中，美国制药企业占据了60%以上的市场份额。美国医药行业不仅产业规模、技术水平位居世界第一，而且形成了不断创新的良性循环发展机制。这除了得益于政府的大力推动外，延长期制度所保障专利权人的高额市场回报是关键。

从药品R&D创新热情来看，资金投入持续增加。美国延长期制度的创新增加了专利药品所带来的经济收益，高回报必将提高创新的积极性，制药公司在新药研制与开发上的投入也相应增加。2007年，美国医药产业R&D投资总额已达588亿美元，占全球医药R&D投资1052亿美元的56%；其R&D投资占国内销售额比重是制造业的5倍以上，达18.7%，连续第7年保持在18%以上。2008年，尽管遭受了金融危机的打击，美国医药产业的研发费用仍然高达652亿美元。

2. 延长期制度与医药产业核心竞争力关系的相关性检验

选取“药品专利授予量”作为“医药产业核心竞争力”的测量指标。拥有专利量的多少是一个行业核心竞争力大小的体现，一个行业掌握的专利量越多意味着其由此可能获得的利润越多。从这个角度而言，可以通过检验药品专利保护长度与药品专利授予量的关系，揭示药品专利保护长度与医药产业核心竞争力的内在机制。

(1) 显著性检验。以1988~2008年北美行业分类号（NAIC Number）3254（325411、325413、325414）为研究对象，根据PTO的专利分类，选取分类号为424（产生生物影响和身体治疗效果的药物）、435（分子生物学和微生物学化合物）、436（用于分析和免疫检测的化合物）、514（产生生物影响和身体治疗效果的药物）、530（天然树脂或其衍生物，肽或蛋白质，木质素或其产品的反应的化合物)、800(多细胞生物机体及未改性部分和相关过程)、930(多肽或蛋白质序列)的专利授予数量,统计数据见表6.8。

表6.8 美国药品专利长度与工业增加值

年份	药品专利长度($Lg \times Ex$)	药品专利授予量 *DPG*(千件)	年份	药品专利长度($Lg \times Ex$)	药品专利授予量 *DPG*(千件)	年份	药品专利长度($Lg \times Ex$)	药品专利授予量 *DPG*(千件)
1988	0.524	3.999	1995	0.645	6.126	2002	0.767	12.587
1989	0.524	5.321	1996	0.645	7.588	2003	0.767	11.509
1990	0.524	4.720	1997	0.766	10.182	2004	0.767	9.327
1991	0.525	5.202	1998	0.766	12.519	2005	0.767	8.156
1992	0.525	5.597	1999	0.767	12.998	2006	0.767	10.46
1993	0.525	6.180	2000	0.767	11.616	2007	0.767	10.108
1994	0.525	5.570	2001	0.767	12.87	2008	0.767	9.49

为验证药品专利保护长度和药品专利授予量线性关系和解释变量的显著性,以药品专利授予量的自然对数Ln*DPG*为被解释变量,以药品专利保护长度 $Lg \times Ex$ 作为解释变量进行一元线性回归,分析结果见表6.9。

表6.9 美国药品专利期延长制度实证研究回归分析结果

常数项	$Lg \times Ex$	$Lg \times Ex$	调整后的 R^2 值	*F* 值	*P* 值	样本数
0.017 392 (0.089 510)	3.080 480*** (10.838 75)	0.860 784	0.853 457	117.478 5	0.000 000	21

注:表中括号内数值为该回归系数的 t 统计值;*** 表示该系数在1%的水平上显著。

(2)模型相关检验。关于异方差性检验。利用Eviews软件进行 White 检验，当显著性水平 $\alpha = 0.05$ 时，由于 $nR^2 = 0.14 < \chi^2_{0.05}(2) = 5.99$，所以回归模型中不存在异方差现象。

关于自相关性检验。选择 D. W. 检验进行自相关性检验，由于 $0 < d < d_L$，所以回归模型中存在自相关性。对此，可通过 Cochrane-Orcutt 迭代法来进行处理，消除模型的自相关性，调整后的回归模型如下：

$$\text{Ln}DPG = 0.399175 + 2.552483(Lg \times Ex) \qquad (6.19)$$

从模型结果可知，总体回归模型、药品专利保护长度与药品专利授予量之间的线性关系以及解释变量药品专利保护长度对被解释变量药品专利授予量的影响都是显著的，也就是说，1988～2008 年美国药品专利期的延长促进了药品专利授予量的增加。这一实证结果与马代科（Marschke）和基姆（Kim）等人的实证研究大致相符。

（二）延长期制度加快了药品 R&D 合作的紧密程度

1. 医药企业研发合作趋势分析

从医药公司研发合作程度来看，合作日趋频繁。随着生物技术等多种新药 R&D 手段的发展以及药品专利保护期限的延长，制药公司 R&D 投入热情得到法律制度的强有力保障，越来越多的美国新兴制药公司不断加入到这一行业，合作日趋频繁，形成了复杂的合作网络关系。在 20 世纪 80 年代，合作网络中以初创生物技术公司（start-ups）为主导（例如 Genentech、Biogen 和 GenexAmgen）。这些小型公司在合作网络中起到了桥梁纽带作用。随着科技进一步发展以及合作网络逐步延伸，制药公司和生物技术公司很快与其他公司结成联盟，以进入这个可以带来巨大商业机会的宽广研究领域。1975～1979 年、1980～1984 年以及 1985～1989 年不同时间段中制药公司 R&D 合作的复杂程度对比见图 6.7，形象地说明了药品专利延长期制度对制药公司研发合作拓展的积极影响。

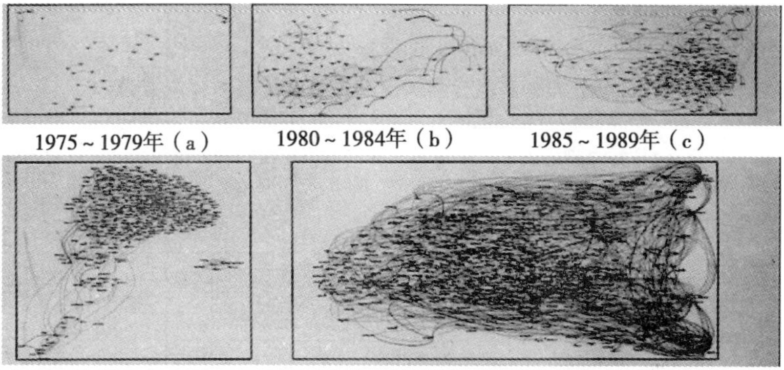

图 6.7　1975～1989 年美国生物制药公司网络合作的演进

资料来源：Nadine Roijakkers，John Hagedoorn. Inter-firm R&D partnering in pharmaceutical biotechnology since 1975：Trends，patterns，and networks. *Research Policy*，2006，(35)，pp. 431～446.

从沿价值链“去整合化”的发展进程来看，合同外包形式（CRO）得到普遍适用。从 20 世纪 90 年代以来，美国医药研领域出现的一个新趋势是生物医药产业价值的实现不再仅仅集中在产业链的某一环节，而开始向产业链的上下游扩散，这种沿价值链的“去整合化”（disintegration）现象使得合同外包形式得到普遍适用。迄今为止，全球已有超过 1000 多家 CRO 企业，其中美国有 300 多家，全球前 10 位的顶级公司几乎均为美国公司。美国的生物医药公司普遍与 CRO 联手共同进行新药开发，CRO 已成为生物医药产业新药研发的战略性环节。

2. 延长期制度与药品 R&D 合作关系的相关性检验

作为典型的高技术行业，生物制药技术领域的合作数量能够较为全面真实地反映现代医药企业 R&D 合作趋势和动向。因此，选取“生物制药技术合作数量”作为“医药企业 R&D 合作程度”衡量指标。1980 ~ 1999 年美国生物制药技术合作数量数据见表 6.10。

表 6.10 美国药品专利长度与生物制药技术合作数量

年份	药品专利长度（$Lg \times Ex$）	生物制药技术合作 *TCNB*（个）	年份	药品专利长度（$Lg \times Ex$）	生物制药技术合作 *TCNB*（个）	年份	药品专利长度（$Lg \times Ex$）	生物制药技术合作 *TCNB*（个）
1980	0.345	21	1987	0.524	58	1994	0.525	105
1981	0.353	29	1988	0.524	55	1995	0.645	147
1982	0.356	22	1989	0.524	52	1996	0.645	172
1983	0.433	25	1990	0.524	38	1997	0.766	168
1984	0.444	28	1991	0.525	36	1998	0.766	129
1985	0.524	47	1992	0.525	69	1999	0.767	143
1986	0.524	61	1993	0.525	98			

（1）显著性检验。为验证药品专利保护长度与生物制药技术合作数量线性关系和解释变量的显著性，以生物制药技术合作数量 *TCNB* 作为被解释变量，以药品专利保护长度 $Lg \times Ex$ 作为解释变量进行一元线性回归，分析结果见表 6.11。

表 6.11 美国药品专利期延长制度实证研究回归分析结果

常数项	$Lg \times Ex$	R^2	调整后的 R^2 值	F 值	P 值	样本数
−113.734 9*** （−4.366 106）	350.956 7*** （7.439 802）	0.754 603	0.740 970	55.350 66	0.000 001	20

注：表中括号内数值为该回归系数的 t 统计值；*** 表示该系数在 1% 的水平上显著。

（2）模型相关检验。关于异方差性检验。利用 Eviews 软件进行 White 检验，当显著性水平 $\alpha=0.05$ 时，由于 $nR^2=2.93<\chi^2_{0.05}(2)=5.99$，所以回归模型不存在异方差现象。

关于自相关性检验。选择 D. W. 检验进行自相关性检验，由于 $0<d<d_L$，所以回归模型中存在自相关性。对此，可通过 Cochrane-Orcutt 迭代法来消除模型的自相关性，调整后的回归模型如式 6.19。

$$TCNB=-2137.411+135.190(Lg\times Ex) \qquad (6.20)$$

从分析结果可知，总体回归模型、药品专利保护长度与生物制药技术合作数量之间的线性关系以及解释变量药品专利保护长度对被解释变量生物制药技术合作数量的影响都是显著的，也就是说，1980～1999 年美国药品专利期的延长促进了生物制药技术合作数量的增加。这一实证结果与拉多和维尔松等学者的实证研究相符。

四、延长期制度对社会福利卫生子系统影响的实证分析

（一）延长期制度完善了医药市场竞争环境

1. 医药市场竞争环境分析

从本质上讲，专利保护期延长制度的内核在于维持医药企业 R&D 创新的激励和仿制医药企业及公众对专利药品的接入之间的一种细微均衡，只有这两个方面目标的达致才能彰显该制度的立法主旨。但自从该制度实施以来，2000 年前很少有仿制药公司能够并愿意承担专利挑战诉讼的费用。然而，自从 2000 年美国 Barr 实验室成功挑战礼莱公司的重磅炸弹药“百忧解”后，医药产业中专利药商与仿制药商之间的竞争愈演愈烈，许多仿制药公司开始把挑战专利无效作为一项专利策略，仿制药公司挑战专利药品的热情高涨。根据 2002 年美国联邦商业协会（FTC）对医药专利

挑战行为的调查显示，1984～1991 年只有 26 个产品被挑战专利无效；在接下来的 9 年中，有 104 个产品被挑战专利无效；2001～2004 年共有 123 个产品被挑战专利无效。2004 年中，至少有 40 个仿制药公司挑战过无效。

2. 延长期制度与医药市场竞争环境关系的相关性检验

（1）计量模型和变量说明。以 1995～2006 年美国医药产业为基础，选取专利药和仿制药作为研究对象，构建如下的计量分析模型，考察药品专利相关变量与药品价格的关系。

$$\mathrm{Ln}BPrice_i = \alpha + \beta_1 \times (Lg_i \times Ex_i) + \beta_2 \times \mathrm{Ln}GPrice_i + \beta_4 \times \mathrm{Ln}GDP_i + \varepsilon_i \quad (6.21)$$

其中，i 是美国不同年代的标识；Ln*BPrice* 表示美国专利药品价格的自然对数形式，为被解释变量。$Lg \times Ex$ 是美国药品专利保护长度变量的衡量，是立法长度与执法强度的乘积，理论上，$Lg \times Ex$ 与被解释变量 Ln*BPrice* 呈正相关关系。Ln*GPrice* 表示美国仿制药价格的自然对数形式，一方面，仿制药价格优势会进一步加强医药市场竞争，为争夺市场份额，专利权人会下调药品价格。另一方面，仿制药的大量出现是在药品专利保护即将到期之际，药品专利权人为了获取巨额商业利润，会进一步 R&D 创新新一代专利药，维护专利药的高价，以获取垄断租金。理论上，Ln*GPrice* 与被解释变量 Ln*BPrice* 的关系不明，实证分析结果正是本书关注点。Ln*GDP* 表示美国国民生产总值 GDP 的自然对数形式，是专利药品消费购买力的衡量指标。理论上，Ln*GDP* 与被解释变量 Ln*BPrice* 应呈正相关关系。ε 为随机误差项 。

（2）相关数据。1995～2006 年美国专利处方药平均价格和仿制处方药平均价格来源于 FDA，药品专利保护长度、人口数和人均 GDP 的具体数据见表 6.12。

表 6.12　美国药品专利长度与医药市场竞争环境的相关数据

年份	药品专利长度（$Lg \times Ex$）	专利处方药平均价格 *BPrice*（百万美元）	仿制处方药平均价格 *GPrice*（百万美元）	人均 *GDP*（美元）	年份	药品专利长度（$Lg \times Ex$）	专利处方药平均价格 *BPrice*（百万美元）	仿制处方药平均价格 *GPrice*（百万美元）	人均 *GDP*（美元）
1995	0.645	40.22	14.84	27 169	2001	0.767	69.75	21.72	35 006
1996	0.645	45.11	15.71	28 419	2002	0.767	77.49	24.89	35 820
1997	0.766	49.55	16.95	29 890	2003	0.767	85.57	27.69	37 123
1998	0.766	53.51	17.33	31 168	2004	0.767	95.86	28.71	39 182
1999	0.767	60.66	18.16	32 693	2005	0.767	101.71	29.82	41 275
2000	0.767	65.29	19.33	34 280	2006	0.767	111.02	32.23	43 366

（3）显著性检验。首先，以各自变量的当期数据进行回归，结果列于表 6.12 模型第Ⅰ组。结果显示，Ln*GPrice*、$Lg \times Ex$ 和 Ln*GDP* 与 Ln*BPrice* 呈正相关关系，其中 Ln*GPrice* 和 Ln*GDP* 回归系数的 t 统计值分别为 4.479 359 和 7.214 762，通过了显著性检验。$Lg \times Ex$ 的回归系数分别为 0.911 338，未通过显著性检验，需要一定的改进。

其次，考虑到药品专利延长期制度对专利药品价格增长影响的滞后性，将药品专利延长期数据滞后一年重新进行回归分析，结果列于表 6.13 模型第Ⅱ组。结果显示，Ln*GPrice* 和 Ln*GDP* 的回归系数均在 1% 水平上显著（t 统计值分别为 5.803 850 和 7.229 28），$Lg \times Ex$ 的回归系数在 10% 水平上显著（t 统计值为 2.206 065）。说明总体回归模型是显著的；调整后的 R^2 值为 0.997 801，模型拟合度很高。

表 6.13 美国药品专利期延长制度与专利药和仿制药理性博弈的回归结果

	常数项	$Lg \times Ex$	Ln*GPrice*	Ln*GDP*	R^2	调整后的 R^2 值	*F* 值	*P* 值	样本数
模型Ⅰ组	-12.152 41 *** (-7.095 729)	0.158 715 (0.911 338)	0.436 136 *** (4.479 359)	1.428 105 *** (7.214 762)	0.997 670	0.996 796	1 141.716	0.000 000	12
模型Ⅱ组	-10.815 04 *** (-6.936 55)	0.223 818 * (2.206 065)	0.485 988 *** (5.803 850)	1.281 157 *** (7.222 928)	0.998 401	0.997 801	1 664.780	0.000 000	12

注：表中括号内数值为该回归系数的 *t* 统计值；***、* 分别表示该系数在 1%、10% 的水平上显著。

（4）模型相关检验。关于异方差性检验。利用 Eviews 软件进行 White 检验，当显著性水平 $\alpha = 0.05$ 时，由于 $nR^2 = 3.512\ 114 < \chi^2_{0.05}(5) = 11.07$，所以回归模型不存在异方差现象。

关于自相关性检验。选择 D. W. 检验进行自相关性检验，由于 $4 - d_U < d < d_L$，所以无法判断回归模型中是否存在自相关性。

关于多重共线性检验。采用方差膨胀因子检验法，用 SPSS 软件包对模型进行检验，从输出结果可以看出，$VIF_{\mathrm{Ln}GP} = 23.788$ 和 $V_{\mathrm{Ln}GDP} = 30.716$，两者均大于 10，所以模型存在多重共线性。对此可以采用主成分分析法获得综合模型：

$$\mathrm{Ln}BPrice = -10.815 + 0.224(Lg \times Ex)_{t-1} + 0.486\mathrm{Ln}GPrice + 1.282\mathrm{Ln}GDP \quad (6.22)$$

该检验结果表明，药品专利延长期制度、仿制药价格和人均 GDP 对专利药品价格具有显著影响。仿制药品价格对专利药品价格的弹性系数为 0.485 988，即，在仿制药品价格的 1% 的增加将会导致专利药品价格上涨 0.485 988%。这说明，在药品专利延长期制度实施过程中，仿制药商和专利药商之间达成了某种程度上的默契，仿制药价和专利药价存在一定程度的牵制互动，共进共退，趋于平稳，两者之间不存在真正意义上的“价格大战”，即出现一方过于失势，另一方过于得势。两者之间业已形成了一个利益共同体，双方的竞争和博弈都是一定界限和范围内进行的理性决策。这一实证结果与 CIPR 和 Australia Productivity Commission 等的实证研究大致相符。

（二）延长期制度提升了社会健康水平

1. 社会健康水平发展趋势分析

从仿制药发展趋势来看，势头强劲。延长期制度在鼓励发明人技术创新，提高企业核心竞争力的同时，使得相对廉价的仿制药生产大行其道、数量激增，这在很大程度上缓解了政府的财政压力。从 20 世纪 90 年代初到 21 世纪初的十几年间，审批的仿制药数量一直与新药数量大致持平，但随着越来越多的患者慢慢尝试使用质同价低的仿制药，使得专利药的利润空间开始大幅缩水。医药企业也开始把注意力集中到资金投入少、R&D 风险低的仿制药生产领域。相比之下，需要大量先期投入、R&D 风险较大的专利药生产领域则鲜有问津。20 世纪 90 年代末，新药和仿制药之间的胶着状态以仿制药的最终胜出而结束。1997 年以后，仿制药的数量第一次明显超过专利药的数量，随后以平均每年约 30% 的速度增长，见图 6.8。自那以后，仿制药制药公司开始摆脱附加给其身上的种种障碍。

从医疗费用降低程度来看，仿制药功不可没。2007 年美国仿制药市场份额已高达 62%，比 2000 年上涨了 16%。根据美国《2007 年国家医疗费用报告》显示，与 2006 年相比，全国医疗费用上涨 4.9%，是自 1963 年以来增长速度最慢的一年，处方药价格上涨仅 1.4%，这主要归功于仿制药的作用。正如美国国会所说，扩大和增加仿制药的使用范围和使用数量对国家医疗费用的

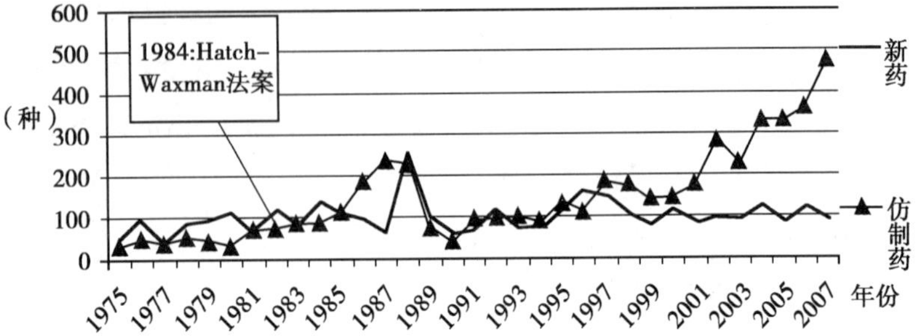

图 6.8　1975～2007 年 FDA 审批上市药品数量统计

数据来源：FDA，经作者计算和整理。

下降能够起到决定性的作用❶。总之，以药品专利延长期作为制度变迁的原动力使仿制药申请数量增多而药品平均相对价格呈下降趋势的局面得以呈现。

2. 延长期制度与社会健康水平关系的相关性检验

"仿制药销售量"和"人均期望寿命"是"缓解公共健康危机"的衡量指标。根据学者统计，支持国民健康需求的基本药品中有 90% 以上需要依靠仿制❷，专利药和仿制药的主要差别在于药品的价格，政府的健康财政压力主要来自药品费用支出，仿制药物凭借其"物美价廉"的性价比优势，实现了降低药品价格、增加药物供应以及节约政府财政支出的三重目的，在一定程度上缓解了公共健康危机和药品专利保护之间的冲突。人均期望寿命是通过科学方法计算，预期平均每个人可存活的年数，反映出社

❶ GPA [EB/OL]. http://www.gphaonline.org/media/press - releases/2010/02/12/gpha - statement - 2007 - national - health - spending - report - use - generic - medi. 2009 - 04 - 23.

❷ 那力，何志鹏，王彦志. WTO 与公共健康 [M]. 北京：清华大学出版社，2005.

会公共健康水平。从这个角度而言，可以分别检验药品专利保护长度与仿制药销售量和人均期望寿命的关系，揭示药品专利保护长度与缓解公共健康危机的内在机制。

（1）药品专利保护长度与仿制药销售量的实证分析。整理获得1995～2007年美国药品专利长度和仿制药销售量的数据列于表6.14。

表6.14　1995～2007年美国药品专利长度和仿制药销售量

年份	药品专利长度（$Lg \times Ex$）	仿制药销售量 SGD（亿美元）	年份	药品专利长度（$Lg \times Ex$）	仿制药销售量 SGD（亿美元）
1995	0.645	8.543	2002	0.767	13.215
1996	0.645	9.262	2003	0.767	14.454
1997	0.766	9.820	2004	0.767	15.748
1998	0.766	10.346	2005	0.767	16.821
1999	0.767	11.613	2006	0.767	18.571
2000	0.767	12.148	2007	0.767	20.457
2001	0.767	12.337			

为验证药品专利期延长制度与仿制药销售量线性关系和解释变量的显著性，以仿制药销售量的自然对数LnSGD作为被解释变量，以药品专利保护长度 $Lg \times Ex$ 作为解释变量进行一元线性回归，显著性检验结果见表6.15。

表6.15　美国药品专利期延长制度实证研究回归分析结果

常数项	$Lg \times Ex$	R^2	调整后的 R^2 值	F 值	P 值	样本数
−0.150 036 （−0.140 644）	3.617 070 ** （2.540 830）	0.369 838	0.312 550	6.455 816	0.027 439	13

注：表中括号内数值为该回归系数的 t 统计值；** 表示该系数在5%的水平上显著。

关于异方差性检验。利用 Eviews 软件进行 White 检验，当显著性水平 $\alpha = 0.05$ 时，由于 $nR^2 = 3.98669 < \chi^2_{0.05}(2) = 5.99$，所以回归模型不存在异方差现象。

关于自相关性检验。选择 D. W. 检验进行自相关性检验，由于 $0 < d < d_L$，所以回归模型中存在自相关性。对此，可通过 Cochrane-Orcutt 迭代法来消除模型的自相关性，调整后的回归模型如下

$$\mathrm{Ln}SGD = -4453.911 + 5809.117(Lg \times Ex) \qquad (6.23)$$

回归结果表明，总体回归模型、药品专利保护长度与仿制药销售量之间的线性关系以及解释变量药品专利保护长度对被解释变量仿制药销售量的影响都是显著的，也就是说，1995～2008 年美国药品专利期的延长促进了仿制药销售量的增加，在一定程度上缓解了公共健康危机。这一实证结果与凯夫斯（Caves）、温士顿（Whinston）、赫维茨（Hurwitz）和普拉康（Pracon）等学者的实证研究相符。

（2）药品专利保护长度与人均期望寿命的实证分析。整理获得 1980～2008 年美国药品专利长度和人均期望寿命数据见表 6.16。

表 6.16　1980～2008 美国药品专利长度和人均期望寿命

年份	药品专利长度（$Lg \times Ex$）	人均期望寿命 *LIFE*（年）	年份	药品专利长度（$Lg \times Ex$）	人均期望寿命 *LIFE*（年）	年份	药品专利长度（$Lg \times Ex$）	人均期望寿命 *LIFE*（年）
1980	0.345	73.7	1990	0.524	75.4	2000	0.767	77
1981	0.353	74.1	1991	0.525	75.5	2001	0.767	77.2
1982	0.356	74.5	1992	0.525	75.8	2002	0.767	77.3
1983	0.433	74.6	1993	0.525	75.5	2003	0.767	77.4
1984	0.444	74.7	1994	0.525	75.7	2004	0.767	77.8

续表

年份	药品专利长度（$Lg \times Ex$）	人均期望寿命 LIFE（年）	年份	药品专利长度（$Lg \times Ex$）	人均期望寿命 LIFE（年）	年份	药品专利长度（$Lg \times Ex$）	人均期望寿命 LIFE（年）
1985	0.524	74.7	1995	0.645	75.8	2005	0.767	77.8
1986	0.524	74.7	1996	0.645	76.1	2006	0.767	78
1987	0.524	74.9	1997	0.766	76.5	2007	0.767	78
1988	0.524	74.9	1998	0.766	76.7	2008	0.767	78.2
1989	0.524	75.1	1999	0.767	76.7			

为验证药品专利保护长度与人均期望寿命之间线性关系和解释变量的显著性，以人均期望寿命 *LIFE* 作为被解释变量，药品专利保护长度 $Lg \times Ex$ 作为解释变量进行一元线性回归，显著性检验结果见表 6.17。

表 6.17　美国药品专利期延长制度实证研究回归分析结果

常数项	$Lg \times Ex$	R^2	调整后的 R^2 值	F 值	P 值	样本数
70.973 33 *** （191.031 6）	8.268 149 *** （13.949 10）	0.878 146	0.873 633	194.577 3	0.000 000	29

注：表中括号内数值为该回归系数的 t 统计值；*** 表示该系数在 1% 的水平上显著。

关于异方差性检验。利用 Eviews 软件进行 White 检验，当显著性水平 $\alpha = 0.05$ 时，由于 $nR^2 = 5.16 < \chi^2_{0.05}(2) = 5.99$，所以回归模型不存在异方差现象。

关于自相关性检验。选择 D. W. 检验进行自相关性检验，由于 $0 < d < 4 - d_L$，所以回归模型中存在自相关性。对此，可通过 Cochrane-Orcutt 迭代法来消除模型的自相关性，调整后的回归模型如下

$$LIFE = 70.784 + 8.470(Lg \times Ex) \qquad (6.24)$$

从分析结果可知，总体回归模型、药品专利保护长度与人均期望寿命之间的线性关系以及解释变量药品专利保护长度对被解释变量人均期望寿命的影响都是显著的，也就是说，1980～2008年美国药品专利期的延长促进了人均期望寿命的增加。这一实证结果与贡戈拉（Gongola）和帕兹德尔卡（Pazderka）等学者的实证研究相符。

第四节　药品专利保护“窄范围”分析：以医药市场绩效为切入点

与药品专利保护长度相比，药品专利保护宽度所涉及到的财产权范围是一个更具挑战性的命题。根据前文论述，药品专利保护长度决定了专利权人对专利实施“垄断”权利期间的长短，而药品专利保护宽度则决定了专利权人的权利行使范围，从本质上也可理解为公众接近到药品专利发明的难易程度，其核心要在专利权人与公众之间建立一种基本的激励与接入（access）的均衡关系。为了确保药品专利权人的利益，专利制度一方面对发明授予了有限的垄断权，以激励研发，促进科技进步；另一方面，药品专利立法和司法实践又发展了许多“权利限制”确保公众对专利发明的接近。然而，药品专利立法的这一利益平衡精髓有可能因药品专利保护宽度的扩张而受到不同程度的侵蚀。

在药品专利保护多维性的实证分析中，揭示了药品专利保护宽度与社会福利呈负相关关系，但这一判断仅仅是通过对药品专利保护宽度与人均药品贸易量关系的定量评价所获得的，其结论可信度尚需展开更为细致而深入的分析。本节以1997～2007年我国医药市场绩效为样本，对药品专利保护宽度与社会福利的相关性进行检验，以此进一步深化对“药品专利保护宽度与社会福利呈负相关关系”这一结论的认知。

1. 理论分析

“市场绩效”是“社会福利经济子系统”的重要测度指标。市场绩效是指对行业中主要企业在既定的市场结构下，其市场行为所导致或形成的这一行业的资源配置效率和利益分配的状态。通过研究行业市场绩效能够准确判断市场结构与市场行为的合理性和有效性程度。从这个角度而言，可通过检验药品专利保护宽度与医药市场绩效的关系，揭示药品专利保护宽度与社会福利的内在机制。

关于市场绩效的影响因素一直是产业经济学家关注的焦点之一，其中以谢雷尔（Scherer）提出了“市场结构—市场行为—市场绩效”模式（SCP模式），影响深远。SCP模式强调，市场结构引起市场行为变化，市场行为变化引起市场绩效变化，因此市场绩效的影响因素决定于市场结构。在产业组织理论中，市场结构是指规定构成市场的卖者（企业）之间、买者（企业或消费者）之间、买者集团与卖者集团之间以及市场上已有的卖者和买者与准备进入市场的潜在的买者和卖者之间等诸关系的因素及其特征。简而言之，市场结构主要包括新产品差异性、企业进入率、生产扩张能力、经济规模和政府产业政策等。

2. 计量模型与变量数据

根据上述理论分析，构建了如下的计量模型，考察1997～2007年我国药品专利保护宽度与医药市场绩效的关系问题。

$$\mathrm{Ln}RRS_i = \alpha + \beta_1 \times \mathrm{Ln}(Lg_i \times Ex_i) + \beta_2 \times \mathrm{Ln}(Wdn_i \times$$

$$Ex_i) + \beta_3 \times \mathrm{Ln}DNP_i + \beta_4 \times \mathrm{Ln}REE_i + \beta_5 \times \mathrm{Ln}CEP_i + \beta_6 \times \mathrm{Ln}SE_i + \varepsilon_i \quad (6.25)$$

式中，i 为样本时间序列数据；被解释变量 Ln*RRS* 表示医药产业销售利润率的自然对数，代表医药行业市场绩效；Ln（$Lg \times Ex$）表示药品专利保护长度在具体实践中执行情况的自然对数，代表政府产业政策测量指标之一；Ln（$Wdn \times Ex$）表示药品专利保护宽度在具体实践中执行情况的自然对数，代表政府产业政策测量指标之二；Ln*DNP* 表示新产品差异率的自然对数；Ln*REE* 表示企业进入率的自然对数；Ln*CEP* 表示生产扩张能力的自然对数；Ln*SE* 表示经济规模的自然对数；ε 为随机误差项。现将所选取的变量指标作如下说明。

（1）销售利润率 *RRS*：医药产业的市场绩效可以由生产效率和分配效率来衡量，投入产出之比通常是重要的指标。但由于医药产业投入产出难以界定，并鉴于数据从公开渠道难以获得的原因，用销售利润率来衡量医药产业的市场绩效也是一种次优的选择。更为重要的是，销售利润率是勒纳指数的一个近似表达形式。因此，从资源配置的角度上看，采用医药产业销售利润率作为衡量市场绩效的指标具有可信性。计算公式为，销售利润率 = 利润总额/销售收入 × 100% 。

（2）政府产业组织政策：根据伊尔贝特、夏皮罗的阐释[1]，政府产业组织政策的指标包括专利保护长度 $Lg \times Ex$ 和宽度 $Wd \times Ex$。政府可以通过药品专利保护长度和宽度的立法规定来使得医药市场结构趋于合理，资源优化配置达到有效竞争态势，协调竞

---

[1] Richard Gilbert, Carl Shapiro. Optimal Patent Length and Breadth [J]. RAND Journal of Economics, 1990, Vol. 21 (1): 106 ~ 112.

争和经济规模矛盾，从而达到市场绩效达到最佳。探讨优化的药品专利保护长度和宽度产业组织政策是各国政府的共同关切。药品专利保护长度和宽度与市场绩效的关系不明，这是本书实证分析的关注点。

（3）新产品差异率 *DNP*：新产品差异所带来的市场绩效以及消费者福利是显而易见的。多功能、多疗效的医药产品为消费者提供了越来越多的选择，而企业竞争所带来医药产品合理价格水平，也为更多的人享有优质的医药产品创造了条件，消费需求被激发，市场容量快速扩大。反过来，也促进了企业市场占有率和生产规模的提升，对盘活医药市场的存量，提升资源的利用效率起着重要的拉动作用。理论上，Ln*DNP* 与被解释变量 Ln*RSS* 应呈正相关关系。计算公式为，新产品差异率 = 新产品产值/总产值。

（4）企业进入率 *REE*：由于医药市场进入壁垒的存在直接影响潜在后续进入者的跟进，所以该变量反映了我国医药产业的进入壁垒高度。市场壁垒过高往往使得外部市场的竞争压力小，内部层次多，关系复杂，机构庞大，加上企业制度安排方面的原因，使企业费用最小化和利润最大化的经营目标难以实现，导致企业内部资源配置效率降低。因此，一般而言，企业进入率的提高对市场绩效具有拉升作用。理论上，Ln*REE* 与被解释变量 Ln*RSS* 应呈正相关关系。企业进入率用年度间医药企业个数的变化率表示，计算公式为，企业进入率 = ［t 期企业个数 －（$t-1$）期企业个数］/（$t-1$）期企业个数。

（5）生产扩张能力 *CEP*：作为一种行为性壁垒，现有企业通过生产能力扩张，主动实现对后续进入者跟进的遏制目标。现有在位企业通过生产能力的增加致使潜在后续进入者预期的赢利性降低，从而阻止进入发生。一般而言，生产扩张能力越强，导致市场进入壁垒越高，不利于资源的配置效率以及技术进步，对市场绩效具有负面影响。理论上，Ln*CEP* 与被解释变量 Ln*RSS* 应呈负相关关系。生产扩张能力用医药产业各年总产值的变化率表示。计算公式为，生产扩张能力 = [第 *n* 年总产值 - 第(*n* - 1) 年总产值]/第(*n* - 1) 年总产值 。

(6) 经济规模 *SE*：根据熊彼特假说，企业经济规模的增大，越倾向于不断更新企业的生产设备，引入先进的技术，培养和聘用知识不断更新的高素质员工，以提升劳动效率，获取边际报酬递增的投资效应，更能促进技术创新。因而，医药行业经济规模的增大，有利于促进市场绩效。理论上，Ln*SE* 与被解释变量 Ln*RSS* 应呈正相关关系。计算公式为，经济规模 = 总产值/企业数目。

药品专利保护长度和宽度以及 *RRS*、*Lg* × *Ex*、*Wd* × *Ex*、*DNP*、*REE*、*CEP* 和 *SE* 相关数据见表 6. 18。

表 6. 18　1997 ~ 2007 年我国药品专利保护宽度与社会福利相关数据

年份	销售利润率 *RRS* (%)	政府产业组织政策		医药市场结构			
		药品专利保护长度 (*Lg* × *Ex*)	药品专利保护宽度 (*Wd* × *Ex*)	新产品差异性 *DNP* (%)	企业进入率 *REE* (%)	生产扩张能力 *CEP* (%)	经济规模 *SE* (亿元/个)
1997	0. 062	0. 25	0. 312	8. 975	-6. 82	8. 753	0. 251
1998	0. 061	0. 251	0. 314	9. 128	-34. 765	9. 069	0. 419
1999	0. 074	0. 256	0. 32	9. 743	-0. 244	18. 979	0. 458
2000	0. 084	0. 257	0. 321	11. 376	0. 886	14. 567	0. 54
2001	0. 087	0. 307	0. 384	10. 801	5. 665	16. 541	0. 585
2002	0. 088	0. 366	0. 389	10. 86	5. 533	21. 504	0. 646
2003	0. 094	0. 379	0. 403	11. 456	10. 378	12. 16	0. 711
2004	0. 087	0. 396	0. 422	12. 932	17. 278	31. 134	0. 68

续表

年份	销售利润率 RRS (%)	政府产业组织政策		医药市场结构			
		药品专利保护长度 (Lg×Ex)	药品专利保护宽度 (Wd×Ex)	新产品差异性 DNP (%)	企业进入率 REE (%)	生产扩张能力 CEP (%)	经济规模 SE (亿元/个)
2005	0.084	0.426	0.453	12.043	4.323	18.08	0.855
2006	0.079	0.455	0.485	12.052	7.986	26.758	0.935
2007	0.097	0.458	0.487	12.398	7.079	19.749	1.107

注：*Wd*×*Ex* 系第三章计算所得，其余数据来自国家统计局、历年《中国工业经济统计年鉴》。

3. 显著性检验

由于企业进入率的原始数据中存在负值，无法取其自然对数，故对其原始数据直接进行相关性检验，对此应该能够保证分析的可信度。

首先，为了详细度量每一解释变量解释力，引入计量模型中所有六个解释变量进行回归，结果见表 6.18 的第Ⅰ组。检验结果显示，Ln（*Lg*×*Ex*）、Ln（*Wd*×*Ex*）、Ln*DNP* 和 Ln*CEP* 未能通过 10% 显著性水平的检测，*REE* 和 Ln*SE* 通过了 5% 的显著性水平检验，模型拟合程度较高（0.827 730）。

其次，剔除显著性水平最低的解释变量 Ln*DNP*，对其余五个解释变量重新进行检验，结果见表 6.18 的第Ⅱ组。检验结果显示，Ln（*Lg*×*Ex*）、Ln（*Wdn*×*Ex*）和 Ln*CEP* 未能通过 10% 显著性水平的检测，*REE* 通过了 1% 的显著性水平检验，Ln*SE* 通过了 5% 的显著性水平检验，模型拟合程度有所提高（0.868 712）。

最后，剔除显著性水平最低的解释变量 Ln（*Lg*×*Ex*），对其余四个解释变量重新进行检验，结果见表 6.18 的第Ⅲ组。检验结果显示，Ln*SE* 和 *REE* 通过了 1% 的显著性水平检验，Ln（*Wdn*

× *Ex*）和 Ln*CEP* 通过了 10% 显著性水平的检验，模型拟合程度再次提高（0.884 008）。由此可知，第Ⅲ组模型最具有解释力，分析结果参见表 6.19。

表 6.19　药品专利保护宽度与市场绩效的回归分析结果

	第Ⅰ组	第Ⅱ组	第Ⅲ组
常数项	−2.385 52 （−1.968 078）	−2.513 648 *** （−7.889 853）	−2.494 170 *** （−9.083 758）
Ln（*Lg* × *Ex*）	0.083 543 （0.173 229）	0.077 657 （0.180 709）	—
Ln（*Wd* × *Ex*）	−0.703 209 （−0.964 164）	−0.693 686 （−1.068 234）	−0.586 380 * （−2.435 898）
Ln*DNP*	−0.056 898 （−0.116 959）	—	—
REE	0.009 293 ** （3.259 224）	0.009 098 *** （4.388 976）	0.009 161 *** （4.894 748）
Ln*CEP*	−0.133 003 （−1.600 689）	−0.134 308 （−1.820 580）	−0.134 877 * （−1.998 121）
Ln*SE*	0.447 462 ** （2.953 168）	0.436 720 ** （4.044 677）	0.437 031 *** （4.420 037）
R^2	0.931 092	0.930 856	0.930 405
调整后的 R^2 值	0.827 730	0.861 712	0.884 008
F 值	9.008 045	13.462 61	20.053 14
P 值	0.025 940	0.006 330	0.001 278
样本数	11	11	11

注：表中括号内数值为该回归系数的 *t* 统计值；***、**、* 分别表示该系数在 1%、5%、10% 的水平上显著。

回归模型为

$$\mathrm{Ln}RRS = -2.494 - 0.586\mathrm{Ln}(Wdn \times Ex) + 0.009REE - 0.135\mathrm{Ln}CEP + 0.437\mathrm{Ln}SE \qquad (6.26)$$

4. 模型相关检验

关于异方差检验。利用 Eviews 软件进行 White 检验。其中，F 值是辅助回归模型的 F 统计量值。选取显著性水平 $\alpha = 0.05$，由于 $nR^2 = 7.997\,477 < \chi^2_{0.05}$（8） $= 15.51$，所以模型（6.25）不存在异方差现象。

关于自相关性检验。选择 D. W. 检验进行自相关性检验。因为 $n = 11$，$k = 4$，查 $D. W.$ 检验上下界表，得 $d_U = 2.09$，$d_L = 0.53$，计算得到统计量 $D. W. = 1.885\,893$，所以不能确定回归模型（6.25）是否存在自相关，此时 D. W. 检验失效。采用偏相关系数检验的结果见表 6.20。图中偏相关系数方块均未超过虚线，所以模型（6.25）不存在自相关性。

表 6.20　模型（6.25）的偏相关系数检验

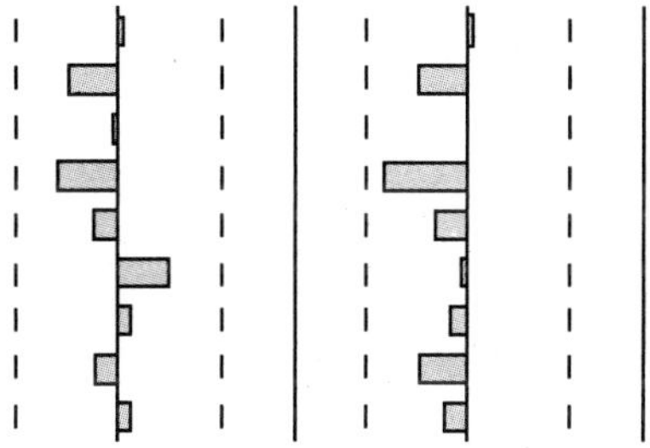

自相关	偏相关		AC	PAC	Q-Stat	Prob
		1	0.022	0.022	0.006 9	0.934
		2	-0.301	-0.302	1.447 4	0.485
		3	-0.017	-0.002	1.152 5	0.693
		4	-0.366	-0.502	4.188 1	0.381
		5	-0.144	-0.187	4.683 3	0.456
		6	0.303	-0.028	7.313 7	0.293
		7	0.067	-0.107	7.475 8	0.381
		8	-0.115	-0.283	8.109 9	0.423
		9	0.071	-0.134	8.470 5	0.488

关于多重共线性检验。采用方差膨胀因子检验法进行检验，用 SPSS 软件包对模型进行检验，结果见表 6.21。从输出结果可以看出，$VIF_{\ln Wd \times Ex} = 6.351$，$VIF_{\ln SE} = 6.165$，$VIF_{\ln CEP} = 2.733$ 和 $REE = 2.353$，都小于 10，所以模型（6.25）不存在多重共线性。

表 6.21　SPSS 软件方差膨胀因子检验输出结果

模型		非标准化系数		标准系数	T	Sig.	共线性统计量	
		B	标准误差	试用版			容差	VIF
1	（常量）	-2.494	0.275		-8.547	0.000		
	Ln（Wd×Ex）	-0.586	0.241	-0.661	-2.436	0.051	0.157	6.351
	LnSE	0.437	0.099	1.182	4.420	0.004	0.162	6.165
	LnCEP	-0.135	0.068	-0.365	-1.998	0.093	0.366	2.733
	REE	0.009	0.002	0.809	4.895	0.003	0.425	2.353

a. 因变量：LnRRS

5. 模型经济意义

（1）新产品差异性对医药市场绩效的提高无显著影响。这一检验结果与前述理论分析结论相悖。其原因在于，我国医药企业相对于发达国家的而言，主要以仿制药为主，缺乏真正意义上的创新，药品的品种、质量、结构都大同小异，所以新产品差异性在目前阶段对我国医药产业市场绩效的影响力比较小，随着科技创新能力的提高，新产品差异性将是影响市场绩效的重要因素。

（2）药品专利保护长度与医药市场绩效的提高无显著影响。究其原因在于，目前我国仅制定了 20 年基本保护期和 6 年的新药数据排他期，但对于专利延展期、新指征数据排他期、罕用药延长期以及儿童用药延长期等制度都没有规定，这在一定程度上抑制了药品 R&D 投入的热情，致使对我国医药产业市场绩效的影响力比较小，随着药品专利延长期制度不断建立健全，药品专利保护长度将是影响市场绩效的重要因素。

（3）药品专利保护宽度对药品市场绩效的影响系数为 -0.584，即药品专利保护宽度 1% 的增强将会导致药品市场绩效降低0.584%，其原因或许是，目前我国医药专利的保护范围过于宽泛，将医用化学和生物合成物，医用新型和已知合成物，医用合成物制备方法，生命物质，从自然状态分离、提取和用人工方法生产的天然生物材料，以及人体细胞和组织都纳入保护范围之内，这在很大程度上扭曲了医药资源配置，造成医药公司、研究机构和整个社会公益之间，在先创新者与在后创新者之间的利益关系失衡，导致医药市场绩效处于低水平徘徊，难以得到有效提升。这一实证结果与墨葛斯（Merges）、内尔松（Nelson）、马斯库斯和SFIIP等的实证研究相符。

（4）比较企业进入率、经济规模、生产扩张能力和药品专利保护宽度对药品市场绩效的影响系数可知，药品专利保护宽度的影响因素最大，其弹性系数为－0.584，经济规模的影响因素排名第二，其弹性系数为0.444，这一检验结果与前述理论分析相符；生产扩张能力的影响因素排名第三，其弹性系数为－0.140，这印证了前述理论分析；企业进入率的影响因素排名第四，其弹性系数为0.009，这符合前述理论阐释。换言之，日渐提高的企业进入率、不断扩大的经济规模、不断降低的生产扩张能力行为性壁垒以及相对受限的药品专利保护宽度是1997～2007年我国医药市场绩效提升的主要因素。

第五节　本章小结

为进一步分析药品专利保护优化总模型的第三个基本假设（“通过对药品专利保护长度或宽度的调节能够优化药品专利保

护，提高社会福利”）的可信度，避免药品专利多重维度混合保护导致的社会福利损失，本章建立了药品专利保护多维性子模型，并进行了实证研究。

在理论研究部分，本章阐述了药品专利保护长度、宽度及其优化组合对社会福利的不同影响。

（1）在离散的框架内分别探讨药品专利长度和宽度的正、负效应。通过延长药品专利保护长度可以增加医药企业数量和成功概率，从而激发其研发创新积极性，但同时也会降低医药企业收益，造成社会资源的浪费；增加药品专利保护宽度可以增加垄断利润，激励专利产出，改进创新活动，但同时也会降低技术改进速度，扭曲市场资源配置。

（2）在统一的分析框架内，研究药品专利保护长度和宽度的最优组合方向。由于受利率、初始市场容量、消费者行为方式等因素的限制，以及着眼于提高技术、增强创新能力、加快自主创新能力的考虑，药品长度和宽度的最优组合方向应该是“长周期、窄范围”，但对其长度和宽度的精确值无法计算。

在实证分析部分，本章分三个不同层面印证了药品专利保护优化组合方向的可信度。

（1）以 2007 年 27 个样本国家和地区医药产业社会福利函数经济子系统的人均药品贸易量为指标基础，探讨了药品专利保护长度和宽度与社会福利的内在关系。结果显示，保护长度与社会福利呈正相关关系，保护宽度与社会福利呈负相关关系。

（2）以美国药品专利延长期制度为样本，考察了药品专利保护长度变化对医药产业社会福利函数经济、技术和卫生子系统的影响。结果显示，延长期制度对经济子系统医药产业发展的合理增长，技术子系统的医药产业核心竞争力的不断强化和提升以及医药企业 R&D 合作的日渐频繁与紧密，卫生子系统的专利药商和仿制药商的充分理性博弈以及人均期望寿命的增加都具有非常显著的影响。

（3）以 1997 ~ 2007 年我国医药市场为例，考察药品专利保护宽度变化对医药产业社会福利经济子系统的影响。结果显示，药品专利保护宽度与医药市场绩效呈负相关关系，即扩大药品专利保护宽度增加了后续进入者的投入成本，形成了对后续进入者的市场壁垒，阻碍了医药市场绩效的提升，不利于社会福利的提高。

本章研究印证了药品专利保护多维性原则的可信度。

第七章

基于药品专利保护优化理论的中国医药产业发展策略集

医药产业是传统产业和现代产业的结合，集第一、二、三产业为一体，在我国国民经济中占有重要地位。医药产业的健康发展对于保护和增进人民健康、提高人民生活质量，促进经济发展和社会进步都具有十分重要的作用。以药品专利优化理论（药品专利保护重要性、有限性和多维性原则）为指导，有利于我们把握我国医药产业的发展过程及趋势，有利于调控医药产业发展方向，促进医药产业的健康发展。

第一节　中国医药产业发展趋势系统分析

以药品专利优化理论为基本框架，运用系统分析的思想，把各种因素相互匹配起来加以分析，一方面把握有助于促进医药产业发展的优势机会，提升我国医药产业的竞争优势；另一方面也尽可能避免因自身的不足而对我国医药产业发展所造成的威胁和损失。

1. 中国医药产业发展战略优势分析

（1）总量增长迅速，产业规模明显扩大。医药产业是我国发展最快的产业之一。特别是改革开放以来，我国医药产业的发展驶入快车道，1978～2007年产值年均递增约20%，高于同期全国工业和GDP的增长速度，同时也高于世界发达国家中主要制药国近30年来的平均发展速度（年递增13.8%）的水平，成为当今世界上发展最快的医药市场之一[1]。

（2）产业体系完善，药品市场需求增加。经过改革开放多年来的快速发展，我国已经形成了比较完备的医药产业体系和流通网络，成为世界医药生产国和原料药出口国之一。同时，随着人口增长和收入水平的提高，人们对健康长寿的要求越来越强烈，对药物的需求由防病治病到延缓衰老、健身益智、提高生活质量等多个方面，构成了驱动医药产业发展的重要因素。

（3）药品专利申请量显著增加。化学药领域的专利申请与授权量持续增长。2002～2008 年，我国共受理化学药领域发明专利申请5.1 万件，其中国内申请2.6 万件，国外申请2.5 万件；基因领域的专利申请增长显著。2004～2008 年，国家知识产权局受理来自国内的基因发明专利申请量年平均增长率为26.4%，来自国外的申请量年平均增长率为17.8%[2]。

（4）人力资源总数增幅明显。人才是技术创新活动成败、技术创新水平的决定力量之一，科技活动人数占总体产业人数的比例高低则作为该产业技术创新水平的重要标志之一。1995～2008年的14 年间，我国医药制造业的科技活动人员数量快速增长，全行业科技活动人员共增长了262%，平均每年增长10.4%。[3]

（5）医药产业集聚加快。一批产业特色鲜明、集聚度较高、产业链条比较完善的医药产业集聚地初具规模，北京、上海、河北、吉林、广州、深圳、四川、重庆等国家医药产业基地中，创

---

[1] 中国医药保健品进出口商会．中国医药产业国际地位快速提升［J］．中国医药导报，2008，Vol.5．（2）：5～6.

[2] 王巍．中国专利保护制度促进医药创新健康发展［J］．上海食品药品监管情报研究，2009，Vol. 12：35～41.

[3] 数据来源于历年《中国高技术产业统计年鉴》，并经作者整理、计算。

新型医药企业迅速增加，产业规模迅速扩大。❶

（6）具有发展特色中成药集群优势。经过几千年的发展，我国中药材资源品种非常丰富，包括植物药资源、动物药资源和矿物药资源，形成了具有相当产业规模且获利能力较强也比较集中的特色产业集群，工业总产值超过100个亿的有9个省份，排在前3位的吉林省、江西省和河南省占到全国总量的27.6%。❷

2. 中国医药产业发展战略劣势分析

（1）科研投入不足、风险投资机制缺失。研发与投入不足是长期以来制约我国制药公司创新发展的主要瓶颈因素。我国制药企业关注更多的是市场销售盈利情况，将大部分资金用于市场开发及终端销售上，而对研发投入却非常之少。目前，国际上大型生物医药企业一般用于研发投入占其销售额10%～15%，而我国新药研发投入虽然有所增加，但科研投入强度却一直徘徊在3%左右，远远低于发达国家的水平。❸

（2）创新动力弱、自主创新能力差。目前，我国真正具备新药研发条件的制药企业很少，已批准上市的13类25种382个不同规格的基因工程药物和基因工程疫苗产品中，只有6类9种21个不同规格的产品属于原创，其余97%都是仿制药，虽然产量不小，但生产的都是专利期满后产品。同时，我国制药企业普遍缺乏创新动力，研发新药的能力不强，缺乏对药品筛选和新剂型、

❶ 苏月，刘楠．生物医药产业发展态势与对策［J］．中国生物工程杂志，2009，Vol. 29（11）：123～128.

❷ 数据来源：《中国医药统计年报2010（中药生物制药分册）》，并经作者整理、计算。

❸ 薛新东．我国医药产业融资模式、文体与对策［J］．中国医药技术经济与管理，2008，Vol. 2（8）：70～77.

新工艺的应用和开发能力。

（3）资金投入过于分散，缺乏适当的聚焦。根据国外的经验，一个创新药物从基础研究到产业化的整个过程中，前、中、后期的资金需求比例分别为 1：10：100，[1] 而我国现状则是大量的投资集中于前期基础研究，对于中、后期的资助相当不足。尽管我国财政资助生物医药产业的比例逐年提高，但限于财政实力，对于产业的投资总量无法与发达国家相比。而有限的投资，由于缺乏适当的聚焦，存在“撒胡椒面”现象，没能充分发挥资金的效益。

（4）市场集中度偏低、低水平重复建设严重。产业集中度指数为 CR_n，设医药产业的销售总额为 X，第 i 企业的销售额为 X_i，则有 $CR_n = \sum_{i=1}^{n} X_i/X$，利用这一指标，根据产业的 CR_1、$CR_2\cdots CR_n$ 数值，可以反映和比较特定产业的行业竞争和垄断程度。我国医药产业 1999～2007 年的集中度数据见表 7.1。而同期美国名列前 4 位的制药公司垄断了 60.17% 的市场份额[2]。可见产业集中度过低是我国医药产业低水平重复建设情况严重的主要原因。

[1] 阿丽塔，汪楠，田玲．中美医药产业创新体系对比分析［J］．中国药事，2009，Vol. 23（1）：18～22.

[2] 褚淑贞，张丽丽，韩之俊．中国医药制造业产业集聚实证研究［J］．经济问题，2007，Vol. 5：53～55.

表 7.1　近年来我国医药产业市场集中度 CR_4 的变化情况

年份	1999	2000	2001	2002	2003	2004	2005	2006	2007
CR_4	8.60	9.50	9.70	9.80	10.10	10.20	8.76	6.90	6.20

资料来源：根据《医药统计年鉴》和《中国工业经济年鉴》及商务部资料整理。

3. 中国医药产业发展面临的主要机遇

（1）国家政策扶持。从战略规划层面来看，1985～2000 年我国众多的国家政策性文件中，均未明确将医药产业纳入医改范畴。2002 年以来我国政府高度重视医药产业的发展，特别是 2005 年党的十六届五中全会通过的《中共中央关于制定国民经济和社会发展第十一个五年规划的建议》提出要“大力发展生物产业”。2006 年第十届全国人大第四次会议批准的《国民经济和社会发展第十一个五年规划纲要》，将“培育生物产业”作为专门一节，明确其发展方向和重点任务。2007 年国务院发布《生物产业发展“十一五”规划》；2008 年国务院印发《国家知识产权战略纲要》；2009 年国务院审议并原则通过《关于深化医药卫生体制改革的意见》。上述规划和政策的逐步落实，为我国医药产业创造了良好的政策环境。

（2）大量外国药品专利保护期届满。未来 5 年，销售额超过 770 亿美元药品的专利即将到期；未来 10 年，美国新医改将消耗约 1 万亿美元。一方面，随着大量受到专利壁垒保护的高价药品专利到期，高利润将刺激仿制药厂商迅速进入这些刚刚解禁的市场；另一方面，美国这个全球最大药品市场启动新医保方案，将刺激价格相对低廉的仿制药需求，为了降低成本以增加竞争力和规避部分市场专利技术公开而导致的利益损失，许多发达国家将生产基地转移到发展中国家。

（3）药品研发外包服务发展迅猛。目前，全球医药研发开始走入瓶颈期，一种创新药的平均研发成本大约是 15 亿美元，需要花费 10 年以上的时间，而且这些数字还在不断上升，这使得新药开发的数量急剧下降。再加上遇到金融危机，许多医药巨头都开始把减少成本放在首位，为了节省开支、提高利润，基于价值链中药物研发创新知识基础扩大化和服务外包多样化便成为重要途径，全球这个市场正以每年双位数增长，并且增长速度还呈现上升的趋势，见图 7.1。这一趋势变化似乎为正在苦寻国际突破口的中国药企开启了一扇通往国际市场的大门。

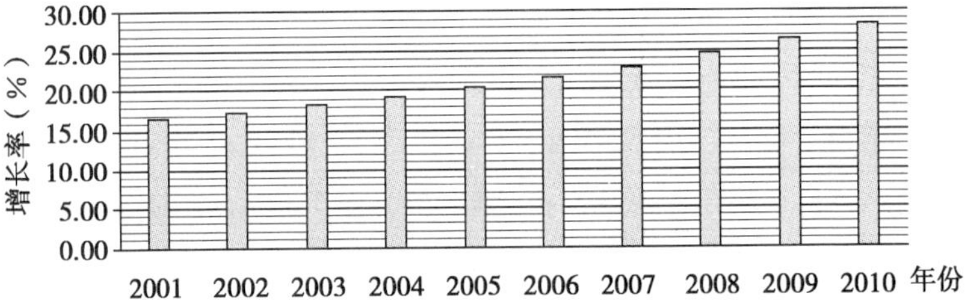

图 7.1　2001～2010 年全球药物研发外包市场增长现状和趋势

（4）海外投资瞄准中国医药市场。我国是生物资源是世界上最丰富的国家之一。全国共拥有约 26 万种生物物种、12 800种药用动植物资源、已经收集 32 万份农作物种质资源；具有十分珍贵的人类遗传资源，至今已收集了 3 000多个家系样本；建立了全球保有量最大的农作物种质资源库与亚洲最大的微生物资源库。同时，我国的新医改方案提出要投资 8 500亿元用于医疗卫生体制的改革，这为医药市场带来了巨大的市场空间，多家跨国医药巨头纷纷加大对我国的投资力度。

（5）医药市场前景极其广阔。以现代技术为主的生物制药业是 21 世纪最具发展潜力的产业。近 10 年来，全球生物产业的销售额以每 5 年翻一番的速度增长，许多国家生物产业增长速度超过30%。生物经济将成为21世纪增长最为迅速的经济领域。我国作为世界上人口最多的国家，对生物产业的需求潜力巨大，并将成为世界最大的生物技术产品消费市场之一。

（6）处于重大战略机遇期。从全球医药产业发展历程及趋势看，其初始阶段大致为1980～2000年，成长阶段为2000～2025年，成熟阶段将在2025年后。[1] 世界医药产业目前处于初始阶段与快速成长阶段的过渡期，尚未形成由少数跨国公司控制的垄断格局。与世界先进国家相比，我国医药产业经过20世纪90年代的发展已初步具备产业规模，技术、人才和科研基础在高技术领域中差距较小，有望实现跨越式发展。

4. 中国医药产业发展战略面临的主要威胁

（1）国际间医药产业竞争态势加剧。发达国家和一些发展中国家着眼21世纪新产业竞争，从国家战略高度重视医药产业发展。美国制定了《生物技术未来投资和扩展法案》、《国家生物质能源计划》、《生物信息基础设施计划》、《生物盾计划》，修改了相关税收政策，明确将医药产业为战略性产业予以大力扶持。日本政府提出“生物产业立国”战略，出台了《生物产业立国战略》、《生物行动计划》。欧盟制定了《欧盟生命科学和生物产业发展战略》，其中欧盟科技发展第七构架计划中提出发展基于知识的生物经济，决定把25%的经费用于生物与医药技术。印度发布了《生物产业发展战略规划》，成立了世界上第一个“生物技术部”。韩国提出举全国之力发展生物技术。新加坡制定了“五年跻身生物技术顶尖行列”计划，成立了以副总理为主席的跨部

[1] 薛培风. 医药研发外包服务发展状况及趋势［J］. 中国医药技术经济与管理，2008，Vol. 3（8）：15～22.

门、“生命科学部长委员会”。

（2）外商投资负面效应日益凸显。目前，全世界排行前10位的制药公司已全部进入中国市场，排名前25位的制药企业中有15家在中国设有办事处机构。[1] 这些企业在中国加入WTO后，从政策上获得“准国民待遇”，在医药技术创新、医药企业生存空间和医药市场份额等方面对我国医药行业发展造成了冲击。

（3）药品价格多次降低。党中央、国务院为了解决城乡居民看病难、看病贵的问题，我国从基本国情出发，在城市基本上实行了医疗保障机制，在农村逐步建立了新型合作医疗制度，同时又多次下调了药品价格。自1996年以来全国降低药品价格22次，共降价药品种类1 000多种。药品价格的降低，压缩了企业盈利空间，对医药产业跨越式发展提出了新的挑战。

第二节　中国医药产业发展战略方案选择

从总体来看，我国的医药产业发展虽然起步较晚，但在国家一系列产业政策的大力支持下，发展迅速，逐步缩短了与发达国家的差距，一批产业特色鲜明、集聚度较高、产业链条比较完善的生物产业集聚地初具规模，以企业为主体、产学研结合的创新体系建设日趋完善，我国医药产业正在成为新兴支柱产业。但与此同时，医药企业规模小、自主创新能力薄弱、经济效益低等一

[1] 樊轶侠，秦沛鑫．跨国公司对中国医药制造产业结构和效率的影响分析[J]．企业活力，2007，Vol.（9）：74～76.

些制约我国医药产业发展的长期性、深层次问题依然存在。对此，根据扬长避短和取长补短的原则，依据药品专利保护重要性理论、有限性理论和多维性理论来运用外部机会和内部有利条件，避免外部威胁和改进内部不足。

一、药品专利保护重要性理论的运用

根据本书的理论研究与实证分析，药品专利制度从法律层面保证了技术创新的顺利进行，不仅是提高医药产业国际竞争力的最有效途径之一，而且也成为经济增长的源泉和动力。在这一考量下，如何通过知识管理的方式来有效发挥药品专利制度对于社会福利的促进作用成为学界研究的重点。对此，可通过价值链整合和优化的方式来提高药品专利保护制度运作效率，充分发挥专利制度的保护功能和信息功能，推进国内医药企业及时、安全、有保障地研发新药，促进医药产业发展，提升社会福利水平。

1. 基于价值链理论的药品专利保护管理流程分解

波特（Poter）[1] 在1985年出版的《竞争优势》一书中最早提出价值链的概念，并以此作为企业建立竞争优势的基本工具来分析企业的竞争优势。价值链指厂商内部和厂商之间为生产最终交易的产品或服务所经历的增加价值的活动过程，它涵盖了商品或服务在创造过程中经历的从原料到最终消费品的所有阶段，由5个基本活动和4种辅助活动组成。价值链构建的相关层次就是一个企业在特定的行业里进行的有关活动，所有这些活动可用一条价值链来表示，见图7.2。

基于这一理论，药品专利保护重要性原则也可以在这一框架

---

[1] Poter M E. Competitive advantage［M］. New York：Free Press，1985.

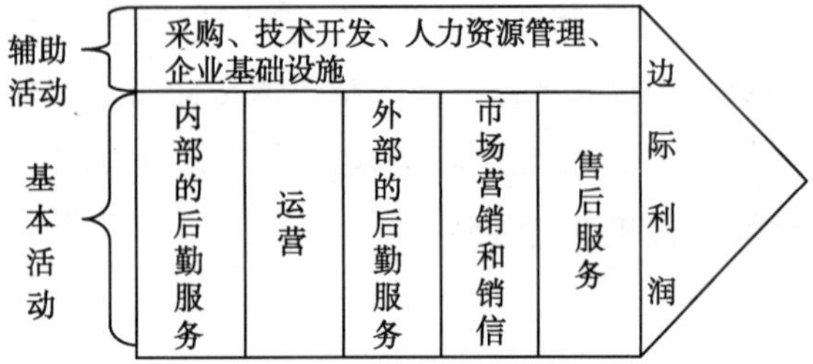

图 7.2　Poter 价值链

内进行分析。药品专利价值链是知识管理与价值链概念的有机结合，意味着药品专利管理活动的价值创造和增值过程，及与之相应的组织结构形式，反映的是药品专利管理过程中价值的转移和创造，代表了药品专利管理活动的价值属性，见图 7.3。因此，药品专利价值链反映了知识产权竞争优势的形成过程和路径。

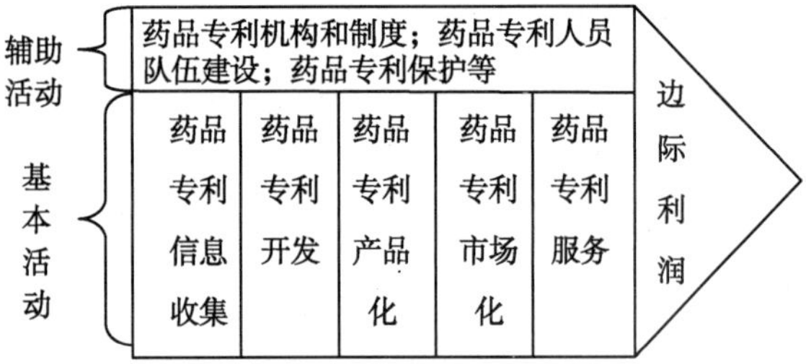

图 7.3　药品专利保护价值链

药品专利保护价值链也是一个知识产权管理的全过程，存在着上下游的互动关系，具有内在的不可分割性。因此，如何从整体上将药品专利保护价值链的各种机构和制度有效组合起来，增强整体的药品专利管理能力，是实现药品专利价值的重要途径。

药品专利保护价值链强调分工协作与系统的优化和整合。在药品专利保护价值链的不同环节，存在不同的创造价值主体，药品专利开发、引进、生产、服务和保护都有明确的定位和作用，其中任何一个环节出现问题，都会降低药品专利保护价值链的整体效果。因此，必须注重分工的异同，使每一个环节上的价值创造主体能够最大限度地提升自身能力，为药品专利保护价值链作出最大贡献。同时，也要强调各环节和各要素的系统整合，通过协调互补、沟通合作，协同提高药品专利创造的整体效益。

2. 提升药品专利保护竞争优势的内在路径

药品专利保护价值链表明，药品专利保护竞争优势既是获取药品专利价值的手段，也是实现药品专利价值的过程。因此，提升药品专利保护竞争优势的内在路径就是要对药品专利价值链的各个环节进行有效的管理，增加药品专利价值链各个环节的附加价值。对此，可通过提高药品专利保护意识、转变药品保护运作模式、研发创新的隐性知识显性化、探索激发专利保护潜在作用的创新机制和完善药品专利保护制度的方式来提高专利制度运作效率。

（1）加强药品专利保护意识。根据本书研究，药品专利保护强度是立法强度与执法强度的综合反映，我国 20 余年药品专利保护立法强度的显著提高并位居世界前列，并不意味着药品专利保护强度也同比例同水平提高，由于我国药品专利执法强度的提高速度远远落后于立法强度致使最终保护强度指数较低。根据“木桶短板”原理，当下紧迫的任务在于进一步提高执法保护强度，从而为尽快提升药品专利保护强度寻求一条合理有效的途径。对此，我们认为目前应该着力提高药品专利保护意识。因为在市场经济体制中，专利是保护知识产权中最重要、最有效的形式，国家不能忽视、行业不能忽视、企业更不能忽视。

（2）转变药品保护运作模式。根据本书研究，药品专利在保护科学智力成果、促进医药技术传播、激励药品研发创新以及推动医药产业发展等方面发挥了无与伦比的巨大作用，《巴黎条约》、TRIPs 协议等一系列国际条约都纷纷明确了药品专利保护重要性原则。主要国家也纷纷建立健全药品专利保护的相关立法。2008 年 6 月国务院发布《国家知识产权战略纲要》，这对于提升我国药品专利创造、运用、保护和管理能力，推动医药产业可持续发展意义重大。但目前，不少医药公司由于受计划经济条件下过分依赖行政保护的习惯和思维模式的影响，依然不愿意主动寻求专利等法律手段保护。尤其是在中药行业，最不受重视的是专利保护，而最受医药公司青睐的仍然是药品行政保护，由于该方式不具有战略保护的功能，因而更为妥帖的方式则是及时提出专利保护申请，运用专利这一有力武器来保护自己的知识产权，从而在真正意义上避免低水平重复，保护中医药产品的国际市场利益，促进整个社会的科技进步，推动医药产业的快速健康发展。

（3）研发创新隐性知识显性化。根据本书的研究，商业秘密保护往往在缺乏保证知识的可占有性的法律机制条件下存在，而且往往随着创新者本身肉体的灭失而消亡，从而使得知识的累积性很差。而专利制度保持了创新知识的累积性、创新活动的连贯性，从而更有可能导致更高价值创新成果的出现。因此，从社会福利的角度而言，应该提倡药品研发创新的隐性知识显性化。但值得注意的是，由于在药品专利战略空间内，不同医药企业占据了不同的战略位置，医药企业拥有的专利权利范围存在相互重叠的地方，如图 7.4。而且，随着技术发展越来越快，技术越来越复杂，很少有一个医药企业拥有某种产品技术的所有专利。由于药品专利的重叠引起的拥挤程度会影响企业对知识产权的收益占有，还会影响企业在这个空间里的竞争行为，从而影响药品专利战略决策。所以，在隐性知识显性化的过程中，医药企业不仅要考虑自身的专利权，还要考虑竞争对手的专利权，不仅要考虑既定时间内的专利权，还要考虑专利组合的长期发展，不仅要考虑核心专利权，还要考虑外围专利权，不仅要考虑专利权本身的运用，还要考虑专利权与其他知识产权的结合使用，在此基础上制定药品专利战略及不同的战术，确保自己在专利战略空间内的行动自由，通过连续地发展专利权以控制技术的流动来保持企业竞争优势的战略目的。

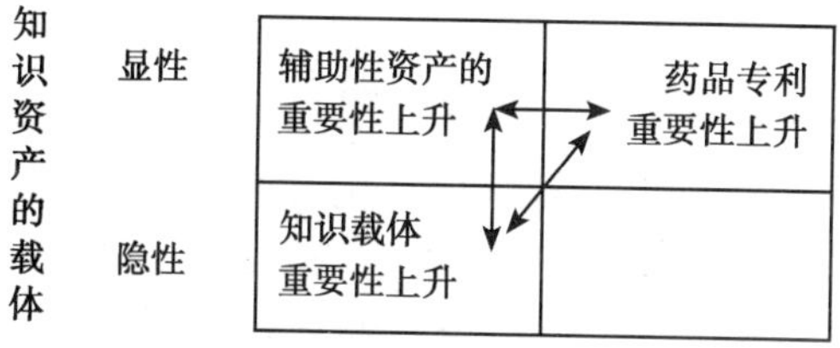

图 7.4　知识资产的药品专利占有机制

（4）探索激发专利保护潜在作用的创新机制。根据本书研究，1995～2007 年，我国药品专利保护强度对科技发展实力具有显著影响，但其弹性系数仅为 0.557。这在一定程度上说明，药品专利保护对科技发展实力的潜力作用尚未充分发挥，且处于低水平徘徊阶段。目前，我国通过不断加强药品专利保护达到了鼓励和促进发明创造的积极作用，就专利数量而言已是药品专利大国，但远非知药品专利强国，在药品专利自主创新研发竞争能力上与发达国家差距更大。按 WIPO 最新修订的技术领域分类标准，截至 2009 年年底[1]，我国药品（含中药）的有效发明总量是

[1] 国家知识产权局．专利统计简报［R］．2010 年第 5 期（总第 81 期）．

18 551件，其中国内有 13 328件，占 71.8%；国外有 5 223件，占 28.2%，国内优势十分明显，但进一步细分却发现，国内的药品专利以传统中药为主，对于世界主流的化学合成药方面，我国的原始创新能力明显不足。同时，在我国维持十年以上的药品有效发明总量共计 3 141件，其中国内仅为 908 件，占 28.9%；国外达到 2 233件，占 71.1%，情形与上述专利数量恰恰相反。在加入 WTO 后，市场的开放使我国医药产业面临激烈的国际竞争，发达国家的药品专利制约对我国医药产业发展构成了封锁和威胁，对此更需要探索创新机制为我国药品研发创造良好的条件。

（5）完善药品专利保护制度，缩短制度的滞后性。在本书对我国 1995～2007 年药品专利保护强度与医药产业工业增加值关系的实证分析中，将药品专利保护强度数据滞后 6 年才通过显著性检验，这表明我国药品专利保护制度对医药产业发展存在非正常性滞后。新制度经济学认为，正式制度安排会呈现出一种滞后调整，即现期的制度供给不能满足人们当期的需要。制度滞后不仅是指制度出台相对于制度需求的滞后，还包括制度出台后新制度无法发挥作用而出现的制度供给滞后。如果这种滞后超出了所能容忍的限度，不能克服对风险的厌恶或不能将外部潜在的收益及时内部化，那么这种滞后就不正常了。对于我国目前的药品专利制度而言，这种不正常表现在时滞过长。尽管影响制度供给时滞的因素很多，但最重要的是现存药品专利法律制度的状态。因为不管什么时候，现存法律限制着制度安排的演化范围。制度供给的时滞直接影响了一个国家或地区制度变迁的速度，使得一些有效的制度在一定时间内难以建立起来，这意味着一些潜在利润短时间内难以实现，从而影响了医药产业发展的步伐。因此，应采取改进新药审评办法、建立中药专利保护的标准和制定药品专利申请的高标准信息披露制度等方式来完善药品专利法律保护，缩短制度变迁的时滞。

二、药品专利保护有限性理论的运用

从技术或法理的角度而言，药品专利制度被视为是产权所有者借助法律保护获取商业利润的手段，是外生的环境变量；但是从商业化的角度，药品专利制度则被看做是技术创新过程的产物，对此有必要塑造与改变曾经被视为外生变量的药品专利制度，从而获得更多的创新利益。基于此，可在药品专利有限性框架内，通过开放性创新理论之提倡来重塑药品专利保护利益平衡机制。

1. 基于开放性创新理论的药品专利保护

传统的医药企业占有行为来源于工业经济时代下封闭式的创新理念，是一种封闭式的占有行为，即以实现自身利益最大化的利己主义为逻辑基础，通过对知识的完全拥有来维护自身的竞争优势与市场地位。但进入信息经济与网络经济时代之后，医药企业的生存环境却出现了很大的改变，如知识性员工数量的骤增和高度的流动性、风险投资市场的兴起、外部思想的可用性、大学等科研机构研究能力的提高以及外部供应商能力的不断增强等。在这样的环境下，开放式创新由此兴起。相应地，医药企业的占有行为也随着开放式创新的实施发生了根本性的改变，强调在实现创新合作群体利益最大化的基础上获得自身的创新收益，即实现群体利益以及他人利益是医药企业自身从创新中获得利益的前提。创新利益的获取由此更多地依存于知识的分享而非知识的蓄积，更多地依存于伙伴之间的合作互惠关系而非严格的所有权，相关区别见表 7.2 所示，而这种理念的转变为药品专利权的演化奠定了基础。

表 7.2 封闭式创新与开放式创新基本原则的对比❶

	主要威胁	组织间关系	逻辑基础	获利方式
开放式创新	价值悖论	合作互惠关系	基于自利的利他主义	通过知识的分享收益
封闭式创新	信息披露悖论	竞争关系	利己主义	通过知识的蓄积收益

专利权作为占有制度的重要内容，本质上是一种知识治理机制，是对知识活动中的行为进行激励、引导、规范和控制的制度安排。在封闭式创新中，由于实施严格的药品专利保护，使得医药企业强调知识的蓄积而死守各自的孤堡，忽视了对外部资源与支持的整合，阻碍了企业间知识分享与共创，这样的“保护近视症”阻碍了组织间的知识分享与共创。但就开放式创新而言，有效的治理机制不仅需要防止知识交流中可能出现的机会主义行为，更要强调组织间的合作互惠关系，激励创新者的知识分享与知识共创行为，从而产生更多的创意、发明，最终产生更多的商业价值。

基于此，在本书研究的基础之上，结合开放式创新理论，提倡药品专利保护有限性原则，其内在精髓是过弱的药品专利保护使得医药企业进行技术创新极易被竞争对手所模仿，从而造成专利激励研发创新的功能无法充分发挥，从而陷入“公地悲剧”；而对于封闭式创新的过强药品专利保护，作为一种隔离机制，通过防止知识交换中的机会主义行为来“留住”医药企业的知识，同样会限制医药产业的健康发展和技术水平的提高，无法规避“反公地悲剧”。而有限的药品专利保护作为一种联结机制，不仅

❶ 王雎. 开放式创新下的占有制度：基于知识产权的探讨［J］. 科研管理，2010，Vol. 1（31）：153～159.

规避可能发生的机会主义行为，通过贯穿公正、合理与共享的基本原则，促进医药企业之间相互融合、相互依赖的合作关系，保障知识在医药企业之间顺利“流动”，在流动中创造价值，实现药品专利权人、模仿者以及社会公众的利益平衡，更为重要的是，通过契合本国社会经济发展要求，使得药品专利保护强度与本国和本地区特定时期的发展状况相协调、相匹配，有所选择、循序渐进，产生尽可能多的“正”社会福利的同时，抑制其“负”社会作用，以实现药品专利制度收益的最大化，促进社会经济发展。

2. 构建药品专利保护利益平衡机制

在开放式创新环境下，医药企业是否拥有药品专利权并非目的，其真正目的在于通过药品专利激励机制，高效利用知识创造与获取价值，在提升群体利益的基础上从中获得更多的个体利益。对此，可在药品专利有限性框架内，通过促进模仿性创新和构建利益相关方参与机制的方式来建立利益平衡机制，从而为共同创新的实现与创新利益的获取提供制度性的激励与保障。

（1）制定契合国情的药品专利战略、促进模仿性创新。作为药品专利的国家政策倾向，强保护和弱保护是相对称的一对概念，是一对互为矛盾的范畴，同样的保护状态，如果适合本国经济社会的发展要求，实现了法律公正和效益的均衡，便应当属于实质的强保护。药品专利保护战略的强、弱之争主要体现在发达国家和发展中国家。

根据本书研究，研发具有自主知识产权的新药，是我国从制药大国走向制药强国的必由之路。但一个国家的技术发展道路不是任意选择的，必须遵循一定规律，即从滞后性模仿到跟随性模仿，再到模仿性创新（或创造性模仿），最后实现技术领先性创新。按照这样一个过程式和我国药品研发的研究水平、实力、资金、研究条件的实际水平，现阶段我国新药创新的必然选择只能是模仿性创新。为此，提出以下建议：①转变观念和机制。不要过分追求技术领先创新，不过分追求出成果，而以获取最大利润为首要目的。②探求科研机构与企业联合的发展道路。要逐步增加医药公司的投资力度，解决研究经费严重不足的矛盾，实现成果共享，并逐步过渡到医药公司成为新药研发的主体。③研究突破性新药的改造之道。对于新出现的、很成功的专利药品，可对专利范围进行深入的研究，在不侵犯药品专利的前提下，进行专利边缘创新，也可有意识地改变局部化学结构，研发出作用机制相同或相似，并在治疗上具有独特特点的新药。

（2）加强合作、扩大交流、构建利益相关方参与机制。不同的主体有着不同的利益需要，因而发展中国家和发达国家对于药品专利保护战略的选择存在巨大差异，这种差异不仅源自各国经济、科技、文化发展的差异，而且也部分体现各国追求公平、公正、公益、合理的政策内涵。

根据本书研究，发展中国家由于医药产业发展水平低、医药市场机制不健全、药品研发投入不足、药品专利运用管理能力不强以及行政司法机制不完善等诸多因素导致药品专利制度的积极作用未能充分发挥。同时，我们也注意到，维持低水平的药品专利保护有利于对国外技术的模仿，削弱外国医药企业的市场竞争力，有益于本国消费者，因此发展中国家加强药品专利保护的动力不足。但是，从长远来看，强化药品专利保护有利于鼓励本国医药企业创新，确保创造者得到合理、公正的权益，使知识成果的传播者和使用者真正受益，实现社会利益的最大化，从这个角度而言，发展中国家加强药品专利保护又具有促进医药产业发展的内在动力，而并非仅仅是因为来自发达国家的压力而强化药品专利保护。因此，发达国家不应一味简单强求发展中国家加强药品专利保护，而应该结合发展中国家的研究实力、研发投入以及医药产业发展现状等因素加以综合考量，通过帮助发展中国家增强药品创新能力和促进经济增长以提高加强药品专利保护的内在需求和动力。从这个角度而言，积极探求国际间药品专利保护的合作共赢、利益共享机制将是学界进一步研究的主流和方向。

三、药品专利保护多维性理论的运用

（一）基于专利保护组合视角的药品专利保护

从经济学角度来看，专利处理内嵌在创新产品或生产过程中的新知识。药品专利保护作为促进创新和技术进步的重要政策工具，具有两大基本功能：第一个是信息披露，以使具备该领域“基本技能”的人在进行适当实验后能够使用该项专利。但作为一种公共品，专利知识具有非竞争性和非排他性的特征，因此在市场竞争中，这类公共物品存在的外部性会产生一种市场失败，即发明人可能承担发明的所有成本，而其他任何人却能自由使用他人创新努力而获利，致使无法促进创新。第二是激励创新，法律赋予发明人享有排他性使用专利的权利，以此补偿前期研发投入并获得收益。“垄断权”机制作为对发明创造的一种奖励，能有效地激励发明人去创新，并能提高创新的传播。但是，该机制也对新知识的有效使用产生负面影响，因为专利可作为一种市场力量使专利权人在某一技术领域形成垄断地位从而限制市场竞争，损害他人和社会公共利益。从社会福利的角度来看，专利创新是在一个较低的效率层面被生产出来，在鼓励额外创新活动的社会收益与摒弃一些商品和服务的竞争性供给所造成的社会成本之间需要进行平衡和取舍。

对此，专利调节市场力量的强度从本质上依赖于两个要素：专利保护长度和专利保护宽度，并通过相应的排列组合以使专利系统在创新和垄断之间找到合理的平衡点。根据本书研究，可在药品专利多维性框架内，通过构建药品专利保护“长周期，窄范围”的组合方式来调节药品专利权人与社会公众、在先创新者与在后创新者的利益之争，防止由于药品专利的多重维度混合保护所导致的社会福利损失，从而达致医药公司、研究机构和整个社会公益之间的利益平衡，提升社会福利。

（二）药品专利保护长度之维：延长期制度的构建

根据本书研究，药品专利保护长度与社会福利呈正相关关系，并且在统计上存在显著相关关系。这表明，药品专利保护期限的延长有利于激发医药公司的研发创新积极性，在确保获得应有利润的同时，促进社会效益最大化，实现帕累托改进。对此，可通过27个样本国家和地区药品专利保护立法期限的综合分析来梳理延长期制度在国际社会层面的最新进展。

经整理，获得的27个样本国家和地区药品专利保护期限立法状况信息见表7.3。

在药品专利基本保护期方面，27个样本国家和地区绝大多数按照TRIPs协议的要求，为药品提供20年的专利基本保护期，仅古巴提供15年的专利保护期。

在药品专利保护期延长方面，虽然目前尚未建立统一的、带有强制性的国际标准加以规范，但国际社会已经相继制定了相应的制度予以回应。具体而言，在统计的27个样本国家和地区中，已有20个国家和地区制定了不同形式的专利延展期制度，占样本总数的75%；18个国家和地区制定了新药数据排他期制度，

表 7.3　2007 年 27 个样本国家和地区药品专利保护期立法状况统计表　　（单位：年）

样本	相关法律	A1	A2	A3	A4	A5	A6	样本	相关法律	A1	A2	A3	A4	A5	A6
比利时	Art. 39 Patent Law 1984	20	5	10	1	7	0.5	印度	Patent Law 2005	20	0	0	0	0	0
瑞典	Art. 22 of Patent Act 2004 Case 00-99，04-045，04-046	20	5	10	1	7	0.5	以色列	Sec. 52/64C Patent Law 1998	20	5	0	1	0	0
阿根廷	Sec. 35 of Patent Law No. 24，481	20	0	0	0	0	0	古巴	Patent Law 1983	15	0	0	0	0	0
澳大利亚	Patent Act 1990	20	5	5	0	0	0	日本	Sec. 67 of Patent Law 2005	20	5	6	0	0	0
美国	35 U. S. C. §156，1984 21 U. S. C. §355（j）（5）（D）21 U. S. C. §355a（b-c）	20	5	5	1	7	0.5	中国台湾	Art. 51of　Patent Act 2003	20	5	5	0	0	0
意大利	IP Code 2005 Law No. 349/1991	20	5	10	0	0	0	墨西哥	Industrial Property Law 1993	20	5	0	0	0	0
捷克	Act No. 527/1990；Act No. 206/2000； Act No. 129/2003	20	5	10	1	7	0.5	巴西	IP Code（Law No. 9. 279/96）	20	0	0	0	0	0
俄罗斯	Patent Law 2003	20	5	0	0	0	0	瑞士	Patent Law 1978	20	5	10	0	0	0
南非	Sec. 46 of Patent Act 57，1978	20	0	0	0	0	0	葡萄牙	Art. 115/116 IP Code 2003	20	5	10	1	7	0.5

续表

样本	相关法律	A1	A2	A3	A4	A5	A6	样本	相关法律	A1	A2	A3	A4	A5	A6
西班牙	Patents Law 11/1986	20	0	10	0	0	0	荷兰	Art 36. 5/49. 2 Patent Act 1995	20	5	10	1	0	0. 5
波兰	Art. 63 of IP Law 2000	20	5	10	1	7	0. 5	泰国	Sec. 35 of Patent Act B. E. 2542，1999	20	0	0	0	0	0
法国	IP Code 1998Law No. 90-510，1990	20	5	10	1	7	0. 5	德国	Sec. 16a Patent Act 2008 Section 49/24a-d Drug Act	20	5	10	1	7	0. 5
中国	《专利法》（2008）第 42 条； 《药品管理法实施条例》（2002）	20	0	5. 5	3	0	0	加拿大	Patent Act 1993；Pfizer Inc. v. Canada［1999］4 F. C. 441； Food and Drug Regulations C. R. C. c. 870	20	0	5	0	0	0
英国	Art. 25 ofPatents Act 1977	20	5	10	1	0	0								

注：A1 为基本保护期；A2 为专利延展期；A3 为新药数据排他期；A4 为新指征数据排他期；A5 为罕用药延长期；A6 为儿童用药延长期。

占样本总数的 67%；17 个国家和地区制定了专利延展期制度，占样本总数的 63%；11 个国家和地区制定了新指征数据排他期制度，占样本总数的 41%；9 个国家和地区制定了儿童用药延长期制度，占样本总数的 33%；8 个国家和地区制定了罕用药延长期制度，占样本总数的 30%。在发达国家中，在满足各项条件的情况下，加拿大的专利保护期最短（25 年），瑞典、比利时、捷克、法国、德国、波兰、葡萄牙和瑞典等 8 国是药品保护期限最长的国家（43.5 年），其他国家的保护期可以达到 35 ~43 年。

只有 7 个国家没有制定相应的药品专利保护期延长制度，分别是阿根廷、巴西、古巴、印度、墨西哥、南非和泰国。造成这一制度缺失的主要原因是，这些国家都面临或轻或重的公共健康问题，政府期望通过尽可能“缩短”专利保护期的方法使得更多的贫困患者获得廉价的治疗药物（主要是仿制药）。根据本书研究，随着社会经济水平的发展和公共健康危机的缓解，将会有更多的国家和地区采用药品专利保护期延长制度，从这个角度看，各国普遍实施药品专利期延长制度是存在经济理论基础的，也是符合经济效益的，这一趋势将逐渐清晰和明朗。目前，我国《专利法》尚未引进药品专利期限延长制度。对此，可借鉴美国的立法经验，建立药品专利延长期制度。

（三）药品专利保护宽度之维：专利权限制的重塑

根据本书的研究，过宽的药品专利保护范围具有负效益，一方面会使得大量的药品发明创造获得专利授权，一些价值、意义不大的发明创造也会因此被授予专利权，从而影响医药市场的正常有序发展，抑制了后续发明创造者的积极性；另一方面，也会使大量的国外药品专利涌入本国，本国不得不承担起更多的国际专利保护义务，这对经济不发达的发展中国家来说是一个承重的负担。而适当限制药品专利保护范围可以增加药品创新者的利润，提高资源有效配置，避免出现重复授予专利的情况，提高专利效率，增强社会福利。对此，可通过 27 个样本国家和地区药品专利保护立法宽度的综合分析来梳理立法宽度在国际社会层面的最新进展。

另外，由于药品专利制度一方面具有限制竞争的性质，另一方面又为促进竞争所必需，因而在构建设计药品专利权制度时，对于可能出现的权利滥用的情形，立法上应着眼于如何限制权利滥用、从而调和前述这两方面的矛盾。权利限制制度是有效调控药品专利立法宽度的减损性划界，是维持与保证药品专利权利人、使用者和社会公众利益平衡的有效方式，更是药品专利法律制度本身发展与完善的必然结果与要求。对此，可通过完善强制许可制度和规范 Bolar 条款等权利限制方式来规制药品专利保护宽度。

1. 药品专利保护宽度的现状及发展趋势

经整理，获得 27 个样本国家和地区药品专利保护宽度立法状况信息。在药品专利保护宽度方面，27 个样本国家和地区绝大多数按照 TRIPs 协议第 27 条第 1 款的要求，对符合新颖性、创造性和实用性要求的药品发明授予专利权。但这些规定不尽相同。经统计，96% 的样本国家和地区中对医用化学和生物合成物、医用新型和已知合成物以及医用合成物制备方法提供了专利保护，可见样本国家和地区对于药品专利保护宽度的基准已经达成了共识，但对于生命物质（动物和植物除外）、从自然状态分离、提取和用人工方法生产的天然生物材料、人体细胞和组织（非用于人体克隆）、药物治疗方法以及疾病的诊断及治疗方法等 5 项内容是否授予专利权，则依然存在较大的分歧。

经统计，3.7% 的样本国家分别提供 5 项和 4 项专利保护、51.9% 的样本国家提供 3 项专利保护、22.2% 的样本国家提供 2 项专利保护、11.1% 的样本国家提供 1 项专利保护。可见，在各国立法中对于上述 5 项药品专利对象没有强烈的保护动力，并且对药品专利保护宽度的界定变得十分敏感，希望设立一种平衡机制对药品专利的保护宽度加以限制，以此防止本领域研发被堵塞，实现医药公司、研究机构和整个社会公益之间的平衡。

根据本书对药品专利保护宽度的实证研究可以得出，药品专利保护宽度与社会福利呈负相关关系，并且在统计上存在显著相关关系。这也表明，药品专利保护宽度的缩小对社会福利的增加是有利的。因此从该角度看，绝大部分国家和地区将药品专利保护宽度控制在一定范围是存在经济理论基础的，也是符合经济效益的，这一趋势也将逐渐清晰和明朗。

2. 完善强制许可制度

长期以来，在药品专利的国际协调中，强制许可一直是一个敏感的话题。它牵涉国家公权力对专利权的限制，对于私权至上的国家来说，这是涉及个人权利问题，因而强制许可制度也常常成为发达国家攻击发展中国家的焦点。目前，在 TRIPs 协议框架内，强制许可已经成为限制药品专利保护宽度、应对公共健康危机的一项重要制度，对于防止专利权人滥用垄断权、保护社会公众利益，提升社会福利水平发挥不可或缺的重要作用。正是基于这一的理念，在国际社会共同努力下，强制许可制度已经成为国际社会的一项普适性规则。

在国际条约层面，一些重要的国际条约已经对药品专利强制许可进行了肯认和构建。

（1）强制许可的规定最早出现在 1883 年的《保护工业产权

巴黎公约》中，该《公约》第5条（2）、（4）款对强制许可的实施程序进行了规范。这表明，100多年以前国际社会已有建立强制许可制度防止专利权人滥用其权利的理念，以保证专利权人的利益和公众利益的平衡，保证公平、正义目标的实现。这一理念和目标在随后的一系列的国际条约中得到了进一步阐述。

（2）TRIPs协议规定，可以通过强制许可的方式使用某项专利技术，但是这一规定太过笼统，缺乏可操作性。2001年问世的《TRIPs协议与公共健康多哈宣言》则进一步规定，TRIPs协议“可以并且应当以支持WTO成员国行使保护公共健康，尤其是促进人人获得药物的权利的方式，进行解释和执行。”“WTO成员国有权为此目的（保护公共健康而用尽TRIPs协议所提供的弹性规则。”这是发展中国家在TRIPs协议后的第一次重大胜利，但由于《宣言》仅仅是一些原则性规定，未能提出如何扩大没有生产能力的成员方获得可支付药品的途径，因此也就未能从根本上解决TRIPs协议与公共健康之间的矛盾。

（3）为了执行该《宣言》，WTO总理事会在2003年通过了《关于与贸易有关的知识产权协议与公共健康多哈宣言第六段执行决议》，协议提供了一套法律程序，供具备相关医药制造能力的出口方和进口方通过强制许可制度实现相关药物的制造、交易。因而，该《决议》在一定程度上缓解了TRIPs协议之后发展中国家和最不发达国家购买廉价专利药品的困难，专利权人与公众的利益以及发达国家和发展中国家、不发达国家的利益得到了进一步的平衡。但由于《决议》对构成公共健康危机的疾病的范围界定过于狭窄，并对强制许可下出口的程序施加了苛刻的限制，从而使得该《决议》的实际效果不宜乐观。

（4）2005年，世贸组织总理事会通过了《修改〈与贸易有关的知识产权协定〉议定书》，将为公共健康目的明确规定为专利强制许可的一项理由。根据该议定书，世贸组织的发展中国家和最不发达国家可以在发生公共健康危机时，在国内实施药品专利的强制许可制度，生产、使用、销售或从其他实施强制许可制度的成员国进口相关的仿制药品。这是TRIPs协议有史以来核心条款的第一次修改，这说明国际社会在公共健康问题上给予发展中国家越来越多的同情考虑和支持，也是发展中国家在TRIPs协议框架下寻求自身利益更多保护的一次胜利。该协议将由WTO成员中的2/3接受后，将按照协定书的内容对TRIPs协议作出修改并予以生效❶。

通过药品专利强制许可的历史流变考察，我们不难发现这一制度正在从单一性向多元化方向发展，即由最初的促进专利实施，逐步发展到目前维护国家利益、公共健康、公共利益，维护竞争秩序，防止专利权滥用等功能于一体；从限制专利权过于强势为宗旨，逐步发展到维护和平衡各方利益为使命。

在各国立法和司法层面，该制度也已经成为普适性制度安排。经整理，获得27个样本国家和地区药品专利强制许可立法信息见表7.4。

❶ 截至2010年3月1日，已有28个成员（按先后顺序依次为美国、瑞士、萨尔瓦多、韩国、挪威、印度、菲律宾、以色列、日本、澳大利亚、新加坡、中国香港、中国、欧盟、毛里求斯、埃及、墨西哥、约旦、巴西、摩洛哥、阿尔巴尼亚、中国澳门、加拿大、巴林、哥伦比亚、赞比亚、尼加拉瓜、巴基斯坦。2007年10月28日，中华人民共和国第10届全国人大常委会第30次会议批准接受了该协定书）批准接受该议定书，但离2/3成员接受的要求还有一定距离。

表 7.4　27 个样本国家和地区药品专利强制许可立法信息表

国家和地区	相关法律	国家和地区	相关法律
阿根廷	Patent Law No 24，481	捷克	Law on Invention，Industrial Designs and Rationalization Proposal 1990，Section 20
澳大利亚	Patent Regulation 1991 Chapter 12.	法国	Intellectual Property Code 1992，Art. L 613
比利时	Patent Law 1984 Art. 31	德国	Patent Law 1980，Art. 24
巴西	Industrial Property Law N° 9. 279/96 Art. 68 ~ 74	印度	Patents Law 1970，Art. 84，92
加拿大	Patent Act 2005，Section 21. 02 ~ 21. 2	以色列	Patents Law 1967，Art. 116 ~ 128
葡萄牙	Intellectual Property Code 1995，Art. 105	瑞士	Federal Law on Patents for Inventions 1954，Art. 32，36 ~ 37，40，40b
俄罗斯	Patent Law 2003，Art. 10	中国台湾	Patent Law 1994，Art. 78 ~ 83
南非	Patent Act1978 No. 57，Art. 55 ~ 56	泰国	Patent Law B. E. 2522，Art. 46 ~ 47，51 ~ 52
西班牙	Patent Law 1986，Art. 86 ~ 101	英国	Patent Rules 1995 No. 2093，Art. 68 ~ 71
瑞典	Patents Act 1967，Art. 44 ~ 50	美国	28 USC 1498
古巴	Patent Law 1995，Art. 27	荷兰	Patents Act 1995，Art. 57
日本	Patent Law 1960，Art. 93 (1)	中国	2008 年《专利法》第 48 至 58 条
墨西哥	Industrial Property Law 1997，Art. 69 ~ 73	波兰	Industrial Property Law 2000，Art. 82 ~ 88
意大利	Law on Patents for Invention 1939，Art. 54		

国际社会药品专利强制许可的司法实践信息见表 7.5。

在立法层面，在 27 个样本国家和地区的立法层面全部都制定了药品专利强制许可制度。在司法实践层面，包括发达国家在内的众多国家已经在实践中充分运用了这一制度。具体而言，泰

表 7.5　国际社会药品专利强制许可司法实践信息表

国家和地区	年份	专利药物	是否实施	国家和地区	年份	专利药物	是否实施
美国	2007	司他夫定、利托那韦	是	法国	2006	乳腺癌检测试剂 BRAC1/BRAC2	未决
	2005	达菲（罗氏、吉里德）	否		1992	流产药物 RU486	是
	2002	肿瘤坏死因子制剂	是	意大利	2007	治疗偏头痛药、治疗前列腺炎药	是
	2001	西普罗（拜耳）	否		2005	抗感染的抗菌素药	是
加拿大	2006	磷酸奥斯他韦	是	韩国	2005	达菲（罗氏、吉里德）	未决
	2004	赖诺普利	是		2002	慢性粒细胞白细胞药物	否
	2005	奈韦拉平/齐多夫定/拉米夫定	否	泰国	2006	法韦伦（默克）	是
	2001	西普罗（拜耳）	是		2007	泰素帝（塞诺菲-安万特）	是
泰国	2006	Efavirenz（默克）、Kaletra（雅培）、依法韦伦（默克）	是		2007	洛匹那韦与利托那韦合剂（雅培）	是
	2007	波立维（赛诺菲-安万特）	是	印度尼西亚	2004	拉米夫定（勃林格殷格翰）、奈韦拉平（葛兰素史克）	是
	2007	格列卫和弗隆（诺华）	是				
	2008	塔西法（罗氏）、泰素帝（法国塞诺菲-安万特）和弗隆（诺华）	是				
南非	2001	奈非那韦/拉米夫定/齐拉夫定/司他夫定/去羟肌苷/依法韦仑/茚地那韦/阿波卡伟	否	喀麦隆	2005	奈非那韦/拉米夫定/拉米夫定与齐多夫定合剂	未决

续表

国家和地区	年份	专利药物	是否实施	国家和地区	年份	专利药物	是否实施
中国台湾	2005	达菲（罗氏、吉里德）	是	德国	2000	艾滋病血液检测试剂	否
莫桑比克	2004	拉米夫定/奈非那韦/司他夫定	是	厄瓜多厄	2003	拉米夫定与齐多夫定合剂（葛兰素史克）	否
中国	2005	达菲（罗氏、吉里德）	未决	斯威士兰	2004	抗艾滋病药物	是
马来西亚	2004	去羟肌苷（百时美施贵宝）、齐多夫定和拉米夫定（葛兰素史克）	是	津巴布韦	2002	抗艾滋病药物	是
厄立特里	2005	抗艾滋病药物	是	以色列	1992	乙型肝炎疫苗	否
巴西	2001	奈非那韦/依法韦仑	否	赞比亚	2004	拉米夫定/司他夫定/奈非那韦	是
	2003	奈非那韦/依法韦仑/洛匹那韦	否	加纳	2005	抗艾滋病药物	是
	2005	替诺福韦	否	多米尼加	2002	波立维（赛诺菲-安万特）	否
	2005	格列卫	否	几内亚	2005	抗艾滋病药物	是
	2005	洛匹那韦与利托那韦合剂	否	阿根廷	2005	达菲（罗氏、吉里德）	是
	2007	依法韦仑（默克）	是	菲律宾	2007	Norvac（辉瑞）	是

国4次、加拿大3次、美国2次、意大利2次、厄立特里、法国、印度尼西亚、阿根廷、几内亚、斯威士兰、赞比亚、津巴布韦、加纳、中国台湾、莫桑比克、巴西、菲律宾和马来西亚各1次，其余国家和地区则将该制度作为向专利权人施加威慑的手段，即“引而不发，跃如也”，达到了降低药品价格、缓解公共健康危机的目的，故最终不再实施强制许可，这充分说明了强制许可制度的价值和意义。这一分析结果与贝耶尔（Beier）和麦卡费特里奇（McFetridge）等学者的实证研究相符。

根据本书研究，权利限制与药品专利保护宽度呈负相关关系、药品专利保护宽度与社会福利呈负相关关系，因而权利限制与社会福利呈正相关关系，所以各国和地区普遍制定和实施药品专利强制许可的权利限制措施是存在经济理论基础和实证依据的，也是符合经济效率的，这一制度安排已经从单一的国内模式逐步演变为国际潮流。在我国专利法和专利法实施细则中规定了发明和实用新型专利可以进行强制许可。针对强制许可的具体实施问题，我国还新颁布《专利实施强制许可办法》，专利法第49条也为我国实施强制许可提供了依据。但是在我国专利法颁布后的十几年间，尚未发生过一起关于专利药品的强制许可案，这从一个侧面反映了我国药品专利强制许可制度未以适合国情、最大限度保护自身利益为最终目标，俨然成为“水中月”、“镜中花”。一个非常重要的内在原因在于，我国的药品专利强制许可制度不够完善，致使该制度的可执行性较差，对此应对该制度的程序性规定进一步加以完善。

3. 规范Bolar条款

由于医药制品尤其是人用药品关系到人的生命健康，各国都严格要求药品上市需要向国家相关行政部门报批，报批资料中必须含有临床实验数据，进行临床实验之前必须先进行前临床实验，这将涉及专利药品的保护问题。在这方面，各国通行的惯例是允许仿医药企业在药品专利到期之前的两年内进行上市前的准备，包括提出注册申请和对专利药品进行试验的行为，这一做法在国际上称为 Bolar 例外原则。该原则的基本含意是指，为了对药品进行临床实验和申请行政注册的目的，而实施相关专利的行为，不视为侵犯专利权，给予侵权豁免。经整理，获得 2007 年 22 个样本国家和地区 Bolar 条款立法信息见表 7.6。

表 7.6 Bolar 条款立法实践信息表

国家和地区	法律法规	国家和地区	法律法规
日本	1999 Hanrei-Jiho 1675～37	阿根廷	Confidentiality Law No. 24, 766, Sec. 8
荷兰	Patent Law 1995, Art. 53	澳大利亚	Patent Act 2008, Sec. 119 A
巴西	Patent Act 2001, Sec. 43, Ⅱ	意大利	Intellectual Property Code 2005, Art. 68（1）
葡萄牙	Medicines Act 2003 , Art. 19（8）	加拿大	Patents Act 1993, Article 55. 2（2）
古巴	Patent Law 2002, Art. 31	法国	Intellectual Property Code 2003, Art. L 613. 5
捷克	Interpretive Information of State Institute for Drug Control Jan. 2006	英国	The Medicine for Human Use（Clinical Trials）Amendment Regulations 2006, Art. 36
俄罗斯	Patent Law 2008, Art. 109.	瑞士	Commercial Court Zürich "Erythropoietin Ⅱ "1997, 208
瑞典	Patent Act 2006, Sec. 3	德国	Patentgesetz 2005, §11（2）2a, 2b
印度	Patent Act 2003, Sec. 107A	南非	Patent Act 2005, Art. 69A
以色列	Patent Law 1998, Art. 50	美国	Patent Law 1984, §271（e）（1）
波兰	Patent Act 2000, Art. 69	墨西哥	Patent Law 2002, Art. 50

根据本书对药品专利权利限制与社会福利呈正相关关系的研究结论，各国普遍制定和实施 Bolar 条款的权利限制措施是存在经济理论基础和实证依据的，也是符合经济效率的。尽管目前 Bolar 条款尚未在国际范围内形成统一标准，但该制度在发达国家和部分发展中国家获得了越来越多的支持。我国也于 2009 年修改《专利法》时引入 Bolar 条款。但这一条款本身及其配套司法解释仍留有很多有待进一步探讨的空间。对此，在实践中适用“Bolar 条款”时，不宜有地域范围和适用时限的限制，增加个人无商业目的行为例外和调制、处理药剂行为例外。

第三节　本章小结

本章在药品专利保护优化理论的基础上，运用系统分析方法，厘清了中国医药产业发展战略的优势、劣势，面对的机会和威胁，提出了运用药品专利保护重要性、有限性和多维性理论来促进我国医药产业发展，提升社会福利的具体思路。

在药品专利保护重要性战略中，以价值链理论为基点，通过提高药品专利保护意识、转变药品保护运作模式、研发创新的隐性知识显性化、探索激发专利保护潜在作用的创新机制和完善药品专利保护制度的方式来提高专利制度运作效率。

在药品专利保护有限性战略中，以开放性创新理论为皈依，通过促进模仿性创新和构建利益相关方参与机制的方式来构建利益平衡机制，从而为共同创新的实现与创新利益的获取提供制度性的激励与保障，以实现药品专利制度收益的最大化，促进社会经济稳步发展。

在药品专利保护多维性战略中，通过采用药品专利保护“长周期，窄范围”的优化组合策略来调节药品专利权人与社会公众、在先创新者与在后创新者的利益之争，确保权利人获得应有利润，加速研究成果扩散，分散医药产业潜在风险，防止本领域研发被堵塞，从而实现帕累托改进。

第八章

结　语

第一节 结 论

一般认为，药品专利制度对于社会福利具有正、负两方面的效应，一方面是药品专利制度使权利人能够获得知识创新的垄断利润，从而促进知识的再生产和社会福利的提高；另一方面是药品专利制度赋予创新者的市场垄断力量，扭曲了资源配置，从而导致社会福利的降低。因此，如何最优地制定药品专利制度来平衡正、负两方面效应，最大化社会福利，成为学界关注的热点问题。这也正是本书理论研究和实证分析的逻辑起点和预期目标，本研究得出如下基本结论：

（1）在内生经济增长理论的框架内构建药品专利保护优化模型可以平衡“公地悲剧”与“反公地悲剧”两方面效应，激发药品创新积极性，维护药品创新者、使用者和社会公众诸多博弈中的利益均衡，实现“帕累托改进”，从而促进医药产业的快速发展和社会福利水平的提高。

（2）衡量一个国家和地区的药品专利保护强度应是其立法强度和执法强度的综合。可信、客观的药品专利保护强度指标是药品专利保护水平国际比较的基础，也是进行相关实证研究的前提。

（3）20多年来，我国药品专利保护强度一直保持不断上升趋势，药品专利立法水平已位居世界前列（在27个样本国和地区中得分4.672，位居第8），但由于执法强度还显不足（在27个样本国和地区中得分0.649，位居第26），致使最终的中国药品专利保护强度与发达国家相比还具有一定的差距（在 27 个样本国和地区中得分 3.032，位居第 21）。

（4）从创新知识生产性和隐含性角度而言，药品专利保护具有非常重要的意义。以 1995～2007 年我国时间序列数据为样本的实证分析显示，药品专利制度对医药产业工业增加值的贡献率为 29.2%，药品专利保护与科技发展实力显著正相关关系，其影响系数为 0.557；以 2007 年 27 个样本国家和地区截面数据为样本的实证分析显示，药品专利保护与经济发展呈显著正相关关系，其影响系数为 1.910。

（5）药品专利保护的成本不仅包含药品垄断定价带来的福利损失，还应考虑由于专利知识被低效使用的福利损失，这一福利损失随创新知识生产性的增加而增加，从这个角度而言，最优药品专利保护强度是有限的，而且存在一个理论上的拐点，在拐点两侧，采用不同的药品专利保护强度政策会对社会福利产生不同的影响。

（6）为避免药品专利多重维度混合保护导致的社会福利损失，药品专利保护长度与宽度的优化组合方向应该是“长周期，窄范围”。以 2007 年 27 个样本国家和地区截面数据为样本的实证分析显示，药品专利保护长度与人均医药制品贸易量呈正相关关系，其影响系数为 4.348，药品专利保护宽度与人均医药制品贸易量呈负相关关系，其影响系数为 -2.962；美国药品专利保护延长期制度对医药产业发展的合理增长、医药产业核心竞争力的强化和提升、医药企业 R&D 合作的日益频繁与紧密、专利药商和仿制药商的理性博弈以及人均期望寿命的增加都具有非常显著的影响；以 1995～2007 年我国时间序列数据为样本的实证分析显示，药品专利保护宽度与医药市场绩效呈负相关关系，其影响

系数为 -0.586。

第二节 讨 论

本书以社会福利为研究视角，为药品专利保护优化理论（药品专利保护重要性、有限性和多维性原则）的阐释和解析在理论和实践上寻找到了强有力的支撑。写作过程中，查阅了大量相关的文献资料，但仍有若干问题有待进一步探索与解决，其中包括：

（1）如何更为科学选取指标来构建药品专利保护强度指标体系，特别是适当的执法强度指标，以更全面真实反映药品专利保护强度，对此应随着有关数据的获得和丰富进一步加强研究和完善。

（2）从更为严谨的视角出发，药品专利的多重维度可以从保护长度、宽度和高度三个层面展开，而在本书的研究中，已经将高度要素内化在长度和宽度之中，为了更为清晰地解构药品专利各个维度与社会福利的细致而复杂关系，在今后的研究中有必要将药品专利高度单独作为一个要素予以评价。

（3）根据本书研究，药品专利保护多维性的最优组合方向是“长周期、窄范围”。但是由于药品本身所涉及的范围非常宽广，仅以新药为例，就可进一步细分为中药、天然药物和化学药品及生物制品三大部分，同时又可按照各自不同的成熟程度再分类。对此，为了更为具体地探究各类药品的最优专利保护，有必要区分不同药品特点，有针对性地开展更为细致的研究。

（4）从方法论角度来看，本书希望将知识经济管理方法作为研究手段，通过管理学、经济学、法学等多学科的交叉融合，结合各个学科在问题研究过程中独具特色的分析视角，以拓展单一学科的研究思路。但由于作者对计量经济学等管理科学研究方法的掌握和运用能力的限制，只是进行了一些必要的初步实证分析。为深入全面解析药品专利制度与社会福利的内在关系，有待更为先进、复杂的管理科学研究方法的运用。

附　录

附表1 药品专利保护强度测算指标筛选调查表

尊敬的女士/先生：

您好！

我是同济大学经济与管理学院2006级博士研究生，正在进行一项“药品专利保护强度测算指标体系构建”课题的研究工作，为确保指标体系的科学性和专业性，特向您咨询初步设计的指标体系的有效性与可行性，并请您对各项指标的重要性程度提出建议。希望您抽出一点宝贵的时间，回答以下问题，您的意见将对我有莫大的帮助。

本人保证：本调查的所有数据仅用于学术研究，您的所有资料都将受到严格的保密！

非常感谢您在百忙之中提供宝贵意见！

“药品专利保护强度测算指标体系构建”课题组

2009年4月

一、基本情况

1. 您目前的工作职务：________________您的专业技术职称：________________________________

2. 您的文化程度：

（1）高中/中专 （2）大专 （3）本科 （4）研究生/硕士 （5）博士（生）

3. 您目前主要担任什么工作：

（1）行政管理　（2）教学科研　（3）商业研发　（4）临床与保健服务　（5）咨询服务　（6）其他（请注明）：

4. 您目前主要工作的企业所属领域：

（1）行政管理　（2）教学科研　（3）商业研发　（4）临床与保健服务　（5）咨询服务　（6）其他（请注明）：

5. 您目前主要工作的企业性质：

（1）政府机构　（2）科研院所/大专院校　（3）研发型企业　（4）制造型企业　（5）销售型企业　（6）医院/诊所　（7）咨询服务机构

6.（从事教学科研人员填写）您研究的主要领域：

（1）专利　（2）版权　（3）商标　（4）其他（请注明）：

7.（从事实践服务人员填写）您实践的主要领域：

（1）研发　（2）行政服务　（3）市场推广　（4）诉讼/非诉业务　（5）其他（请注明）：

二、填表说明

本问卷的目的在于评定指标体系中每个评估指标的重要性等级，每个指标的评估要项包含下列三个部分：

1. 指标选择评估：请评估该项指标在同级指标中的必要性和适合度，并请与您意见符合的方格内打“√”。

2. 重要性评估：请评估该项指标对子系统的重要性程度，并请与该重要性程度的方格内打“√”。

3. 专家评值：上述重要性程度采用 0～10 个等级（分数越高

表示越重要)，请您依系统目的评定每个指标的重要性，并请填入该项指标的重要等级整数值。

三、药品专利保护强度测算指标体系（一级指标）的评判

1. 指标解释：

（1）药品专利立法：广义法律层面、通过合法程序正式公布的关于药品专利保护的规范性文件，包括由中央立法机关、行政机关和司法机关的法律法规、行政法规、司法解释等。不包括地方性文件、学说和公众舆论。

（2）药品专利执法：广义层面药品专利保护规范性文件在具体实践中的应用状况。

一级指标	是否属于该类指标		是否与同级其他指标冲突		重要性					专家评值
	是	否	是	否	极其重要	重要	一般重要	不重要	极其不重要	
药品专利立法										
药品专利执法										

2. 您认为评价指标体系还应包括那些一级指标，请注明。

一级指标	重要程度	理由

四、药品专利保护强度测算指标体系（二级指标）的评判

1. 指标解释：

（1）保护期限：药品发明的法定保护期限。

（2）保护范围：药品专利制度的保护客体范围。

（3）国际条约成员：与药品专利密切相关的国际条约。

（4）权利限制：排除药品专利独占权的特殊规定或不认为是侵权的情况。

（5）司法适用原则：司法机关在关于药品专利诉讼案件中适用的实体性原则。

（6）执行机制：关于药品专利诉讼案件中适用的程序性规则。

（7）专利基本成本：获得、维持和保护药品专利权所需要的经济成本。

（8）社会服务：社会服务机构为获得、维持和保护药品专利所提供的服务。

（9）经济发展水平：国家或地区的投入水平、产出水平、人均收入等。

（10）国际监督制衡：监督药品研发、制造、销售和使用，药品专利申请、转让和商业化等环节的国际机构。

（11）公众意识：社会公众对药品专利保护的一般意识。

一级指标	二级指标	是否属于该类指标		是否与同级其他指标冲突		极其重要	重要	一般重要	不重要	极其不重要	专家评值
		是	否	是	否						
立法强度	保护期限										
	保护范围										
	国际条约成员										
	权利限制										
	司法适用原则										
	执行机制										

续表

一级指标	二级指标	是否属于该类指标		是否与同级其他指标冲突		极其重要	重要	一般重要	不重要	极其不重要	专家评值
		是	否	是	否						
执法强度	专利基本成本										
	社会服务										
	经济发展水平										
	国际监督制衡										
	公众意识										

2. 您认为评价指标体系还应包括那些二级指标，请注明。

二级指标	重要程度	理由

五、您评判上述一级指标的判断依据和了解程度是什么？请您在认为恰当的一栏中打“√”

一级指标	判断依据				了解程度				
	工作经验	理论分析	国内外同行了解	直观感觉	很熟悉	熟悉	比较熟悉	不太熟悉	不熟悉
药品专利立法									
药品专利执法									

六、您评判上述二级指标的判断依据和了解程度是什么？请您在认为恰当的一栏中打“√”

一级指标	判断依据				了解程度				
	工作经验	理论分析	国内外同行了解	直观感觉	很熟悉	熟悉	比较熟悉	不太熟悉	不熟悉
保护期限									
保护范围									
国际条约成员									
权利限制									
司法适用原则									
执行机制									
专利基本成本									
社会服务水平									
经济发展水平									
国际监督制衡									
公众意识									

七、若您对此指标体系有什么意见和建议，请填写：

您认为本评价指标体系中的哪些指标设置得不够合理：

____

您认为需要删除哪些评价指标：

____

附表 2　药品专利保护强度指标体系指标重要性程度调查表

尊敬的女士/先生：

您好！

我是同济大学经济与管理学院 2006 级博士研究生，正在进行一项“药品专利保护强度测算指标体系构建”课题的研究工作。指标体系已通过第一轮的专家咨询基本确立（问卷回收率为 90%），为了进一步筛选指标，使各指标的权重设置更为合理，准备采用专家主观赋权法对各指标的相对重要性程度进行调查。希望您抽出一点宝贵的时间，回答以下问题，您的意见将对我有莫大的帮助。

本人保证：本调查的所有数据仅用于学术研究，您的所有资料都将受到严格的保密！

非常感谢您在百忙之中提供宝贵意见！

“药品专利保护强度测算指标体系构建”课题组

2009 年 6 月

一、填表说明：

本问卷的目的在于评定各二级指标中每个三级指标的权重，每个指标的评估要项包含下列三个部分：

1. 指标选择评估：请评估该项指标在同级指标中的必要性和

适合性，并请与您意见符合的方格内打“√”。

2. 专家具体评值：上述重要性程度采用百分比等级（分数越高表示越重要），请您依次评定每个指标的重要性，并请填入该项指标的重要等级值。为了保证不同一级指标权重之间的统一性和连续性，兼顾不同二级指标中三级指标的数量差异，确定评值范围如下：

1）核心因素：对既定国家和地区的药品专利保护水平发挥根本性作用，评值50%以上。

2）主要因素：对既定国家和地区的药品专利保护水平发挥重要作用，评值25% ~50%（不包括50%）。

3）加分因素：对既定国家和地区的药品专利保护水平发挥一定的作用，评值0 ~25%（不包括25%）。

若同二级指标内各三级指标重要性相同，则每一指标权重为$1/n$，n为同级指标个数。

3. 对于定量指标，并请与您意见符合的“评分标准”方格内打“√”。

二、指标解释：

1. 当地实施要求。药品专利权人必须在授予其专利的国家充分实施其专利，否则东道国可以强制许可实施甚至撤销该药品专利。

2. 强制许可。药品强制许可又称为非自愿许可，指在一定情况下国家机关依法向第三人颁发许可证书，允许该第三人未经药品专利权人的同意使用受专利保护的药品，包括生产、销售、进口有关专利产品等，并向药品专利权人补偿合理的使用费的制度。

3. 平行进口。药品平行进口是指一国未经授权的药品进口商从外国的药品专利权人手中购得的药品未经其批准输入本国，而该药品之前已经受到本国专利权的保护。

4. Bolar 条款。Bolar 条款是指将专为获得和提供药品或者医疗设备的行政审批所需要的信息而使用药品专利技术视为不侵犯药品专利权的制度。

5. 实验数据依赖。实验数据依赖是要通过对药品注册过程中的未披露的试验数据不提供保护，允许在后的药品注册申请者直接或者间接地依赖前者的数据来进行药品注册申请。

6. 实验数据披露。实验数据披露是指在药品发明申请专利后，根据法律规定对外正式公布药品发明实验数据的行为。

7. 无效宣告。无效药品宣告是指自药品专利主管部门公告授予专利权之日起，任何单位或者个人认为该专利权的授予不符合专利法有关规定的，可以请求专利复审委员会宣告该药品专利权无效。

8. 等同原则。等同原则是指为实现相同的发明目的，所采用的技术手段本质上相同，起到实质上相同的作用，获得了实质上相同的效果，并且所属领域普通技术人员研究说明书或附图后不经过创造性的智力劳动就能够联想到的药品技术方案，应当都认为是属于专利权的保护范围。

9. 诉前禁令。诉前禁令是为及时制止正在实施或即将实施的侵害权利人专利或有侵害之虞的行为，而在当事人起诉前根据其申请发布的一种禁止行为人从事某种行为的强制性命令。

10. 帮助侵权。专利帮助侵权行为可以表现为故意诱导、怂恿、教唆、帮助等侵犯专利权的行为。

11. 举证责任倒置。当涉嫌药品专利侵权人在药品专利人完成了一定的举证责任后，必须完成自己应当承担的倒置的举证责任。如果举证不能，就要承担败诉的后果。

三、定量指标计算公式：

1. 专利申请件数 = 人均 GDP/专利申请费用

（其中：专利申请费用 = 申请基本费用 + 实质审查申请费用）

2. 专利维持件数 = 人均 GDP/专利维持费用

（其中：专利维持费用 = 专利申请费用 + 专利延长费用）

3. 律师比例 = 律师数量/人口数量

4. 专利代理人数量 = 专利代理人数量/人口数量

四、若您对此指标体系有什么意见或建议，请填写：

您认为本评价指标体系中的哪些指标设置得不够合理：

____

您认为需要增加或删除哪些评价指标：

____

一级指标	二级指标	三级指标	计量单位	是否属于该类指标		是否与该层其他指标冲突或重叠		专家评值
				是	否	是	否	
立法强度	保护期限	基本延长期 20 年	定性					
		专利延展期 5 年	定性					
		新药数据排他期 10 年	定性					
		新指征数据排他期 3 年	定性					
		罕用药延长期 7 年	定性					
		儿童用药延长期 0.5 年	定性					
	保护范围	医用化学和生物合成物	定性					
		医用新型和已知合成物	定性					
		医用合成物制备方法	定性					
		生命物质（动物和植物除外）	定性					
		从自然状态分离、提取和用人工方法生产的天然生物材料	定性					
		人体细胞和组织（非用于人体克隆）	定性					
		疾病的诊断和治疗方法	定性					
	国际条约成员	保护工业产权巴黎公约	定性					
		专利合作条约	定性					
		与贸易有关的知识产权协议	定性					

续表

一级指标	二级指标	三级指标	计量单位	是否属于该类指标		是否与该层其他指标冲突或重叠		专家评值
				是	否	是	否	
立法强度	国际条约成员	国际承认用于专利程序的微生物保存布达佩斯条约	定性					
		生物多样性条约	定性					
	权利限制	当地实施要求	定性					
		强制许可	定性					
		平行进口	定性					
		Bolar 条款	定性					
		实验数据依赖	定性					
		实验数据披露	定性					
		无效宣告	定性					
	司法适用原则	等同原则	定性					
	执行机制	诉前禁令	定性					
		帮助侵权	定性					
		举证责任倒置	定性					

续表

一级指标	二级指标	三级指标（单位）	计量单位	是否属于该类指标		是否与该层其他指标冲突或重叠		专家评值	评价标准				
				是	否	是	否						
执法强度	专利基本成本	人均专利申请件数（件）	定性定量						100≤	100＜ ≥75	75＜ ≥50	50＜ ≥25	＜25
		人均专利维持件数（件）	定性定量						80≤	80＜ ≥60	60＜ ≥40	40＜ ≥20	＜20
	社会服务	律师比例（‰）	定性定量						10≤	10＜ ≥8	8＜ ≥5	5＜ ≥2	＜2
		专利代理人比例（‰）	定性定量						0. 8≤	0. 08＜ ≥0. 06	0. 06＜ ≥0. 04	0. 4＜ ≥0. 02	＜0. 2
	经济发展水平	人均 GDP（美元）	定性定量						5000≤	5000＜ ≥4000	4000＜ ≥3000	3000＜ ≥2000	＜2000
		人均 GNI（美元）	定性定量						5000≤	5000＜ ≥4000	4000＜ ≥3000	3000＜ ≥2000	＜2000
	国际监督制衡	世界贸易组织	定性										
		世界知识产权组织	定性										
		世界卫生组织	定性										
	公众意识	成人识字率（%）	定性定量						98≤	98＜ ≥95	95＜ ≥90	90＜ ≥85	＜85

参考文献

一、外文文献

[1] Asbjorn Eide, Catarina Krause, Allan Rosas, ed. Economic, Social and Cultural Rights: A Textbook [M]. 2nd Edition. Netherlands: Kluwer Law International, 2001.

[2] Bootman J L, Raymond J T, Wliiliam F M. Principles of Pharmacoeconomics [M]. USA: Harvey Whitney Books Co., 2005.

[3] Bsrry L G, Gary M H. Patent Litigation Strategies Handbook [M]. Arlington: BNA Books, 2005.

[4] Charles-Edward A W. The Evolution and Significance of the Modern Public Health Campaign [M]. New Haven: Yale University Press, 1923.

[5] Charles G, O'donnell J. The Process of New Drug Discovery and Development [M]. USA: Informa Health Care, 2006.

[6] Donald J W. The Drug Bargaining Game Pharmaceutical Regulation in Australia [M]. USA: Centre for Health Economics and Research Evaluation, 2002.

[7] Glick H A. Pharmacoeconomics. Wyeth Global Positioning Program, Wharton Executive Education Program [M]. USA: U-

niversity of Pennsylvania, 2005.

[8] Govin P. EU Pharmaceutical Regulation: The Politics of Policy-making [M]. UK: Manchester University Press, 2006.

[9] Hagen H, Ulrich W. Innovationsforschung: Ansätze, Methoden, Grenzen und Perspektiven [M]. Deutschland: LIT Verlag Berlin-Hamburg-Münster, 2007.

[10] Hatchardj, Perry-kessaris A . Law and Development: Facing Complexity in the 21st Century [M]. USA: Routledge Cavendish, 2003.

[11] Institute of medicine staff. Healthy Communities: New Partnerships for the Future of Public Health [M]. Washington DC: National Academy Press, 1996.

[12] James N C. A Brand of Reform: New Medicare Law Attempt to Quell Tempest Over 180-Day Exclusivity [M]. Legal Times, 2004, 27 (9).

[13] Jens B. Transnationale Solidarität: Chancen und Grenzen [M]. Deutschland: Campus Verlag, 2004.

[14] Keayla, B. K.. Conquests by Patents. In The TRIPs Agreement on Patents Laws: Impact on Pharmaceuticals and Health for All [M]. New Delhi: Centre for the Study of Global Trade System and Development, 1998.

[15] Kremer M. Public Policies to Stimulate the Development of Vaccines and Drugs for the Neglected Diseases [M]. Geneva: World Health Organization, 2001.

[16] Lawrence O G. Public Health Law and Ethics: A Reader [M]. Berkeley: University of California Press, 2002.

[17] Matthew C. The International Covenant on Economic, Social, and Cultural Rights: A Perspective on Its Development [M]. UK: Oxford University Press, 1995.

[18] Michael H M, Roberteb, Mills A. International Public Health: Diseases, Programs, Systems, and Policies [M]. Massachusette: Jones & Bartlett Publishers, 2006.

[19] Mline C, Kaitin K, Ronchi E. Orphan drug laws in Europe and the US: Incentives for the Research and Development of Medicines for the Diseases of Poverty [M]. Geneva: World Health Organization, 2001.

[20] Moran M, Ropars A, Guzman J, et al. The New landscape of Neglected Disease Drug Development [M]. London: London School of Economics pharmaceutical R&D policy project, Welcome Trust, 2005.

[21] Ralph B. Internationale Wettbewerbsstrategien: Die Globale Wirtschaft Und Die Herausforderung China [M]. Deutschland: Springer, 2007.

[22] Reinhard R. Strategies in Pharmacoeconomics and Outcomes Research [M]. USA: Pharmaceutical Products Press, 2002.

[23] Silverman M, Lydecker M . Bad Medicine: The Precription Drug Industry in the Third World [M]. Palo Alto: Stanford University Press, 1992.

[24] Stefan H, Kaufmann E, Paul H L. The Grand Challenge for the Future: Vaccines for Poverty-related Diseases from Bench to Field [M]. Deutschland: Birkhäuser, 2005.

[25] The Commission on Intellectual Property Rights, Innovation and

Public Health. Public health, innovation and intellectual property rights [M]. Switzerland: WHO Press, 2005.

[26] Tom W A, Haycox A B. Pharmacoeconomics [M]. USA: Elsevier Health Sciences, 2004.

[27] Towse A, RenowdenO. Developing the Idea of Transferable Intellectual Property Right (TIPRs) to Incentivize R&D in Drugs and Vaccines for Neglected Diseases [M]. London: OHE Consulting, 2004.

[28] Vogenberg F R. Introduction to Applied Pharmacoeconomics [M]. USA: McGraw-Hill, 2000.

[29] WHO Medicines Strategy. Framework for Action in Essential Drugs and Medicine Policy 2000 ~ 2003 [M]. Geneva: Switzerland, 2001.

[30] Aaron Xavier Fellmeth, Secrecy, Monopoly, and Access to Pharmaceuticals in International Trade Law: Protection of Marketing Approval Data Under the TRIPs Agreement [J]. Harvard International Law Journal, Summer, 2004.

[31] Abbott F M. The WTO Medicines Decision: World Pharmaceutical Trade and the Protection of Public Health [J]. The American Journal of International Law, 2005 (99).

[32] Ages T. Condition: Critical. FDA's critical path initiative reaches its third birthday, and its time for a reportcard [J]. Drug Discov., 2007.

[33] Alan O S. Public Health and International Law: TRIPs, Pharmaceuticals, Developing Countries, and the Doha "Solution" [J]. Chicago Journal of International Law, 2002 (3).

[34] Alban A, Cyldmark M, Pedersen A V, et al. The Danish Approach to Standards for Economic Evaluation Methodologies [J]. Pharmacoeconomics, 1997, 12 (6).

[35] Andersson K, Gustavm P, Christian S, et al. Do policy changes in the pharmaceutical reimbursement schedule affect expenditures? Interrupted time series analysis of cost, volume and cost per volume trends in Sweden 1986 ~ 2002 [J]. Health Policy, 2006, 79 (2 ~ 3).

[36] Azam M. Public Private Partnership (PPP) for essential health services. An innovative approach for optimum and efficient use of public and private resources [J]. World-Hosp-Health-Service, 2003, 39 (1).

[37] Briggs A, Fenn P. Confidence intervals or surfaces? Uncertainty on the cost- effectiveness plane [J]. Health Economics, 1998 (7).

[38] Buse K, Waxman A. Public-private health partnerships: a strategy for WHO [J]. Bulletin of World Health Organization, 2001, 79 (8).

[39] Bruce N. Kuhlik. The Assault on Pharmaceutical Intellectual Property [J]. University of Chicago Law Review, Winter, 2004.

[40] Childress J F, Faden R, Gaare R D, et al. Public Health Ethics: Mapping the Terrain [J]. Journal of Law, Medicine, and Ethics, 2002 (30).

[41] Dimasi J A, Grabowski H G. Hansen R W. The price of innovation: new estimates of drug development cost [J]. Journal of

Health Economics, 2003 (22).
[42] Donna M. Getter. Innovators and Imitators: An Analysis of Proposed Legislation Implementing an Abbreviated Approval Pathway for Follow-On Biologics in the United States [J]. Florida State University Law Review, Spring, 2008.
[43] Emma M, Cam D, Mandu R. Recent advances in the Method of Cost-Benefit Analysis in Healthcare: Matching the Art to the Science [J]. Pharmacoeconomics, 1999, 15 (4).
[44] G. Lee Skillington, Eric M. Solovy. The Protection of Test and Other Data Required by Article 39. 3 of the TRIPs Agreement [J]. Northwestern Journal of International Law&Business, Fall, 2003.
[45] Galvin R. Purchasing health care: an opportunity for a public-private partnership [J]. Health Affair, 2003, 22 (2).
[46] Garrett Hardin. The Tragedy of the Common [J]. Science, 1968 (162).
[47] Gerald K. Raising the quality of cost-utility analyses: lessons learnt and still to learn [J]. Health Policy, 1999, 46 (3).
[48] Gregson N, Sparrowhawk K, Mauskopf J, et al. Pricingmedicines: theory and practice, challenges and opportunities [J]. Nat. Rev. Drug Discovery, 2005, 4 (2).
[49] Hoen E. Public Health and International Law: TRIPs, Pharmaceutical Patents and Access to Essential Medicines: A Long Way From Seattle to Doha [J]. Journal International Law, 2002, 3 (1).
[50] John A. Vernon, Alan Bennett and Joseph H. Golec. Explora-

tion of Potential Economics of Follow-on Biologics and Implications for Data Exclusivity Periods for Biologics [J]. Boston University Journal of Science and Technology Law, Winter, 2010.

[51] Karp J P. Experimental Use as Patent Infringement: The Impropriety of a Broad Exception [J]. The Yale Law Journal, 1991 (100).

[52] Kass N E. An Ethics Framework for Public Health [J]. NW: American Journal of Public Health, 2001, 91 (11).

[53] Kurt M S. Patent Nonuse and the Role of Public Interest as a Deterrent to Technology Suppression [J]. HARV. J. L. &TECH., 2002 (15).

[54] Lauren H B. The Best Pharmaceuticals for Children Act of 2002: The Rise of the Voluntary Incentive Structure and Congressional Refusal to Require Pediatric Testing [J]. Harv. J. on Legis, 2003 (40).

[55] Lexchin J. The effect of generic competition on the price of brand-name drugs [J]. Health Policy, 2004 (47).

[56] M. A Heller. The tragedy of the anticommons: Property in thetransition from Marx to markets [J]. Harvard Law Review, 1998, 111 (3).

[57] Manca A, Willan A R. Lost in translation: accounting for between country differences in the analysis of multinational cost effectiveness data [J]. Pharmacoeconomics, 2006 (24).

[58] Mann J M. Medicine and Public Health, Ethics and Human Rights [R]. NY: The Hastings Center Report, 1997.

[59] Mark J. Nuijten C. Pricing Matrix Model: dealing with uncertainty [J]. European J. Health Economics, 2007 (8).

[60] Maskus K E, Chen Y. Vertical Price Control and Parallel Imports: Theory and Evidence [J]. Review of International Economics, 2004, 12 (4).

[61] Morgan S, et al. Balancing health and industrial Policy objectives in the pharmaceutical Sector: Lessons from Australia [J]. Health Policy, 2008, 87 (2).

[62] Nuijten M J, Kosa J. Pricing of Pharmaceutical: Assessing the pricing potential by a price matrix model [J]. European. J. Health Econom, 2004 (2).

[63] O'hagan A, Stevens J W, Montmartin J. Inference for the cost-effectiveness acceptability curve and cost-effectiveness ratio [J]. Pharmacoeconomics, 2000, 17 (4).

[64] Ridley R G. Medical need, scientific opportunity and the drive for antimalarial drugs [J]. Nature, 2002.

[65] Ridleyd, Grabowski H, Moe J. Developing drugs for developing countries [J]. Health Affairs, 2006, 25 (2).

[66] Robert Galantucci. Data Protection in a U. S. -Malaysia Free Trade Agreement: New Barriers to Market Access for Generic Drug Manufacturers [J]. Fordham Intellectual Property, Media & Entertainment Law Journal, Summer, 2007.

[67] Siingh A, Gilbert J. Rebuilding big pharma's business model [J]. Windhover Information, 2003 (21).

[68] Stinnett A, Mullahy J. Net Health Benefits: A New Framework for the Analysis of Uncertainty in Cost-Effectiveness [J].

Medical Decision Making, 1998 (18).

[69] Sun H. A Wide Access to Patented Drugs under the TRIPs Agreement [J]. Boston University International Law Journal, 2003 (21).

[70] Suzanne Scotchmer. Standing on the Shallers of Giants: Cumulative Research and the Patent Law [J]. Journal of Economic Perspectives, 1991, 5 (1).

[71] Tom Lee, Louis L. Wilde. Market structure and innovation: a reformulation [J]. Quarterly Journal of Economics, 1980, 94 (2).

[72] Toshihiko A. Trend in the U. S. Pro-Patent Policy in the pharmaceutical and Biotechnology Fields [J]. Japan: Institute of Intellectual Property, 2002.

[73] Zumla A, Grange J M. Multidrug resistance tuberculosis-can the tide be turned? [J]. Lancet Infectious Disease, 2001.

[74] Commission on Intellectual Property Rights. Integrating Intellectual Property Rights and Developing Policy [R]. London: Commission on Intellectual Property Rights, 2002.

[75] Fderal Trade Commission. Generic Drug Entry Prior to Patent Expiration [R]. USA: FTC Study, 2002.

[76] Medicins Sans Frontiers. Prescriptions for Action, MSF Briefing for the European Parliament-Accelerated Action Targeted at Major Communicable Diseases within the Context of Poverty Reduction [R]. Medicins Sans Frontieres, 2001.

[77] WHO. Report of the Commission on intellectual property rights, innovation and public health [R]. Geneva: WTO

press，2006.

[78] WHO Medicines Strategy. Framework for Action in Essential Drugs and Medicine Policy 2000～2003 [R]. Geneva：Switzerland，2001.

[79] World Bank. Development Prospects Group. Global economic prospects and the developing countries [R]. Washington DC：Bank Publications，2002.

[80] German V. Constraints and Challenges in Drug Access in Economically Less Developed Countries [C]. Dialegs-Forum Universial de les Culutres-Barcelona，2004.

[81] Haarelson J A. TRIPs，Pharmaceutical Patent，and the HIV/AIDS Crisis：Finding the Proper Balance Between Intellectual Property Rights and Compassion，2001 [C]. Widener Law Symposium，2001.

二、中文文献

[1] 冯洁菡. 公共健康危机与 WTO 知识产权制度的改革 [M]. 武汉：武汉大学出版社，2005.

[2] 杨军. 医药专利保护与公共健康的冲突研究 [M]. 北京：北京大学出版社，2008.

[3] 那力，等. WTO 与公共健康 [M]. 北京：清华大学出版社，2005.

[4] 刘星. 药品管理法学概论 [M]. 北京：中国中医药出版社，2004.

[5] 曹立亚、郭林. 美国药品安全监管历程与检测体系 [M]. 北京：中国医药科技出版社，2006.

[6] 叶德泳．药学概论［M］．北京：高等教育出版社，2007.
[7] 胡丽君，郑友德．公共健康与知识产权保护［J］．科技与法律，2003（3）.
[8] 高胜．正义是社会制度的首要价值——从《关于 TRIPs 协议与公众健康问题的宣言》谈起［J］．中国对外贸易商务月刊，2002（4）.
[9] 那力，刘若昕．传染病控制与国际法［J］．法学论坛，2004（2）.
[10] 曼昆著，梁小民，译．经济学原理［M］．北京：清华大学出版社，2004.
[11] 理查德·A. 波斯纳著，蒋兆康，译．法律的经济分析［M］．北京：中国大百科出版社，1997.
[12] 威廉·A. 迈克易切恩著，田秋生，译．微观经济学［M］．北京：经济科学出版社，2004.
[13] 吴欣望．知识产权——经济、规则与政策［M］．北京：经济科学出版社，2007.
[14] 吴欣望．专利经济学［M］．北京：社会科学文献出版社，2005.
[15] 刘华．知识产权制度的理性与效绩分析［M］．北京：中国社会科学出版社，2004.
[16] 张清奎．医药及生物技术领域知识产权战略实务［M］．北京：知识产权出版社，2008.
[17] 威廉·M. 兰德斯，理查德·A. 波斯纳著，金海军，译．知识产权法的经济结构［M］．北京：北京大学出版社，2005.
[18] 冯晓青，刘友华．专利法［M］．北京：法律出版社，

2010.
[19] 吴汉东. 知识产权法 [M]. 北京：法律出版社，2007.
[20] 郑成思. WTO 知识产权协议逐条讲解 [M]. 北京：中国方正出版社，2001.
[21] E. 奥本海默著，邓正来，译. 法理学法律哲学与法律方法 [M]. 北京：中国政法大学出版社，1999.
[22] 冯晓青. 知识产权法利益平衡理论 [M]. 北京：中国政法大学出版社，2006.
[23] 徐玉麟. 中华人民共和国专利法释义 [M]. 北京：中国法制出版社，2000.
[24] 刘光溪. 多哈会议与 WTO 首轮谈判 [M]. 上海：上海人民出版社，2002.
[25] 马彦. 科技/产业生物医药技术转移发展模式 [J]. 科技与管理，2001，1 (9).
[26] 李双元，李欢. 公共健康危机所引起的药品可及性问题研究 [J]. 中国法学，2004 (6).
[27] 魏森. 从“多哈宣言”看药品知识产权保护与公共健康利益间的平衡 [J]. 兰州学刊，2004 (2).
[28] 孙东雅. 医药数据知识产权法律保护 [J]. 人民司法，2005 (7).
[29] 李海涛. 关于我国药品可及性问题的探讨 [J]. 中国卫生事业管理，2009 (9).
[30] 杨莉，等. 美国的药品数据保护及启示 [J]. 中国药房，2007，18 (10).
[31] 游云等. 浅析药品数据保护及其在中医药领域的应用 [J]. 中国中医药信息杂志，2007 (9).

[32] 张广洲，王凤山．对我国新药研发现状的几点思考［J］．齐鲁药事，2007（26）．

[33] 张晓萌，邱家学．药品数据保护在我国的发展探讨［J］．中国药房，2005，16（21）．

[34] 朱雪忠，杨远斌．基于遗传资源所产生的知识产权利益分享机制与中国的选择［J］．科技与法律，2003（3）．

[35] 李双元，李欢．公共健康危机所引起的药品可及性问题研究［J］．中国法学，2004（6）．

[36] 郭寿康，韦贵红．药品专利与发展中国家公共健康问题［J］．专利法研究，2004．

[37] 陈文吟．探讨因应医药品专利之合理措施［J］．中正大学法学季刊，2003（8）．

[38] 蒋舒，武晓明，俞文华．实施 TRIPs 协议后提高我国药品可及性方式探讨［J］．专利法研究，2004（21）．

[39] 曲三强．论公共健康与药品专利强制许可［J］．云南民族大学学报，2007，24（1）．

[40] 顾建平等．医院后勤服务社会化改革实践和思考［J］．中国卫生资源，2005，8（2）．

[41] 郭永瑾．医院基本建设代建制的若干思考［J］．中国卫生资源，2005，8（5）．

[42] 景莹，等．公私合作伙伴关系的风险和风险规避［J］．中国卫生经济，2006，25（3）．

[43] 李荣华，等．我国公立医院导入 PPP 机制的政策及制度环境［J］．中国卫生经济，2006，25（6）．

[44] 赵烽．中国的选择：药品专利权的“Bolar 例外”［J］．产业与科技论坛，2008，7（6）．

[45] 蒋洪义．两难困境中的无奈选择——评中国首例“Bolar 例外”判例中的法律适用问题［J］．中国专利与商标，2007（4）．

[46] 佟石，司春林．我国医药企业 R&D 管理组织创新模式研究［J］．研究与发展管理，2003（6）．

[47] 李孝劝．TRIPs 协议及其对发展中国家公众健康的影响［J］．湖南社会科学，2003（5）．

[48] 贺小勇．论公共健康安全与国际知识产权保护的协调［J］．政法论坛，2004，22（6）．

[49] 周平．《公共健康宣言》及外国药品专利强制许可制度实践对我国的启示［J］．首都经济贸易大学学报，2008（1）．

[50] 冯洁菡．药品专利强制许可《多哈健康宣言》之后的发展［J］．武汉大学学报，2008（9）．

[51] 周跃雪．论药品专利和公共健康问题——以人权和“价值平衡”理论为视角［J］．成都理工大学学报，2007（4）．

[52] 刘莹，梁毅．论药品可及性与药品专利保护［J］．中国药房，2007，18（17）．

[53] 王雅欣等．从社会价值角度看药品专利保护与公共健康利益的冲突［J］．中国卫生法制，2008（2）．

[54] 贺小勇．论公共健康安全与国际知识产权保护的协调［J］．政法论坛，2004，22（6）．

[55] 周平．《公共健康宣言》及外国药品强制许可制度实践对我国的启示［J］．首都经济贸易大学学报，2008（1）．

[56] 曲三强．论药品专利许可与公共健康［J］．学术探索，2006（1）．

[57] 王晓燕．公共健康利益与专利权的博弈［J］．辽宁行政学

院学报，2005（6）.
[58] 万怡挺．寻求公权与私权的平衡点——评多哈回合中的公共健康谈判［J］．WTO经济导刊，2007（4）.
[59] 白婷，等．TRIPs协议中药品数据保护制度分析［J］．中国新药杂志，2009，18（19）.
[60] 蔡江南．管制与竞争：美国药品市场中政府的作用［J］．世界经济文汇，2004（3）.
[61] 陈敬，等．药品数据保护制度的法理探讨［J］．中国药房，2010，21（9）.
[62] 崔怡．药品利益论衡——2005药品数据保护国际研讨会综述［J］．WTO经济导刊，2005（4）.
[63] 刁天喜，武士华．药品数据保护的现状与作用分析［J］．军事医学科学院院刊，2007，31（2）.
[64] 董江萍，等．FDA创新性药品审批管理动力性政策研究与分析［J］．中国医药工业杂志，2007，38（5）.
[65] 冯洁菡．TRIPs协议下对药品试验数据保护及限制——以国际法和比较法为视角［J］．武大国际法评论，2009（11）.
[66] 郭旭．药品政府定价的一个模型［J］．价格理论与实践，2002（4）.
[67] 马晓平，李杰．专利强制许可制度设置必要性的经济分析［J］．商业时代，2008（27）.
[68] 冯晓青．利益平衡论：知识产权法的基础理论［J］．知识产权，2003（6）.
[69] 曲三强．被动立法的百年轮回——谈中国知识产权保护的发展历程［J］．中外法学，1999（2）.
[70] 吴汉东．知识产权VS.人权：冲突、交叉与协调［J］．台

湾法令期刊，2003（8）.
［71］王丽华．从 WTO 有关强制许可的规定看我国专利强制许可制度［J］．华东政法学院学报，2004（6）：42.
［72］文希凯．专利保护与强制许可［J］．知识产权，2003（3）.

后 记

本书是以我的博士论文为基础修改而成，主要研究成果是我在德国马克斯－普朗克知识产权法、竞争法和税法研究所进行访问交流的结晶。虽然迄今为止回国已逾二年，但我依旧不时眷恋在德学习、生活的点点滴滴。慕尼黑，这个有着800多年历史的德国文化经济重镇，不仅风景如画，充满巴伐利亚的古朴风情，而且数所大学、科研院所以及众多博物馆星罗遍布，散发着浓郁的文化气息。而知识产权人心中神圣的学术殿堂——马普知识产权研究所就坐落于此。30年来，马普知识产权研究所对于中国知识产权学人犹如一块强力磁场，一批又一批心怀梦想、求知若渴的中国知识产权人踏入此扇研究之门，在书的海洋中度过了一段难以忘怀的岁月。现如今驰骋于中国知识产权界的风云人物大多曾在此研修过。作为学术研究的晚辈，能够有幸在如此重要的知识产权研究“重镇”研习二年，实在是一种福气。在这里，我不仅接受了先进理念的熏陶，更深刻感受到了知识产权的力量。

学术研究总是呈现累积阶梯性循环上升态势，并且需要一定的外力作为依托和支撑。本书的出版受益于国家、老师、同学、朋友和家人的鼎力帮助。

首先感谢国家留学基金委“国家建设高水平大学公派研究生项目”的鼎力支持，使我留学期间没有生活困顿之忧，得以全身心投入学术研究之中。感谢国家社科基金项目（项目编号：11CFX025）为本课题研究提供资助。

感谢导师单晓光教授。导师渊博的知识、严谨的治学态度、踏实的学术风格和对学科前沿敏锐的洞察力使我受益终生。值著作出版之际，向导师致以深深的谢意和崇高的敬意！感谢导师引领我进入知识产权和知识管理的学术殿堂，打开理论与实证彼此交融的学术之门。

感谢享有“专利教皇”美誉的慕尼黑知识产权法学中心原所长约瑟夫·斯特劳斯（Joseph Straus）教授，能够有幸来到马普研究所进行研习，很大程度上受益于斯特劳斯教授的宽容接纳。他不仅是欧洲知识产权界的领军人物，而且是中德知识产权界交流的重要推动者。斯特劳斯教授虽已入古稀之年，但依旧保持着旺盛的学术精力，他以论坛演讲、发表论文、教授学生等不同方式发挥自己的才智。斯特劳斯教授指导我们不仅要在学术理论研究上建树精深，而且要立足于现实经济的发展，深入企业界、产业界开展调研工作，了解、掌握行业发展中面临的现实问题。这种学术研究理论与实证相结合的方式对本书影响至深，并使我受益匪浅。

感谢在马普知识产权研究所并肩学习、生活的同仁武卓敏、李剑、张玉蓉、张韬略、宋慧献、周洪涛、彭辉等诸君。在与你们坐而论道的日子里，我开拓了视野、结识了友谊、忘却了思乡之苦，并且我知识的增量和学术进路都呈良好势头。

感谢上海政法学院倪正茂教授、侯怀霞教授、蒋坡教授、郑国辉教授、曹阳博士、姚洪军博士、胡水晶博士、朱楠老师对我工作上的理解、宽容和支持。在这个充满活力、团结友爱的集体中，我感受到家的温暖。感谢学院科研处处长何平立教授等人的无私帮助。在你们那里，我所收获的要比我所付出的要沉甸得多、丰厚得多。

感谢寇宗来、张秀峰、聂鸣、刘春林、彭纪生、骆品亮、郑绍濂、李敏、刘和东等诸君给予我知识增量，也希望这些学者看到我所做的一切努力均旨在为我国药品专利制度完善贡献绵薄之力的基础上而谅解我对他们知识产品的援引。由于本人水平有限，书中定有不少错谬，恳请各位专家、学者提出宝贵意见。

感谢知识产权出版社刘睿编辑为本书的出版所付出的辛勤劳动。

最后，还要感谢我的家人。因为有你，才会有我。在为爱前行的路上能与你们一起走过，是缘分，更是责任。从今天起，我们更要彼此珍惜。

日子在交织着泪水和欢笑中匆匆而逝，日子也在交织着担忧和希望中匆匆走来。本书的出版对我是一种鼓励，它将鞭策我在知识产权学习和工作的道路上继续努力，奋勇前行。

姚颉靖　谨识

2012年4月18日

全国知识产权类优秀博士论文获奖作品

（已出版）

2008 年度

蒋玉宏　知识产权制度对城市竞争力的影响

2009 年度

卢海君　版权客体论

罗向京　著作权集体管理组织的发展与变异

宋慧献　版权保护与表达自由

2010 年度

万小丽　专利质量指标研究

姚颉靖　药品专利保护优化研究

2011 年度

梁志文　论专利公开